CROSS-CULTURELE PSYCHOLOGIE

CROSS-CULTURELE PSYCHOLOGIE

De zoektocht naar verschillen en overeenkomsten tussen culturen

Jan Pieter van Oudenhoven

bussum 2002

© 2002 Uitgeverij Coutinho b.v.
Alle rechten voorbehouden. Niets uit deze uitgave mag worden verveelvoudigd, opgeslagen in een geautomatiseerd gegevensbestand, of openbaar gemaakt, in enige vorm of op enige wijze, hetzij elektronisch, mechanisch, door fotokopieën, opnamen, of op enige andere manier, zonder voorafgaande schriftelijke toestemming van de uitgever.

Eerste druk 2002

Uitgeverij Coutinho
Postbus 333
1400 AH Bussum
info@coutinho.nl
www.coutinho.nl

Opmaak: Sjoukje Rienks, Amsterdam
Omslag: Studio Pietje Precies, bno, Arienne de Boer, Hilversum

Noot van de uitgever
Wij hebben alle moeite gedaan om rechthebbenden van copyright te achterhalen. Personen of instanties die aanspraak maken op bepaalde rechten, wordt vriendelijk verzocht contact op te nemen met de uitgever.

ISBN 90 6283 343 8
NUR 770/775

Woord vooraf

In 2001 vond de aanslag op de Twin Towers plaats. Het aantal slachtoffers van deze ramp was zeer beperkt in verhouding tot die van andere recente gewelddadige gebeurtenissen in Afrika, Joegoslavië, het Midden-Oosten of Afghanistan. Toch heeft geen van die andere gebeurtenissen zoveel aandacht gekregen als de aanslag in Manhattan. Hiervoor zijn twee redenen: ten eerste is Amerika in zijn ziel getroffen want New York is het hart van de VS en de Twin Towers vormden het symbool van de Amerikaanse macht. Een belangrijkere reden evenwel, is dat het een aanval door fundamentalistische Moslims op de westerse cultuur betrof, zonder dat er van een direct materieel belang sprake was.

Door deze gebeurtenis is de tegenstelling tussen de westerse en de islamitische cultuur op scherp komen te staan. De wereld is verdeeld en de begrippen cultuur en cultuurverschillen staan permanent op de agenda: in dagbladen, op televisie en in de gesprekken thuis, op het werk en in het café. De politieke correctheid is verdwenen, vrijwel dagelijks verschijnen er cartoons over de islamitische folklore. Bovendien wordt de roep van de overheid en de autochtone meerderheid steeds sterker dat - islamitische - immigranten zich moeten aanpassen aan de Nederlandse waarden en normen, hetgeen immigranten niet gemakkelijk zullen doen en hetgeen tot de nodige spanning tussen immigranten en de autochtone bevolking kan leiden. Deze ontwikkelingen maken het meer dan ooit nodig ons te verdiepen in andere culturen en te leren om te gaan met verschillen in culturen. Dergelijke inzichten komen in de cross-culturele psychologie, een nieuwe tak van de psychologie, aan bod.

Daarnaast zijn er ook nog andere ontwikkelingen die het belang van de cross-culturele psychologie onderstrepen. Ten eerste brengt de verregaande internationalisering van het dagelijkse leven de meeste mensen met andere culturen in aanraking. Toerisme, internationalisering van het bedrijfsleven, televisie en internet hebben de huidige mens dichter bij 'vreemde volken' gebracht. Op de tweede plaats is er meer dan ooit sprake van migratie en in het geval van West-Europa van immigratie, en lang niet alleen van moslims. In Nederland is bijna 18 procent van de bevolking in het buitenland geboren of heeft ten minste één ouder die in het buitenland geboren is. Daarmee is culturele diversiteit, het optreden van cultuurverschillen, iets van het dagelijkse leven geworden.

Dit inleidende boek handelt over de verschillen en overeenkomsten tussen culturen, over de contacten tussen culturen en over hoe deze te verbeteren zijn, over nationale culturen, over samenwerking in cultureel diverse teams en over internationale samenwerking. Bovendien zet het boek vraagtekens bij de pretentie van de algemene psychologie om universele wetten vast te stellen. De meeste psychologische theorieën zijn gebaseerd op wetmatigheden die geconstateerd zijn binnen de Amerikaans-westerse cultuur. Keer op keer echter blijken gevestigde theorieën of wetmatigheden buiten de westerse sferen in mindere mate op te gaan.

Verschillende mensen hebben mij geïnspireerd bij het schrijven van dit boek, vooral Trudy Dehue, Paul van Geert, Wim Hofstee en Evert van de Vliert met wie ik samen een drietal keren de cursus Crossculturele Psychologie gegeven heb. Veel van de ideeën in dit boek heb ik besproken en onderzocht met mijn vrouw Karen van Oudenhoven-van der Zee. Anil Ramdas heeft mij toestemming gegeven een prachtig stukje van hem over de reinheidsobsessie in India op te nemen. Verder wil ik Winny Bakker, Michiel Schrier en Boele de Raad bedanken voor de nuttige opmerkingen over delen van dit boek. Dank ook aan Fop Coolsma en Hannie Baan die complexe informatie vaak in korte tijd wisten om te zetten in een mooie tabel of grafiek. Tosca Ruys van Uitgeverij Coutinho heeft mij met haar enthousiasme, optimisme en haar tientallen E-mailtjes de afgelopen tijd aan het werk gehouden. Het is een genoegen met haar samen te werken.

De lezer van dit boek wens ik veel plezier bij deze 'zoektocht naar verschillen en overeenkomsten tussen culturen'. Dit boek is nooit af. Opmerkingen, commentaren en aanvullingen zijn dan ook zeer welkom. Daarvoor is de website zeer geschikt.

Groningen, 13 september 2002

Jan Pieter van Oudenhoven

Ondersteuning via internet

Op de website van de uitgeverij kunt u aanvullend materiaal ter ondersteuning van dit boek vinden. Zo staan er een aantal interactieve tests en u vindt er ook een uitnodiging om mee te doen aan een onderzoek. Wij houden u er op de hoogte van allerlei actuele ontwikkelingen op het gebied van de cross-culturele psychologie en er zijn interessante links te vinden.
Het webadres is: www.coutinho.nl

Inhoud

1 Wat is cross-culturele psychologie? 13
1.1 Inleiding 13
1.2 Belangrijke aspecten van cultuur 14
1.3 Cross-culturele psychologie 17
1.4 De eco-culturele benadering 21
1.5 Onderwerpen van de cross-culturele psychologie 25
1.6 Slot 26

2 Wetenschapstheoretische en methodologische kwesties 29
2.1 Inleiding 29
2.2 Positie van de cross-culturele psychologie 30
2.3 Over emics en etics 33
2.4 Enkele belangrijke methodologische kwesties 37
2.5 Slot 41

3 Cultuur en taal, waarneming, cognitie en intelligentie 43
3.1 Cultuur en taal 43
3.2 Cultuur en waarneming 46
3.3 Cultuur en cognitie 52
3.4 Cultuur en intelligentie 53
3.5 Slot 57

4 Ontwikkeling in verschillende culturen 59
4.1 Inleiding 59
4.2 Kinderen in zes verschillende culturen 60
4.3 Cognitieve ontwikkeling volgens Piaget 63
4.4 Vygotsky's socio-culturele theorie 65
4.5 Kohlbergs theorie over morele ontwikkeling 67
4.6 Eriksons sociaal-emotionele stadia 71
4.7 Hechtingsstijlen in verschillende culturen 73
4.8 Veranderingen in de tijd: Europa van Erasmus tot heden 77
4.9 Slot 77

5 Cultuur en persoonlijkheid 79
5.1 Inleiding 79
5.2 De universaliteit van de *Big Five* 80
5.3 Culturele verschillen in persoonlijkheid 82
5.4 Multiculturele effectiviteit 85
5.5 De Multiculturele PersoonlijkheidsVragenlijst (MPV) 86
5.6 Soorten expatriates 89
5.7 Expatriates over succes van uitzending 91
5.8 Slot 93

6 Cultuur en interpersoonlijke relaties 95
6.1 Inleiding 95
6.2 Sociale steun en eenzaamheid 97
6.3 Vriendschappen in verschillende culturen 100
6.4 Huwelijken in verschillende culturen: romantisch versus gearrangeerd 102
6.5 Verschillende huwelijksvormen 109
6.6 Non-verbale communicatiepatronen 112
6.7 Slot 117

7 Cultuur en psychische gezondheid 119
7.1 Inleiding 119
7.2 Cultuur en gezondheid 121
7.3 De toepasbaarheid van internationale diagnostische systemen 124
7.4 Depressie in verschillende culturen 127
7.5 Allochtonen en de institutionele gezondheidszorg 129
7.6 Aanbevelingen voor de behandeling 131
7.7 Slot 132

8 Culturele diversiteit in teams en organisaties 135
8.1 Inleiding 135
8.2 Cognitieve processen 137
8.3 Groepscohesie 137
8.4 Communicatieproblemen 140
8.5 Culturele kenmerken 141
8.6 De effecten van diversiteit in tijdsperspectief 143
8.7 De verklaringen samengevat 146
8.8 Slot 148

9 Nationale culturen 151
9.1 Inleiding 151
9.2 Hofstedes cultuurdimensies 152
9.3 Hofstede revisited in tien landen 156

9.4 De classificatie volgens Schwartz 160
9.5 Collectivisme en individualisme: een populaire maar zwakke dimensie 163
9.6 Internationale samenwerking 166
9.7 Slot 168

10 Intergroepsrelaties 169
10.1 Inleiding 169
10.2 Definities 170
10.3 Theorieën over vooroordelen 172
10.4 De bestrijding van vooroordeel en discriminatie 179
10.5 Slot 184

11 Adaptatiestrategieën 185
11.1 Inleiding 185
11.2 Relaties tussen immigranten en gastland 186
11.3 Opvattingen van immigranten en de meerderheidsgroep over adaptatiestrategieën 191
11.4 Integratie en assimilatie van Marokkanen in Israël en Nederland 197
11.5 Adaptatiestrategieën: conclusies 199
11.6 Onderzoek naar Amerikaanse vrouwen in Nederland 201
11.7 Resultaten 203
11.8 Amerikaanse vrouwen in Nederland: conclusies 210
11.9 Slot 212

12 Trainen van multiculturele effectiviteit 215
12.1 Inleiding 215
12.2 Manieren om multiculturele effectiviteit te verhogen 217
12.3 Soorten trainingen 220
12.4 De cultuurassimilator 220
12.5 Theorie achter de 'dynamische cultuurassimilator' 223
12.6 Slot 227

13 De cross-culturele psychologie in het nieuwe millennium 229
13.1 Inleiding 229
13.2 Internationalisering van de psychologie 230
13.3 Toename van immigranten en immigratielanden 231
13.4 Internationale samenwerking 233

Literatuur 235
Zakenregister 257
Personenregister 265

1

Wat is cross-culturele psychologie?

1.1 Inleiding

> Enkele jaren geleden zond de VPRO een serie uit waarin kinderen uit verschillende landen enkele weken van gezin wisselden. Ter voorbereiding van haar verblijf in Nederland gaf een Surinaamse moeder haar dochter les in de Nederlandse cultuur: 'Denk eraan, kind, in Nederland eten ze altijd op een vast tijdstip, meestal om zes uur. Dus ook al heb je geen honger, je moet toch om zes uur eten. En Nederlanders gaan op een vaste tijd naar bed, ook al hebben ze geen slaap.' Het meisje accepteert de lessen over de absurde Nederlandse normen zonder veel problemen, want ze vindt Nederland ook zeer interessant. In Nederland heb je namelijk 'wegen die over elkaar lopen' en dat heeft ze nog nooit in het echt gezien.

In dit kleine stukje zijn al twee elementen van het begrip cultuur naar voren gekomen, een subjectief aspect dat naar normen, waarden en opvattingen verwijst en een objectief aspect dat naar de observeerbare producten van mensen, zoals boeken, landbouwinstrumenten en bouwwerken verwijst. Met deze indeling in sociale en materiële menselijke producten komen we bij een van de meest gebruikte definities van cultuur, namelijk die van Herskovits (1958: 17) die cultuur definieerde als: 'The man-made part of the environment.' Cultuur omvat volgens die definitie niet alleen immateriële zaken als schoolregels en huwelijksriten, maar ook materiële zaken als moskeeën en bordelen.

Het Surinaamse meisje was vooral geïnteresseerd in de materiële producten zoals viaducten. Het is haar ook gemakkelijk uit te leggen dat het dichtbevolkte, verkeersintensieve Nederland de wegen wel over elkaar moet laten lopen om geen algehele verkeersstilstand te krijgen. Wij, als psychologen, zijn meer in de sociale producten geïnteresseerd, bijvoorbeeld waarom Nederlanders vergeleken bij Surinamers zulke tijdfreaks zijn.

Die sociale producten zijn soms moeilijker uit te leggen. We moeten dan vergelijkingen maken tussen agrarische en geïndustrialiseerde samenlevingen en aangeven dat in geïndustrialiseerde samenlevingen alles meer op tijd moet lopen, want fabrieken en kantoren vragen om vaste openingstijden. Bovendien legt het Nederlandse klimaat ons verdere beperkingen op, zodat we meer dan in Suriname vaste eet- en slaaptijden moeten hebben.

Er zijn letterlijk honderden definities van cultuur, die overigens in de meeste gevallen veel overeenkomsten vertonen. Als een soort gemene deler van al die definities presenteer ik de volgende:

> Cultuur is een door een gemeenschap gedeeld systeem van waarden, normen, ideeën, attitudes, gedragingen, communicatiemiddelen en de producten ervan, die van generatie tot generatie worden overgeleverd.

Voorbeelden van gemeenschappen zijn stammen, naties, organisaties, bevolkingsgroepen. Voorbeelden van producten zijn instituties, gebouwen, wetten, woordenboeken, de standaardtaal en e-mail. In de volgende paragraaf wordt het begrip cultuur nader omschreven.

1.2 Belangrijke aspecten van cultuur

Met een definitie van drie zinnetjes kan natuurlijk nooit helemaal duidelijk zijn wat cultuur precies inhoudt. Daarom volgen hier enkele belangrijke aspecten van cultuur.

- Cultuur wordt niet door iedereen in een gemeenschap – in gelijke mate – gedeeld. Er bestaan individuele verschillen in de mate waarin de leden van een gemeenschap een cultuur aanhangen. Vooral de hedendaagse psychologie, die sterk cognitief gericht is, benadrukt dat individuen verschillende aspecten van de cultuur op hun eigen wijze zullen verwerken, beoordelen, interpreteren en in hun geheugen opslaan en hun gedrag daardoor zullen laten beïnvloeden. Sommigen identificeren zich dan ook in sterke mate met het geheel van normen, waarden en opvattingen van een gemeenschap, terwijl anderen zich distantiëren van enkele of meerdere opvattingen. Dit hangt ook af van de hechtheid van een cultuur, de zogenoemde *tightness versus looseness* (Pelto,

1968). Eenvoudige samenlevingen met een geringe beroependifferentiatie zijn doorgaans hechter dan samenlevingen met een uitgebreide differentiatie in beroepen. Wanneer een cultuur hecht is, zal de identificatie groter zijn; is de cultuur losser, dan hebben de leden grotere vrijheid om elementen van de cultuur naast zich neer te leggen.

- Cultuur beïnvloedt het gedrag van de leden van een gemeenschap, maar omgekeerd hebben ook individuen invloed op de cultuur. Cultuur is dus niet een gegeven. Het is moeilijk empirisch vast te stellen, maar het is aannemelijk dat de cultuur van relatieve raciale verdraagzaamheid in Zuid-Afrika voor een belangrijk deel te danken is aan de persoon van Nelson Mandela. In Nederland heeft de politieke cultuur ongetwijfeld de invloed van Pim Fortuyn ondergaan. Cultuur beïnvloedt dus het gedrag van individuen maar determineert het niet.

- Cultuur is niet statisch, maar adaptief. Cultuur richt zich naar ecologische en economische omstandigheden. Zo zijn religieuze joodse of islamitische voorschriften om bij de voorbereiding van maaltijden strikte reinheid te betrachten zeer functioneel in het Midden-Oosten waar voedsel veel sneller bederft dan in onze streken. In de landen van het Midden-Oosten zijn die regels ook ontstaan. Een hedendaags voorbeeld is de sterk veranderde opvatting over de rol van de vrouw in de samenleving. De uitvinding van allerlei machines en apparaten die zwaar werk overbodig maken en daarmee de overheersende rol van mannen op de arbeidsmarkt ondergraven hebben, zal hier zeker aan bijgedragen hebben.

- Overdracht van cultuur vindt plaats door *enculturatie* en *socialisering*. Enculturatie verwijst naar het leren van de cultuurelementen in de ruimste zin, dus zowel naar formele als naar informele processen. Veel leren gebeurt op straat, voor een belangrijk deel door imitatie. Zo leren Nederlandse kinderen bij het knikkerspel op informele manier dat het in het leven niet alleen om het spel maar ook om de knikkers gaat. Het belangrijkste, universele product van informele enculturatie is de taalverwerving. Socialisering is een gerichte, normatieve vorm van enculturatie. Koranonderwijs, thoraonderwijs en catechisatie, alle drie bedoeld als introductie in de religieuze gemeenschap zijn voorbeelden van socialisatie.

- Cultuur en ras zijn geheel verschillende zaken. Ras verwijst, al dan niet gefundeerd, naar fysieke kenmerken. Alleen wanneer binnen een groep met overeenkomstige fysieke kenmerken ook belangrijke cultuurelementen, bijvoorbeeld een taal of een religie, gedeeld worden is een raciale groep tevens een culturele groep. Overigens worden evenmin als bij cultuurkenmerken rassenkenmerken door ieder in gelijke mate gedeeld. In Zuid-Afrika worden mensen bij demografische statistieken ingedeeld in zwarten, blanken, Indiërs en kleurlingen; de laatste groep bestaat grotendeels uit afstammelingen van gemengde zwart-blanke relaties. Daarmee wordt het vrijwel onmogelijk om scherpe lijnen te trekken. In de Verenigde Staten gaat het om de raciale categorieën: blanken (Caucasians), zwarten (Afro-Americans), Aziaten en Hispanics. Tot de zwarten behoren ook degenen die in Zuid-Afrika kleurlingen genoemd zouden worden. Verder worden Hispanics van verschillende raciale groeperingen en afkomstig uit allerlei Latijns-Amerikaanse landen ook op een hoop gegooid. Het gaat in beide landen dus om indelingen op grond van vrij arbitraire kenmerken. Met een steeds frequenter voorkomende vermenging van etnische groepen wordt het nog moeilijker die onderscheiden te maken. Een belangrijker vraag is of het überhaupt zin heeft indelingen op grond van fysieke kenmerken te maken. Het onderscheid heeft enige – zeer beperkte – relevantie voor de medische wetenschap, vooral vanwege de verschillende frequenties waarmee bloedgroepen over de diverse raciale groeperingen verdeeld zijn, maar verder lijkt het onderscheid niet zinvol en zelfs schadelijk. Het probleem met het indelen van mensen op grond van fysieke kenmerken, ook al zijn die op zich neutraal, is dat de indeling vaak gepaard gaat met een waardering van de verschillende groepen. Die kenmerken zijn onveranderbaar en zeggen bovendien niets over wat mensen denken. Men kan zich er ook niet echt in gaan verdiepen om er meer begrip voor te krijgen, waardoor het niet gemakkelijk is verandering in de waardering tot stand te brengen. Het lijkt me daarom ook beter om mensen in te delen op grond van culturele achtergrond. Men kan zich namelijk wel verdiepen in een andere cultuur. Culturen kunnen naar elkaar toe groeien, culturen kunnen zich ontwikkelen, en desgewenst kan men afstand nemen van de eigen cultuur. Bovendien leidt de nadruk op cultuur tot een gedifferentieerdere waarneming van etnische groepen. In plaats van over zwarten te spreken heeft men het dan bijvoorbeeld over inheemse zwarten, Haïtianen of Kongolezen. Wat dat betreft is de Europese benadering van immigranten op grond van nationaliteit en cultuur dan ook te verkiezen boven de Amerikaanse raciale benadering.

- Cultuur is niet hetzelfde als nationaliteit. In de psychologische literatuur worden vaak personen van twee verschillende nationaliteiten vergeleken – vooral de vergelijking van Amerikanen met Japanners of

Chinezen is favoriet – om vervolgens verschillen in gedrag of denken toe te schrijven aan de verschillen in cultuur. De Verenigde Staten staan dan voor de westerse, individualistische cultuur en Japan of China voor de oosterse, collectivistische cultuur. Op zich is de gelijkschakeling van nationaliteiten met culturen niet zo gek, want vaak zijn nationaliteiten gevormd op basis van een gemeenschappelijke cultuur, meestal op basis van een gemeenschappelijke godsdienst of taal. Zo hebben bij het ontstaan van nieuwe landen als Kroatië (rooms-katholiek), Servië (orthodox) en Kosovo (islamitisch) uit het voormalige Joegoslavië de godsdienstige scheidslijnen een duidelijke rol gespeeld. Tegelijkertijd zijn het voormalige Joegoslavië en de Sovjet-Unie voorbeelden van nationaliteiten die zo heterogeen waren dat niet van één cultuur gesproken kon worden. Overigens zijn er zelden nationaliteiten met slechts één gemeenschappelijke taal en religie te vinden (Oostenrijk is een uitzondering), maar ook binnen zulke homogene nationaliteiten zijn subculturen mogelijk. Behalve de heterogeniteit van nationaliteiten is er nog een andere reden waarom nationaliteit en cultuur niet zomaar gelijk te schakelen zijn; het behoren tot een bepaalde nationaliteit betekent ook dat men leeft in een gebied met een bepaald klimaat, een staatkundige structuur en een economie, en deze factoren kunnen naast de cultuur het gedrag en denken van mensen beïnvloeden.

1.3 Cross-culturele psychologie

Cross-culturele psychologie bestudeert het gedrag van het individu in wisselwerking met de culturele omgeving. Het gaat dus om gedrag in een culturele context. Gedrag valt niet te begrijpen wanneer de manier waarop individu en cultuur op elkaar inwerken aan de psychologische aandacht ontsnapt. Verschillende belangrijke factoren hebben geleid tot een groeiende belangstelling voor de culturele context en daarmee tot de bloei van de cross-culturele psychologie gedurende de laatste twee decennia.

Ten eerste heeft de verregaande internationalisering van het dagelijks leven de modale mens met andere culturen in aanraking gebracht. Toerisme, internationalisering van het bedrijfsleven, televisie en internet hebben de modale mens dichter bij 'vreemde volken' gebracht. De confrontatie daarmee heeft tot een groeiende belangstelling voor andere culturen geleid, maar ook tot het besef dat de eigen cultuur slechts een van de vele varianten is waarop samenlevingen ingericht kunnen zijn. Afgezien van deze nieuwsgierigheid van intellectuele aard is er ook belangstelling om instrumentele redenen. Werknemers die voor hun werk naar het buitenland gezonden worden, kunnen hun werk alleen goed doen als ze kennis van de cultuur van het gastland hebben. Maar ook werkgevers in immigratielanden (waaronder Nederland) zullen rekening moeten houden met religieuze en andere culturele gewoonten van hun steeds heterogener wordende personeel (zie hoofdstuk 12).

Op de tweede plaats is er meer dan ooit sprake van migratie en in het geval van West-Europa van immigratie. In Nederland is bijna 18% van de bevolking in het buitenland geboren of heeft ten minste één ouder die in het buitenland geboren is. Daarmee is culturele diversiteit, het optreden van cultuurverschillen, iets van het dagelijks leven geworden. Immigranten zien zich voor de keuze geplaatst hoe ze zich op moeten stellen ten opzichte van de meerderheidsgroep, tegelijkertijd zal ook de meerderheid een houding moeten bepalen ten opzichte van de immigranten. Over deze wederzijdse acculturatie van immigranten en meerderheidsgroep gaat hoofdstuk 11.

Ten derde is het onvermogen gebleken van de algemene psychologie om universele wetten vast te stellen. Zich spiegelend aan de exacte wetenschappen heeft de psychologie de afgelopen eeuw het positivistische ideaal van tijdloze, universele wetten nagestreefd. Nog steeds is de Amerikaans/westerse psychologie dominant. Dit betekent dat psychologische theorieën gebaseerd zijn op wetmatigheden die geconstateerd zijn binnen de Amerikaans/westerse cultuur. Vaak zijn ze ook nog gebaseerd op reacties van blanke, middle-class studenten vanwege de beschikbaarheid van deze proefpersonen voor de onderzoeker. De vraag of generalisatie naar andere bevolkingsgroepen mogelijk is wordt wel geregeld gesteld, maar gek genoeg niet de vraag of generalisatie naar andere culturen mogelijk is. Toch blijken keer op keer gevestigde theorieën of wetmatigheden buiten de westerse sferen in mindere mate op te gaan. Attributietheorieën die de nadruk leggen op interne, binnen het individu gesitueerde oorzaken blijken niet op te gaan in collectivistische culturen, waar groepsverantwoordelijkheid belangrijker is dan individuele verantwoordelijkheid. Een begrip als hechtingsstijl, een in de vroege jeugd vooral in de interactie met de moeder aangeleerd gedragspatroon, moet waarschijnlijk ook flink bijgesteld worden omdat in veel culturen het jonge kind een groot aantal andere personen om zich heen heeft die hem of haar het gevoel van zekerheid in relaties kan bijbrengen. Een van de eerste ervaringen van de cultuurgebondenheid van de algemene psychologie betrof de toepassing van intelligentietests op etnische minderheden (zie ook hoofdstuk 3). Vaak bleken die veel lager te scoren dan de blanke meerderheid. Toeschrijving van de lagere scores aan erfelijke verschillen was moeilijk verdedigbaar omdat de inhoud van de tests sterk cultureel gekleurd is in het voordeel van de blanke meerderheid. Wat onder intelligent gedrag wordt verstaan verschilt van cultuur tot cultuur. Het is zelfs mogelijk, zoals Bruner doet, intelligentie te definiëren als het vermogen om zich in een bepaalde cultuur te kunnen redden (Bruner 1974).

Wat in al de drie genoemde factoren naar voren komt is de tendens om etnocentrisme af te breken. Etnocentrisme is de houding waarbij de eigen omgeving, het eigen volk of de eigen cultuur bewust of onbewust als maatstaf gebruikt wordt om de rest van de wereld te beoordelen. Dit kan bijvoorbeeld bij de toerist tot uitdrukking komen in de opvatting dat andere volken primitief of merkwaardig zijn en de eigen groep beschaafd en normaal, bij de expatriate kan dit tot een koloniale instelling leiden, en bij de sociale wetenschapper tot de neiging in eigen kring ontwikkelde concepten klakkeloos toe te passen op andere samenlevingen. Etnocentrisme komt ook tot uitdrukking in de algemene termen waarmee niet-westerse samenlevingen aangeduid werden en worden. Werd vroeger ongegeneerd over 'wilden' gesproken, nog niet zo lang gelden was de term 'primitief' versus 'beschaafd' algemeen gebruikt. Werner sprak in 1961 nog expliciet van 'primitieve mentale activiteiten' waarbij hij wees op de overeenkomsten in cognitieve processen tussen kinderen, psychotici en primitieven (sommige niet-geletterde volken). Andere nog steeds in gebruik zijnde termen zijn 'ontwikkelingslanden' en 'derde wereld', waarbij het Westen op etnocentrische wijze de 'ontwikkelde' landen vormen of de 'eerste wereld' heet. Zoals ik later zal aangeven is ook de algemeen gehanteerde tweedeling 'collectivistisch' versus 'individualistisch' niet geheel vrij van etnocentrisme.

Samenvattend kunnen we zeggen dat cross-culturele psychologie het menselijk gedrag in een culturele context bestudeert. De onderzoeker zal proberen zowel overeenkomsten als verschillen bloot te leggen. Als een voorbeeld van verschillen en overeenkomsten zijn foto's van een kerk en een moskee afgebeeld. Moskeeën en kerken geven de verschillen en overeenkomsten fraai weer. Het zijn allebei gebouwen om God te eren en te dienen en bovendien hebben de gebouwen uiterlijk veel gemeen, maar tegelijkertijd brengen ze onmiskenbaar de verschillende godsdiensten tot uitdrukking. Wanneer we het (orthodoxe) katholicisme met de islam vergelijken zien we meer overeenkomsten: de vastentijd, de reiniging (met wijwater) voor de gebedsdienst, het gesluierd zijn van de nonnen, de rituele gebeden op vaste tijden, de rozenkrans die op de *tasbih* (een door moslims gebruikte gebedsketting) lijkt. Bij het blootleggen van de verschillen en overeenkomsten tracht de onderzoeker etnocentrisme in de keuze van onderwerpen, de definiëring van concepten, de methoden van onderzoek, en de interpretatie te voorkomen. De achtergronden van de gebruiken binnen de eigen cultuur zijn bekend; men vindt ze daarom niet vreemd of men is er zo aan gewend dat men er niet bij stilstaat. Gebruiken uit andere culturen zijn per definitie vreemd, maar houden op dat te zijn wanneer men zich erin verdiept.

Kerk in Mexico en een moskee in Marokko.

Dit boek is geschreven vanuit een cultureel-relativistisch standpunt, hetgeen wil zeggen dat de ene cultuur niet als minderwaardig geldt ten opzichte van de andere. In alle culturen komen prachtige functionele oplossingen voor lokale problemen voor en in alle culturen bestaan ook sleetse gewoonten. En in alle samenlevingen bestaan machthebbers die de normen en waarden ter bescherming van de samenleving hanteren of die de normen en waarden misbruiken om de samenleving naar hun hand te zetten. Mijn standpunt is niet alleen dat culturen in principe gelijkwaardig zijn, maar ook dat culturele groepen het recht hebben hun eigen normen en waarden te kiezen. Dit standpunt is niet in strijd met algemeen geldende morele standpunten. Het leidt logischerwijs tot de opvatting dat elke cultuur dan ook de geestelijke en fysieke vrijheid van mensen dient te respecteren. Deze cultureel-relativistische visie betekent niet dat een samenleving niets zou kunnen eisen van haar nieuwe burgers. Zo kan de Nederlandse overheid van immigranten verlangen dat zij zich leren uitdrukken in het Nederlands, hun kinderen naar school sturen, de volwassen immigranten aan het arbeidsproces laten deelnemen en de vrouwen dezelfde rechten gunnen als de mannen.

In hoofdstuk 2 ga ik nader in op enkele wetenschapstheoretische en methodologische aspecten van het cross-culturele onderzoek. Ik vervolg dit hoofdstuk met een bespreking van de eco-culturele interpretatie van het menselijk gedrag die in dit boek centraal staat.

1.4 De eco-culturele benadering

Cultuur beïnvloedt het individu, maar determineert het gedrag van het individu niet. Individuen kunnen op hun beurt ook invloed uitoefenen op de cultuur van een gemeenschap. De invloed van cultuur op het individu verloopt via een proces van enculturatie en – wanneer deze gericht en op normatieve wijze plaatsvindt – via socialisatie. Tot zover een samenvatting van de tot nu toe besproken relatie tussen cultuur en gedrag.

Enculturatie en vooral socialisatie vormen en kneden de persoonlijkheid van het individu. De persoonlijkheid op haar beurt stuurt het gedrag weer. Cultuur komt niet uit de lucht vallen, het is evenmin een gegeven, ook al worden culturen van de ene op de andere generatie overgedragen. Cultuur vormt de weerslag van een aantal adaptieve reacties van een gemeenschap op de ecologische omgeving. Een interessante puzzel in dit kader is het verband tussen temperatuur en geweld. Er blijkt een kromlijnig verband te bestaan tussen de gemiddelde temperatuur in een land en de mate van binnenlands politiek geweld (Van de Vliert e.a. 1999). In landen met een gematigd klimaat (bijvoorbeeld Cuba) komt meer politiek geweld voor dan in koude (zoals Noorwegen) of hete (als Saudi-Arabië) landen. Na een reeks alternatieve verklaringen getoetst te hebben komen Van de Vliert e.a. tot de conclusie dat dit verband verklaard kan worden door de mate van masculiniteit in een land. Masculiniteit zien zij als een intermediërende variabele: Landen met een gematigd klimaat leiden tot masculiene culturen die meer politiek geweld oproepen. In eenvoudige vorm ziet het eco-culturele model, dat ik grotendeels ontleen aan Triandis (1994), er als volgt uit:

ecologie → cultuur → enculturatie → persoonlijkheid → gedrag

Het model is natuurlijk een vereenvoudiging van de werkelijkheid en daardoor onvolledig. Ten eerste suggereert het een deterministisch verloop van de verschillende schakels, terwijl er in feite allerlei terugkoppelingen plaatsvinden. De pijlen kunnen op alle schakels terugslaan. Het duidelijkste voorbeeld is dat het menselijk gedrag de natuurlijke omgeving kan beïnvloeden, soms door die te reguleren (stuwmeren, polders), maar in veel gevallen ook door die te verpesten. Ook een door socialisatie gevormde collectieve persoonlijkheid kan terugslaan op de cultuur, bijvoorbeeld een op reinheid gestelde collectieve persoonlijkheid, zoals de Indiase, kan de elementen in de cultuur die tot reinheid bijdragen versterken. Hieronder een verkorte weergave van een verhaal waarin de journalist Anil Ramdas (2001) de invloed van *yuta*, de nationale reinheidsobsessie, op het dagelijkse leven in India beschrijft.

> Eigenlijk moeten we helemaal bij de Ayurvedische pathologie beginnen: volgens deze vierduizend jaar oude ziekteleer komen de meeste kwalen via de mond naar binnen. Wat in de vroegere Europese geneeskunst de aderlating was, is volgens het Indiase volksgeloof het overgeven.
> Roken is in India niet zozeer ongezond, als wel onbeleefd. Ik ken mannen van mijn leeftijd die mogen drinken waar hun vader bij is, maar niet roken. En een Indiase stewardess vertelde dat ze blij was met het onlangs ingestelde rookverbod in vliegtuigen, omdat niets zo erg is als te moeten ademen in een ruimte waarin anderen rook hebben uitgeblazen. Die rook is namelijk in het binnenste van iemands lichaam geweest en je weet niet wat voor onreins zich daar bevindt.
> Indiërs eten liever niet uit borden of met lepels. Alleen moderne stedelingen hebben zich deze westerse gewoonte eigen gemaakt;

> zodra je op het platteland komt krijg je je voedsel in een kunstig gevlochten kom van bladeren en moet je het nuttigen met de hand. De kom wordt na gebruik weggegooid. In Calcutta drinken ze zelfs thee uit bekertjes van gebakken klei. Bij theestalletjes is de grond terracottarood, vanwege de aarden bekertjes die worden weggekieperd en door voorbijgangers fijngestampt.
>
> Mondhygiëne en een frisse adem zijn belangrijke aangelegenheden. Mensen met een onfrisse adem worden verdacht van ernstige ziekten en een van de grootste Indiase handelsfirma's is zo groot geworden door de verkoop van kleine zakjes mintkorrels, anijszaad en andere mondverfrissers. Na de maaltijd moeten Indiërs zo'n zakje hebben, anders voelen ze zich voor de rest van de dag oncomfortabel.
>
> Veel toeristen verwonderen zich over het feit dat Indiërs een fles water op tien centimeter van hun lippen houden en het water rechtstreeks de maag in laten klokken. Het is een kunst, als je die niet beheerst, kun je je lelijk verslikken. En dan gaat het nog om een nieuwe plastic fles, gebruikte flessen vindt men weerzinwekkend.
>
> Indiërs kussen liever niet. En dan heb ik het niet over de moderne stedelijke Indiërs, maar over de meerderheid, de 800 miljoen. De tongzoen is zo misselijkmakend yuta, dat ze er niet aan moeten denken, laat staan dat ze het willen zien.

Een tweede aanvulling op het model is dat het effect van de elementen in de schakel niet alle stappen hoeven te doorlopen. Zo zullen ecologische factoren als klimaat en landschap het menselijk gedrag ook direct beïnvloeden. Bij strenge vorst zoeken alle mensen – en vrijwel alle dieren trouwens ook – beschutting. Ten derde is het model niet allesomvattend. Uiteraard hebben biologische factoren een belangrijke invloed op het menselijk gedrag.

Een van de duidelijkste voorbeelden van de invloed van ecologie op cultuur betreft het onderscheid tussen landbouw- en jagersgemeenschappen. Sommige gebieden lenen zich voor visserij of de jacht, in andere gebieden is landbouw de aangewezen manier van bestaan. Jagers en vissers moeten mobiel zijn om hun prooi te kunnen achtervolgen. Daarvoor is het belangrijk dat ze op zichzelf kunnen vertrouwen, onafhankelijk zijn. Kinderen krijgen dan ook een daarbij passende opvoeding; dat wil zeggen, een opvoeding gericht op vrijheid en onafhankelijkheid. Nog steeds zien we dat Nederlandse vissers van het ene visgebied naar het andere gestuurd worden en veelal dagen, zo niet weken van huis zijn. In landbouwgemeenschappen daarentegen is men niet mobiel, maar gericht op het tot stand brengen van permanente voorzieningen, zoals opslagplaatsen, landbouwwerktuigen, goede waterhuishouding en irrigatie. Ook is het nodig bij het planten en oogsten in korte tijd veel werk te verrichten. Daarvoor is samenwerking onontbeerlijk. In agrarische samenlevingen worden kinderen dan ook tot samenwerking opgevoed. Agrarische maatschappijen kunnen daardoor ook complex worden en een hoge mate van beschaving ontwikkelen. Weer anders ziet de cultuur eruit van mensen die in een gebied leven waar het houden van vee het belangrijkste middel van bestaan is. Wanneer de aarde onvoldoende gras levert is men verplicht verder te trekken, met als gevolg een nomadencultuur. Dat wil zeggen, grote nadruk op mobiliteit en onafhankelijkheid en geen mogelijkheid tot het vestigen van dorpen.

De antropoloog Whiting (1964) geeft een mooie beschrijving van hoe ecologische omstandigheden de cultuur en daarmee de socialisatie beïnvloeden. In sommige delen van Afrika tast de tseetseevlieg de veestapel aan. Omdat het in die gebieden vrijwel onmogelijk is om koeien te houden, is er nauwelijks melk voor de baby's. Als gevolg daarvan geven de moeders de kinderen gedurende lange tijd de borst. Omdat moeders geen melk produceren wanneer ze zwanger zijn bestaat er een taboe op postnatale geslachtsgemeenschap. De vrouwen mogen gedurende drie jaar geen seks met hun echtgenoot hebben. Dat is een te moeilijke opgave voor de mannen. Zij kiezen derhalve voor polygamie. Dat heeft weer tot gevolg dat de kinderen jarenlang bij de moeder slapen. Jongens raken daardoor zeer gehecht aan hun moeders, maar leren op die manier onvoldoende de mannelijke rolpatronen. Om daarvoor te compenseren ontwikkelen zich culturen waarin zware initiatieriten een scherp contrast tussen het leven als kind en als volwassene aangeven. Op deze manier zien we hoe ecologie een bepaald cultuurpatroon oproept: taboe op postnatale seks, polygamie, bij de moeder slapen, hechte moederband, strenge initiatieriten en grotere afstand tot de moeder wanneer de kinderen groot zijn.

Het schrift is ongetwijfeld een van de belangrijkste uitvindingen. Interessant is dat het schrift in vele samenlevingen, in grote mate onafhankelijk van elkaar, tot ontwikkeling is gekomen. Het vermogen van mensen om zich symbolisch – door middel van gesproken maar ook door geschreven taal – uit te drukken is kennelijk een universele behoefte of in ieder geval een universeel gewaardeerd vermogen. Immers, uiteindelijk neemt elke samenleving het schrift over. De wijze waarop het schrift werd vastgelegd verschilt echter van cultuur tot cultuur onder invloed van ecologische factoren. Het spijkerschrift was in steen aangebracht. De vastlegging op papier stamt uit Egypte. Deze technologie is ontstaan in de Nijldelta waar de papyrusplant de natuurlijke grondstof leverde. De ontwikkeling van papier was een wezenlijk element van de klassiek-Egyptische beschaving en economie. In de meeste landen was deze technologie niet mogelijk. Echter, in veel gemeenschappen waar vee ruim voorhanden was werd perkament – geprepareerde huid – gebruikt om het schrift vast te leggen. Met het oogpunt op verspreiding is vastlegging op papier verreweg de meest succesvolle en minst kostbare technologie gebleken. Wellicht dat de elektronische weergave van taal die van het papier gaat overtreffen, maar de rol van papier lijkt voorlopig nog niet uitgespeeld.

Men heeft zich vaak afgevraagd waar het gebruik van mensenoffers bij de Azteken vandaan kwam. Vooral in tijden van dreiging nam het aantal mensenoffers toe. Een interessante, maar speculatieve verklaring komt van Harner (1977) die erop wees dat het kannibalisme van de Azteken niet slechts religieuze grondslagen had, maar voortkwam uit de schaarste aan proteïnen doordat Mexicaanse jagers in eerdere tijden vrijwel al het wild in de Mexicaanse hoogvlakte uitgeroeid hadden. Overigens kwam het mensenvlees voornamelijk ten goede aan de Azteekse aristocratie.

1.5 Onderwerpen van de cross-culturele psychologie

Er lijkt geen beperking te zijn in de onderwerpen die de cross-culturele psychologie kan beschrijven of onderzoeken. Alle fenomenen die de algemene psychologie bestudeert, kunnen onderwerp van de cross-culturele psychologie vormen, alleen voegt de laatste er telkens expliciet de culturele dimensie aan toe. Bovendien is de cross-culturele psychologie minder huiverig dan de algemene psychologie voor allerlei contextvariabelen, gericht als zij is op een van de belangrijkste contextvariabelen. De cross-culturele psychologie is zich meer dan de algemene psychologie bewust van het relatieve karakter van haar theorieën en onderzoeksresultaten. Daarom volgt na deze inleiding een bespreking van enkele wetenschapstheoretische en methodologische kwesties (hoofdstuk 2). Vervolgens komen de basisdisciplines aan bod. Het gaat om de disciplines die in de meeste psychologieboeken en psychologieopleidingen voorkomen. Ik behandel verschillende onderwerpen uit de vier basisdisciplines (functieleer, ontwikkelingspsychologie, persoonlijkheidspsychologie en sociale psychologie) en de twee belangrijkste toepassingsgebieden van de psychologie (klinische psychologie en arbeids- en organisatiepsychologie). In het kader van dit boek kan per discipline en toepassingsgebied slechts een selectie gemaakt wor-

den uit de vele mogelijke onderwerpen. Enkele voorbeelden, per discipline, zijn:
- functieleer: alfabetisme en perspectiefwaarneming, taal en denken, cultuur en waarneming (hoofdstuk 3);
- ontwikkelingspsychologie: cognitieve ontwikkeling, morele ontwikkeling, sociaal-emotionele ontwikkeling, hechtingsstijlen (hoofdstuk 4);
- persoonlijkheidspsychologie: ontwikkeling van het zelf, de Big Five in verschillende culturen, persoonlijkheidsverschillen in multiculturele effectiviteit (hoofdstuk 5);
- sociale psychologie: vriendschappen en huwelijken in andere culturen, non-verbale communicatie (hoofdstuk 6), sociale psychologie komt ook aan bod in hoofdstuk 10 over intergroepsrelaties;
- klinische psychologie/gezondheidspsychologie: de (on)bruikbaarheid van DSM-IV, cultuur en depressie, het ongemak van de allochtone patiënt in de spreekkamer (hoofdstuk 7);
- arbeids- en organisatiepsychologie: culturele diversiteit (hoofdstuk 8).

Tot slot volgen nog enkele hoofdstukken die specifiek van belang zijn voor psychologen die zich in andere culturele groepen verdiepen:
- nationale culturen en internationale samenwerking, het problematisch concept individualisme/collectivisme (hoofdstuk 9);
- intergroepsrelaties: contacthypothese, sociale identiteitstheorie, verbetering van intergroepsrelaties (hoofdstuk 10);
- adaptatie van immigranten: Berry's tweedimensionale model, ervaringen van Amerikaanse vrouwen in Nederland (hoofdstuk 11);
- training van multiculturele effectiviteit: verschillende soorten training, de cultuurassimilator, de algemene dynamische cultuurassimilator (hoofdstuk 12);
- een vooruitblik naar de cross-culturele psychologie in het nieuwe millennium (hoofdstuk 13).

1.6 Slot

Een inleiding in de cross-culturele psychologie kan niet zonder een bespreking van het begrip cultuur, dat nog al eens ten onrechte verward wordt met ras of met nationaliteit. Cultuur hoeft niet door alle leden van de gemeenschap even sterk gedeeld te worden, cultuur beïnvloedt de leden van een gemeenschap, maar ondergaat ook zelf de invloed van leden van de gemeenschap. Cultuur is dan ook niet statisch maar adaptief. Vandaar dat de cross-culturele psychologie het gedrag van het individu in *wisselwerking* met de culturele omgeving als onderwerp heeft.

Het adaptieve karakter van cultuur komt ook tot uitdrukking in de eco-culturele benadering waarin cultuur als een aanpassing gezien wordt op de ecologische omgeving, maar die ecologische omgeving niet onberoerd laat. Om verschillende samenlevingen te vergelijken moet de cross-cultureel psycholoog leren om niet met een etnocentrische blik naar die samenlevingen te kijken. Elke samenleving moet immers op een eigen manier naar oplossingen zoeken voor de vele vraagstukken waarmee zij geconfronteerd wordt. Door haar belangstelling voor de culturele context is het aantal onderwerpen waar de cross-culturele psychologie zich mee bezig kan houden schier onbeperkt. Dat maakt het vak moeilijk maar ook boeiend.

2

Wetenschapstheoretische en methodologische kwesties

2.1 Inleiding

In het vorige hoofdstuk zagen we dat de algemene psychologie in zekere mate etnocentrisch is door de eigen cultuur als uitgangspunt te nemen. Anders gezegd, psychologie is cultuurgebonden. Als leden van een cultuurgemeenschap zijn wetenschappers natuurlijk onderhevig aan de binnen die cultuur ontwikkelde manier van denken en aan de inhoud van dat denken. Karl Popper (1967) heeft er al op gewezen dat ook wetenschappelijke uitspraken de werkelijkheid niet gewoon afbeelden. Uitspraken zijn nu eenmaal altijd gebaseerd op een beperkt aantal waarnemingen, bovendien zijn basisuitspraken een kwestie van beslissingen. Vaak is de wetenschapper zich hier niet van bewust.

De eigen cultuur kan dan ook op veel manieren het wetenschapsbedrijf binnensluipen. Allereerst al in de keuze van het onderwerp. Bij onderwerpen als 'genderstudies', 'emancipatie van de arbeidersklasse' of 'racisme' is dat direct inzichtelijk. Racisme is bijvoorbeeld een onderwerp dat in sommige maatschappijen nauwelijks aandacht krijgt, terwijl het in de Verenigde Staten een dominant en een, voor zowel zwarten als witten, emotioneel geladen thema is. Onderwerpen als intelligentie of prestatie lijken al iets cultuurvrijer, maar komen eerder als onderzoeksthema voor in culturen waarin individuele verschillen in aanleg en functioneren benadrukt en beloond worden. Ook methodologische regels zijn niet cultuurvrij. Kuhn (1962) stelt dat methodologische regels 'paradigmagebonden' zijn, wat vrij vertaald betekent dat ze niet cultuurvrij zijn. Vervolgens zijn de gehanteerde concepten cultuur- en tijdgebonden. Definities van concepten als intelligentie, geluk, armoede en werkloosheid verschillen van cultuur tot cultuur. Zijn huisvrouwen werkloos? Is vrijwilligerswerk werkloosheid?

Nog sterker kunnen culturen verschillen in de betekenis die aan bepaalde gebeurtenissen gegeven worden. Is het doden van zuigelingen om de gezinssamenstelling te regelen kindermoord of gezinsplanning? Is het slaan van vrouwen mishandeling of handhaving van de orde? Is weduweverbranding moord of echtelijke plicht? Is plaatsing van ouders in een bejaardentehuis misdaad of zorg? Zijn Palestijnse zelfmoordacties in Israël terreur of patriottisme? Is bloedwraak een daad van plicht, een daad van eer of is het moord? Vooral handelingen waarbij geweld voorkomt zijn vatbaar voor van samenleving tot samenleving sterk uiteenlopende interpretaties. Wetenschappers ondergaan eveneens de invloed van de binnen hun cultuur overheersende interpretatie. Volgens Kuhn komen veranderingen in theorieën via groepsprocessen tot stand; die groepen zijn natuurlijk onderhevig aan de invloeden van de culturen waar ze deel van uitmaken. Gezien de vele manieren waarop psychologen beïnvloed kunnen worden door de hen omringende cultuur vormen psychologen zelf ook een legitiem object van studie (zie bijvoorbeeld Danziger 1997; Dehue 1995).

2.2 Positie van de cross-culturele psychologie

Wat is nu de positie van de cross-culturele psychologie ten aanzien van al die multi-interpreteerbare verschijnselen? Ten opzichte van de rol van cultuur in het menselijk gedrag zijn twee uitersten mogelijk. Aan de ene kant kennen we de cultuurpsychologische benadering waarbij de psycholoog als het ware in de cultuur kruipt en het gedrag als een uniek resultaat daarvan ziet, omdat anders het gedrag niet begrepen kan worden. Denk aan het typisch Nederlandse fenomeen 'gezelligheid'. Dat kan een cultuurpsycholoog pas goed begrijpen door enkele verjaardagen bij te wonen, vaak koffie te drinken en Sinterklaas mee te maken. De cultuurpsychologie probeert dus de betekenis van de gedragingen binnen een samenleving te doorgronden. Overeenkomsten in culturen zijn in de cultuurpsychologische benadering niet het belangrijkst. Aan de andere kant staat de algemene psychologie die culturele factoren als ballast ziet en zoveel mogelijk op contextvrije metingen is gericht.

Omdat een contextvrije meting strikt genomen niet bestaat, wordt de context onder controle gehouden en bij voorkeur bij alle metingen constant gehouden. De eerste benadering wordt ook wel als *relativisme* en de tweede als *absolutisme* aangeduid. Relativisten zijn geneigd verschillen tussen gemeenschappen toe te schrijven aan culturele factoren, absolutisten zoeken eerder naar niet-culturele, vooral biologische factoren. Ergens op de dimensie van relativisme naar absolutisme (Segall e.a. 1999) bevindt zich de cross-culturele psychologie. Cross-culturele psychologie leent van beide benaderingen elementen. Zij heeft oog voor zowel culturele als biologische factoren. Zij gaat na of er verschillen of overeenkomsten in gedragingen bestaan. Lonner (1980), een van grondleggers van de cross-culturele psychologie, komt tot een lijst van acht universele gedragingen. Dit zijn aspecten die in alle samenlevingen, uiteraard in verschillende verschijningsvormen, te zien zijn:

1 bevrediging van fysiologische behoeften; eten, drinken, slapen, beschutting zoeken, seks (deze behoeften delen we met vele diersoorten);
2 atletische spelen, kansspelen;
3 feesten organiseren, grappen maken;
4 geschenken geven, begroetingen, gastvrijheid;
5 hofmakerij, dansen;
6 naamgeving voor verwanten, zoals oom, zwager, kleinkind;
7 begrafenisrituelen – 'begrafenis' moet hier ruim genomen worden; een crematie valt er dus ook onder;
8 bezoeken afleggen.

Om universele aspecten te onderzoeken zijn equivalente metingen nodig, dat wil zeggen dat er meetinstrumenten ontwikkeld en toegepast worden die van cultuur tot cultuur gelijkwaardig zijn. Terwijl de cultuurpsycholoog zich veel meer richt op wat er binnen een specifieke gemeenschap afspeelt, bestudeert de cross-cultureel psycholoog altijd meer gemeenschappen. De cross-culturele psychologie is ook op causaliteit gericht, op het formuleren van wetmatigheden. Cultuur wordt in veel gevallen als een onafhankelijke variabele gezien; dat wil zeggen, als een factor die invloed uitoefent op het gedrag en denken van de leden van die cultuur. Het is overigens problematisch om cultuur als een onafhankelijke variabele te beschouwen, zoals ik in paragraaf 2.4 uiteen zal zetten. Een ander belangrijk uitgangspunt van de cross-culturele psychologie is dat de leden van een gemeenschap als individuen gezien worden en dus individuele kenmerken hebben. In feite lijkt de cross-culturele psychologie daardoor nog het meeste op de sociale psychologie, die het gedrag van het individu in een sociale context ziet. In plaats van een sociale context gaat het nu om een culturele context. De nadruk op het individu in de sociale en de cross-culturele psychologie en de voorkeur – vooral in de sociale psychologie – voor experimentatie is evenmin een cultuurvrije keuze. Dehue (2002) schetst hoe in de Verenigde Staten het individualisme geleidelijk de onderzoeksmethodologie heeft beïnvloed. De twintigste-eeuwse Noord-Amerikaanse overheidsvisie kon getypeerd worden als een 'liberaal verzorgingsregime', met nadruk op individuele verantwoordelijkheid voor ieders succes en falen, en een terughoudende overheid. Langzamerhand wordt de huidige dominante onderzoeksmethodologie gekenmerkt door drie sterk daardoor geïnspireerde principes (Dehue, 2002):

1 individuele verantwoordelijkheid voor het eigen handelen;
2 doelmatigheid van nauw omschreven onderzoeksmatige ingrepen, bijvoorbeeld door het isoleren van enkelvoudige oorzakelijke factoren;
3 onpersoonlijke onderzoeksprocedures, zoals random toewijzing van proefpersonen aan condities.

De antropoloog Schweder (1991), die een duidelijke voorkeur heeft voor de cultuurpsychologie, geeft een fraaie beschrijving van de drie psychologieën. De algemene psychologie jaagt volgens hem een platonisch ideaal na: '...the aim of general psychology is Platonic, and its Platonic aim is to seek out a central processing mechanism of human beings and to isolate it from all the other stuff' (p. 79). Met dat ideaal voor ogen heeft de algemene psychologie ook haar voorkeur voor wat voor kennis zij nastreeft (haar ontologie) en hoe zij dat doet (haar epistemologie): 'Ontologisch gesproken is kennis in de algemene psychologie de poging om zich een voorstelling te maken van de vorm of gedaante van een inherent centraal verwerkingsmechanisme voor psychologische functies (discriminatie, categorisatie, geheugen, leren, motivatie, gevolgtrekkingen, enzovoorts) en die te karakteriseren. Epistomelogisch gesproken is kennis in de algemene psychologie de poging om naar het centrale verwerkingsmechanisme te kijken, zonder dat het besmet is door inhoud en context, enzovoorts' (p. 80).

Maar wat is dan de cultuurpsychologie volgens Schweder? Het is een interpreterende wetenschap: 'De geest is gestuurd door inhoud, domeinspecifiek en op een constructieve wijze gekoppeld aan bepaalde prikkels: zij kan niet los gezien worden van historisch veranderbare en cross-cultureel gezien uiteenlopende werelden waarin zij een rol speelt en aan welke zij mede vormgeeft. Als gevolg daarvan interpreteert de cultuurpsychologie beweringen of gedragspatronen die waargenomen worden in een laboratorium of ergens anders, op straat of in een klas, in Chicago of in Khartoum, niet als veronderstellingen over het menselijke psychologisch functioneren, maar eerder als beschrijvingen van plaatselijke reactiepatronen die gekleurd zijn door de context, hulpmiddelen, instructies, gezagsverhoudingen, framingsmechanismen en manieren van beeldvorming' (p. 87).

Het kernprobleem van de cross-culturele psychologie is volgens Schweder haar worsteling, die in platonische termen gestreden wordt, hoe zij van bevolking tot bevolking voorkomende verschillen in prestaties op psychologische tests en opdrachten moet interpreteren (p. 85). Deze verschillen zouden toegeschreven kunnen worden aan werkelijke verschillen in de ontwikkeling van het centrale verwerkingsmechanisme bij de onderzochte volkeren, of ze kunnen worden veroorzaakt door de tests en opdrachten van de psycholoog die de respondenten in sommige delen van de wereld afschrikken. Volgens Schweder heeft de cross-culturele psychologie altijd in de marge van de algemene psychologie geopereerd, omdat deze niet geïnteresseerd is in de remmende effecten van de omgeving op de ontwikkeling van het centrale verwerkingsmechanisme, of in de 'ruis' van vertalingsproblemen of mogelijke testsituatie-effecten.

Goed, de cross-culturele psychologie mag dan een moeilijke positie tussen beide psychologieën innemen, zij heeft een belangrijke taak en dat is zowel na te gaan wat universele processen zijn als na te gaan wat cultuurgebonden processen zijn. Daarbij kan zij van beide disciplines methodologische steun ontlenen. Om de cultuurgebonden processen te bestuderen en één cultuur te doorgronden kan zij de participerende observatie en diepte-interviews van de cultuurpsychologie lenen. Voor de bestudering van universele processen en universele wetten zijn de experimentele benadering, systematische observatie en kwantitatieve methoden uit de algemene psychologie goed bruikbaar. Uit de algemene psychologie heeft de cross-culturele psychologie trouwens ook de grotere focus op interne validiteit van het onderzoek overgenomen, terwijl de externe validiteit, de generaliseerbaarheid naar andere – culturele – groepen in de algemene psychologie onvoldoende aandacht krijgt. Over de bestudering van het cultuurgebonden en het universele in het menselijk gedrag handelt de volgende paragraaf.

2.3 Over emics en etics

Er zijn klanken die in alle talen voorkomen, tegelijkertijd bestaan er in elke taal unieke klanken. Deze twee taalaspecten vormen het onderwerp van wat in het Engels respectievelijk *phonetics* en *phonemics* genoemd wordt. De linguïst Pike (1967) heeft daarvan de woorddeeltjes *etics* en *emics* gebruikt om elementen aan te duiden die in alle culturen voorkomen (etics) en elementen die cultuurspecifiek zijn (emics). Deze termen, met de door Pike gegeven betekenis, zijn vervolgens overgenomen door cross-cultureel psychologen. De cross-cultureel psycholoog is op zoek naar universele verschijnselen (etics) die zich overigens als cultuurspecifieke elementen (emics) kunnen manifesteren. Zo zien we overal vormen van verbintenissen tussen mannen en vrouwen om hun nakomelingen enige zekerheid te bieden, de wijze waarop dit gebeurt is cultuurgebonden: van het huwelijk voor het leven waarin de vrouw zich onderwerpt aan de man, tot meer egalitaire en minder vaste vormen van samenwonen die door een samenlevingscontract gesanctioneerd zijn. Of van de – in vele delen van Afrika voorkomende – polygynie (één man heeft meerdere vrouwen), tot de – minder frequent voorkomende – polyandrie zoals die in Nepal aan te treffen valt, waarbij verschillende broers één vrouw delen. Om een bepaalde cultuur te kunnen begrijpen zal de cross-cultureel onderzoeker zich concentreren op de emics. De onderzoeker probeert dan bijvoorbeeld de vraag te beantwoorden hoe het komt dat broers in Nepal harmonieus met elkaar kunnen blijven omgaan binnen één huwelijk, iets wat in onze maatschappij ondenkbaar is. Een van de factoren is dat in Nepal voor velen de landbouw een belangrijk bestaansmiddel is, vaak zelfs de enige manier van overleven, terwijl de hoeveelheid vruchtbare grond beperkt is. Door één vrouw te delen vermijden de broers dat er te veel nakomelingen komen die de te schaarse grond zouden kunnen claimen.

Bij vergelijking van verschillende culturen met het doel algemene theorieën te toetsen zal de onderzoeker zich daarentegen richten op de etics. Zo heeft Buss (1989) in 37 verschillende culturen eenzelfde patroon van man-vrouwverschillen wat betreft partnerkeuze gevonden. Vrouwen letten bij de partnerkeuze op het vermogen van de potentiële partner om geld te verdienen en of ze ambitieus en ijverig zijn, terwijl mannen – meer dan vrouwen – op de jeugdigheid en op fysieke aantrekkingskracht van de potentiële partner letten. Dit patroon is in overeenstemming met wat evolutietheoretisch te verwachten was: voor mannen is het belangrijk een vruchtbare vrouw te vinden en voor vrouwen is het belangrijk een partner te hebben die bescherming aan haar kinderen kan bieden. Bij het toepassen van etics in andere culturen worden nogal eens de eigen – meestal westerse – concepten opgelegd. Om deze zogenoemde *imposed etics* te vermijden dienen we empirisch na te gaan of de gebruikte concepten in de verschillende culturen wel dezelfde betekenis hebben, met andere woorden, of we een waar etic gebruiken. Een fraai voorbeeld van zo'n etic dat niet overal opgaat is het Oedipuscomplex (Segall e.a., 1990):

> Volgens Freud ontwikkelt een jongen gedurende de vroege kinderjaren problematische gevoelens tegenover zijn moeder en antagonisme tegenover zijn vader als gevolg van een soort seksueel getinte competitie met de laatste. Wanneer het kind zich verder normaal ontwikkelt, worden die Oedipale neigingen in positieve richting omgezet in een sterkere identificatie met de vader. Verder stelde Freud dat onvervulde Oedipale wensen in dromen tot uitdrukking komen. Maar wat gebeurt er nu in maatschappijen waarin vaders een geheel andere rol hebben dan in het negentiende-eeuwse Wenen of in Europa in bredere zin? De bekende antropoloog Malinowski vond tijdens zijn onderzoek in de jaren twintig op de Trobiand Eilanden een opvallend opvoedingspatroon. Jongens werden daar opgevoed door hun ooms (de broers van hun moeders). Die brachten hun discipline bij. Interessant is dat deze kinderen vergelijkbare dromen hadden ten opzichte van ooms als kinderen in de meeste andere culturen ten opzichte van hun vaders. Maar seksueel getinte jaloezie kon niet als verklaring dienen, omdat ooms niet de rol van minnaar van de moeders van de kinderen vervulden. Maar zij vervulden wel de rol van disciplinebewaker. De observaties van Malinowski wijzen erop dat het eerder het uitoefenen van macht is dat tot verdrongen vijandigheid leidt van de jongens dan de seksuele jaloezie.

Het laatste woord is overigens nog niet over het Oedipuscomplex gezegd, maar het voorbeeld toont aan dat het belangrijk is de geldigheid van in het Westen ontwikkelde concepten en theorieën in andere culturen te toetsen.

Wanneer een etic in de verschillende culturen eenmaal valide gebleken is, dan is het vervolgens belangrijk om het concept op een 'cultuurgevoelige' manier te meten, dat wil zeggen dat rekening gehouden wordt met de cultuur waarin de etic zich manifesteert. Dit betekent dat de meetinstrumenten qua taalgebruik, vorm en presentatie aangepast worden aan de lokale termen en opvattingen. Kortom, we moeten de etic-concepten op een emic-wijze toepassen. Daarom pleiten cross-cultureel psychologen voor het gelijktijdig gebruik van emics en etics (Triandis 1994).

Zelf heb ik enkele jaren onderzoek verricht in Latijns-Amerika naar de attitudes ten opzichte van allerlei agrarische innovaties. De doelgroep bestond uit boeren die niet of nauwelijks konden lezen (Van Oudenhoven 1971). Het afnemen van schriftelijke vragenlijsten was uiteraard niet mogelijk. Maar ook het mondeling stellen van vragen was zeer problematisch, zelfs als dit door een landgenoot gebeurde, omdat er grote statusverschillen bestonden tussen de boer en de onderzoeker. Dit leidde tot wat ze in Mexico het *pos si-effect* noemen. Dit is de neiging om op alle vragen van de onderzoeker maar 'ja' te zeggen, omdat het onbeleefd of dom zou lijken om 'nee' te zeggen. Om dit probleem te omzeilen gebruikte ik tekeningen die bestonden uit twee delen (zie figuur 2.1). Een deel gaf een hun vertrouwde situatie weer, het andere deel een innovatieve situatie. Zij konden vrij op de tekeningen reageren, eventueel aangemoedigd door vragen als: 'Wat ziet u hier?', of 'Wat vindt u hiervan?' Ervaringen met deze methode van attitudeonderzoek waren zeer bevredigend. De betrokkenen begonnen doorgaans vrij spontaan op de tekeningen te reageren. Ze vonden het bovendien meestal ook boeiend om hun situatie, hun akkers, hun dorp afgebeeld te zien. Men moet zich bedenken dat zij nog nooit aan een onderzoek meegedaan hadden. Dit in tegenstelling tot sommige ideaaltypische Indianendorpen waar tientallen – vooral Noord-Amerikaanse – antropologen met hun stagiairs rondliepen en waar de Indianen al konden anticiperen op de te stellen vragen.

Figuur 2.1
Bepaling van attitude ten opzichte van modernisatie door middel van tekeningen (bron: Van Oudenhoven, 1971).

Zowel de etic- als de emic-onderzoeker zijn – in principe – vergelijkend. Het is immers de aard van wetenschappers, dus ook van sociale wetenschappers, om gemeenschappelijke patronen en wetmatigheden in de verschijnselen binnen onszelf en om ons heen op te sporen. Toch verschillen ze aanzienlijk in benadering. De verschillen tussen de begrippen emic en etic staan nog eens samengevat in tabel 2.1.

Tabel 2.1
Tegenstellingen etic- versus emic-benaderingen

Etic-benadering	Emic-benadering
• analytisch	• interpretatief
• vooral kwantitatief	• vooral kwalitatief
• vooral vergelijkend	• aandacht voor variatie binnen cultuur
• geïsoleerde variabelen	• netwerken van variabelen
• nadruk op universele aspecten	• nadruk op unieke aspecten
• werkt met opgelegde concepten en variabelen	• concepten en variabelen worden binnen de cultuur ontwikkeld
• empirisch	• constructivistisch
• onderzoekt gedrag vanuit het perspectief van de buitenstaander	• onderzoekt gedrag van binnenuit
• cultuur als antecedent van gedrag	• interdependentie van cultuur en gedrag

2.4 Enkele belangrijke methodologische kwesties

De relatie tussen cultuur en gedrag

Cross-culturele psychologie is, zoals gezegd, geïnteresseerd in de invloed van cultuur op gedrag. Gedrag houdt zowel observeerbaar gedrag als gedachten in. Een eerste – fundamenteel – probleem is dat collectief vertoond gedrag, bijvoorbeeld rituelen, en collectieve gedachten zelf onderdeel vormen van de cultuur. Het is – uitgaande van een causaal model waarin de eerste variabele een tweede beïnvloedt – een logisch onmogelijke opgave om de invloed van de eerste variabele op een tweede variabele vast te stellen terwijl die tweede variabele onderdeel is van de eerste. Een voorbeeld moet duidelijk maken wat ik bedoel. Een cross-cultureelpsychologische vraagstelling zou kunnen zijn: 'Wat is het effect van een hoge-machtsafstandscultuur (dat is een cultuur waarin hiërarchische verhoudingen op de voorgrond treden) op de manier waarop besluitvorming in bedrijven plaatsvindt.' Maar de wijze van besluitvorming in bedrijven is een van de belangrijke criteria om te bepalen of een samenleving een hoge-machtsafstandscultuur heeft. Echt oplosbaar is dit probleem niet, maar er valt mee te leven. Het is dan wel noodzakelijk zich van dit probleem bewust te zijn en te beseffen dat men vaak niet zozeer de invloed van cultuur op een bepaalde variabele meet, maar eerder nagaat in welke mate de tweede variabele onderdeel van de cultuur uitmaakt.

Designproblemen
Een tweede probleem dat meer uit onderzoeksgemak voortkomt, maar veel te vaak voorkomt, is dat slechts twee culturen vergeleken worden. Tegelijk met cultuur variëren meestal veel andere aspecten, bijvoorbeeld de grootte en ligging van het dorp waar de cultuur betrekking op heeft, het product dat gemaakt wordt in de organisatie, enzovoorts. In de psychologische literatuur worden vaak personen van twee verschillende nationaliteiten vergeleken – vooral de vergelijking van Amerikanen met Japanners of Chinezen is favoriet – om vervolgens verschillen in gedrag of denken toe te schrijven aan de verschillen in cultuur, in dit geval waarschijnlijk individualisme versus collectivisme. Zoals ik in hoofdstuk 1 al aangaf is cultuur niet hetzelfde als nationaliteit. Toch doen nogal wat onderzoekers alsof dit wel zo is. Het eerste wat er moet gebeuren is dan controleren of de Amerikaanse respondenten inderdaad individualistischer zijn dan de Japanners of Chinezen. Behalve dat nationaliteiten vaak uit verschillende culturen bestaan, is er nog een andere reden waarom nationaliteit en cultuur niet zomaar gelijk te schakelen zijn; het behoren tot een bepaalde nationaliteit betekent ook dat men leeft in een gebied met een bepaald klimaat, een staatkundige structuur en een economie en deze factoren kunnen naast de cultuur het gedrag en denken van mensen beïnvloeden. Deze confounding van allerlei variabelen is fataal wanneer slechts twee landen vergeleken worden.

Een voorbeeld: wanneer we de invloed van cultuur op abstract denken willen nagaan en we vergelijken daarvoor Nederland en Angola, dan variëren tevens de grootte van het land, het klimaat, sociaal-economische kenmerken, niveau van scholing, algemene gezondheidstoestand en vele andere aspecten. Aan welk van deze factoren moeten we nu eventuele verschillen in abstract denken toeschrijven? Bij een groter aantal landen die op verscheidene aspecten van elkaar verschillen of juist overeenkomen kan men met meer recht sommige verklaringen verdedigen of verwerpen. Het is daarom verstandig bij cross-culturele vergelijking ten minste drie maar bij voorkeur nog meer landen te betrekken. Een andere oplossing is per land een flinke steekproef te nemen die is opgebouwd uit subgroepen zodat voor verschillende variabelen, bijvoorbeeld scholingsgraad, of sociaal-economische positie gecontroleerd kan worden. Ook zijn er verschillende statistische procedures beschikbaar om de confounding van de verschillende variabelen te ontrafelen. Een voor de hand liggende statistische methode is de zogenoemde multilevelanalyse waarbij de variantie in de te meten afhankelijke variabele gesplitst wordt in porties variantie die aan individuen, aan landen en – eventueel – aan subgroepen binnen een land toegeschreven moeten worden. Voor een uitgebreide en excellente bespreking van methodologische problemen en oplossingen binnen de cross-culturele psychologie raadplege men Van de Vijver en Leung (1997).

Generaliseerbaarheidsproblemen

Een derde methodologisch probleem waar cross-cultureel psychologen mee te maken hebben is de moeilijkheid om representatieve steekproeven te vinden. Hoe geïsoleerder een bepaalde samenleving is (ten opzichte van de internationaal georiënteerde onderzoekersgemeenschap) des te sterker doet dit probleem zich voor. Uit gemak worden dan respondenten benaderd die de taal van de onderzoeker of Engels spreken of al westers georiënteerd zijn. Het wordt dan moeilijk vergelijkingen te maken tussen landen. Een voorbeeld van een onderzoek waar de representativiteit een probleem vormt, is het inmiddels klassieke veertig-landenonderzoek van Hofstede (zie hoofdstuk 9). Ik bedoel hier niet zozeer dat hij zijn conclusies baseerde op een beperkte groep van – vooral mannelijke – employés per land. Op zich is het namelijk goed te verdedigen om respondenten van land tot land uit eenzelfde beperkte maar vergelijkbare steekproef te betrekken. Het probleem is vooral dat het allemaal IBM-employés waren, waardoor per land die mensen werden betrokken die tenminste enigszins Amerikaans/westers georiënteerd waren, anders zouden ze nooit bij een Amerikaans bedrijf zijn gaan werken. In landen met een hoge werkloosheid en een relatief lage opleiding behoorden de IBM-employés tot de elite, terwijl zij in andere landen zich niet zo sterk onderscheidden van de employés van de andere (Amerikaanse) bedrijven. Uiteraard zijn de steekproeven per land daardoor niet vergelijkbaar. Benaderingen die deze problemen tegengaan zijn: replicaties, uitbreiding van het gegevensbestand en opname van respondenten uit verschillende segmenten van de onderzochte samenleving.

Vertalingsproblemen

Een vierde voor de hand liggend obstakel bij cross-cultureel onderzoek is dat mensen van land tot land en zelfs binnen landen verschillende talen gebruiken. Er moet dus vertaald worden. Vertalingen leiden onvermijdelijk tot vertekeningen. Wanneer daar, zoals in de psychologie de bedoeling is, subtiele nuances in concepten weergegeven moeten worden, is het belangrijk die vertekeningen tegen te gaan. Maar hoe komen we aan equivalente versies? Hier is een standaardprocedure voor, de zogenoemde *back translation*. Die houdt in dat het – bij voorkeur door een native speaker – vertaalde instrument (test, vragenlijst, interviewschema, en dergelijke) weer terugvertaald wordt in de oorspronkelijke taal (door een native speaker van de oorspronkelijke taal). Dan wordt vervolgens de terugvertaalde tekst gelegd naast de oorspronkelijke tekst en worden de verschillen tussen beide teksten weggewerkt. Toch is, ook al is de gehele tekst goed vertaald, het omzettingsproces hiermee nog niet voltooid. De oorspronkelijke tekst dient gedecentreerd te worden, dat wil zeggen ontdaan van cultuurspecifieke elementen. Uitdrukkingen die te eigen zijn aan de cultuur waarin het onderzoeksinstrument oorspronkelijk is ontwikkeld, dienen verwijderd te worden. Er zijn altijd woorden die goed te vertalen zijn van de ene naar de andere taal, soms zelfs in beide talen gelijk zijn, maar toch in de verschillende culturen duidelijk verschillende nuances hebben. Er moet niet alleen een taalkundige equivalentie, maar ook een conceptuele equivalentie tot stand gebracht worden. Door een proces van decentering moet men dan naar een vertaling zoeken die in beide culturen dezelfde nuances oproept.

> Laten we als voorbeeld het woord 'eer' nemen. Het woord is gemakkelijk in het Spaans te vertalen met 'honor' en in beide talen verwijst het naar reputatie, respect en fatsoenlijk gedrag. Toch lopen de associaties met die woorden in beide culturen sterk uiteen. Het woord 'eer' verwijst in Spanje bijvoorbeeld sterker naar gedragingen die de onderlinge afhankelijkheid met anderen bevestigen, zoals vrijgevig zijn of sociale verplichtingen nakomen. Voor Nederlanders daarentegen is eer meer verbonden met iemands prestaties en de positieve feedback op wat het individu is of doet (Rodriguez Mosquera e.a., 2002). De Spaanse respondenten in het onderzoek van Rodriguez Mosquera vonden eer overigens ook een belangrijker waarde in hun cultuur dan de Nederlandse respondenten.

Soms zijn woorden niet te vertalen omdat ze verwijzen naar een gebeuren dat uniek is binnen een bepaalde cultuur. Het woord 'oudejaarsavond' zal nog wel te vertalen zijn in verschillende talen. Het wordt al moeilijker met 'vastenavond', maar 'sinterklaasavond' is niet meer te vertalen, dat vraagt om een omschrijving. Dit laatste punt maakt ook duidelijk dat de cross-culturele psychologie zich bij uitstek leent voor de bestudering van culturen die niet zo ver uiteenlopen. Dan is het gemakkelijker om equivalente onderzoeksinstrumenten te ontwikkelen. Hoe meer de culturen uiteenlopen, des te groter worden de problemen voor de cross-cultureel psychologisch onderzoeker. Niet alleen de begrippen worden moeilijker te vertalen, ook de antwoordtendenties (*response sets*) gaan sterker uiteenlopen (denk aan de moeite die het veel Aziaten kost om 'nee' te zeggen, of de wens niet op te vallen in collectivistische culturen).

2.5 Slot

Bij de cross-culturele psychologie komt op twee manieren de cultuurgebondenheid van de psychologie expliciet tot uitdrukking. Ten eerste zijn vele psychologische verschijnselen gevoelig voor culturele invloeden. Ten tweede beseffen de onderzoekers dat zij zelf, hun methoden, theorieën en onderzoeksthema's ook de invloed ondergaan van de cultuur waar zij deel van uitmaken. Onder psychologen die cultuur als onderwerp hebben, bestaan twee stromingen, de cultuurpsychologie die gedrag als vergroeid met de culturele context ziet en daarom het gedrag binnen een samenleving probeert te doorgronden, en de cross-culturele psychologie die op zoek is naar wetmatigheden en algemene patronen met oog voor de culturele context waarin dat gedrag plaatsheeft.

De cross-culturele psychologie is op zoek naar universele verschijnselen (etics) die zich als cultuurspecifieke elementen (emics) kunnen voordoen. Bestudering van verschijnselen in verschillende culturen vraagt om aparte methodologische procedures. Een vergelijking van culturen betekent namelijk vrijwel altijd dat andere factoren meevariëren zodat van *confounding* sprake is. Verder dient veel zorg besteed te worden aan de representativiteit van steekproeven binnen een bepaalde cultuur, wat extra moeilijk kan zijn in landen met een lage graad van scholing of met bevolkingsgroepen die moeilijk toegankelijke talen spreken. Verder ontstaan er uiteraard altijd problemen wanneer instrumenten vertaald moeten worden. Gelukkig zijn er methoden om die problemen te ondervangen, zoals *back translation* en *decen-*

tering. In het algemeen dient de onderzoeker die culturen vergelijkt, wat kritischer te zijn en wat creatiever in het toepassen van onderzoeksmethoden.

3

Cultuur en taal, waarneming, cognitie en intelligentie

3.1 Cultuur en taal

Taal en cultuur zijn nauw verweven. Vaak is taal een van de definiërende kenmerken van een culturele groep. De gemeenschappelijke waarden van een culturele gemeenschap komen door taal tot uitdrukking en worden door middel van taal overgedragen en bekrachtigd. Daarom komen we veel van een cultuur te weten door de taal van die culturele gemeenschap te bestuderen. Overbekend is het voorbeeld van de vele woorden voor sneeuw in Eskimotalen, terwijl wij het met een enkele term moeten doen. Het Nederlands daarentegen kent vele woorden om allerlei gradaties van water naar land aan te duiden, zoals wad, broek, kwelder, moeras, veen, poel, of om kunstmatig gevormde waterwegen aan te geven, zoals vaart, gracht, sloot, kanaal, kil, geul. Vrijwel alles is van de ene taal naar de andere te vertalen, maar bij het vertalingsproces gaan wat van de nuances verloren. Het is moeilijk totale equivalentie te bereiken, zoals we in het vorige hoofdstuk al zagen. Vaak nemen talen dan ook woorden of uitdrukkingen van elkaar over omdat ze bij vertaling hun connotatie verliezen. Zo zijn veel woorden in het Nederlands uit het meer aristocratisch ingestelde Frankrijk geïmporteerd die op neerbuigende wijze naar de 'gewone man' verwijzen, bijvoorbeeld: *ordinair, vulgair, gepeupel,* of die het *dédain* van de hogere klasse voor de opgeklommen eenvoudige man weergeven, bijvoorbeeld *parvenu, nouveau riche* of *petit-bourgeois.*

Een boeiende manier om culturen te vergelijken is de repertoires van frequent gebruikte scheldwoorden en verwensingen in verschillende talen onder de loep te nemen. In veel culturen is de suggestie dat iemands moeder een hoer is een zeer effectieve belediging, denk aan 'hijo de puta', 'putain ta mère', 'son of a bitch'. Kennelijk is de eer van de familie in die culturen een belangrijke waarde. Opmerkelijk is dat in het Nederlands dergelijke woorden nauwelijks gebruikt worden. In

Nederland is de individuele eer belangrijker, zoals we in het vorige hoofdstuk zagen. Het Nederlands daarentegen kent talloze scheldwoorden en verwensingen die naar ziekten verwijzen. Enkele voorbeelden: lazer op (melaats), pestkop, teringlijer (tuberculose), kankerpit, pleur op (pleuritis), krijg de klere (cholera), pokkenlijder, krijg de schurft (huidziekte), tyfushoer en – het moderne – aidslijder. Bovendien hebben deze woorden een hoge taboewaarde, hetgeen wil zeggen dat de gebruikers ze als zeer beledigend beschouwen. De tien verwensingen met de hoogste taboewaarde verwijzen allemaal naar dood of ziekte (Van Sterkenburg, 1997). In andere talen zijn, voorzover mij bekend, zulke verwensingen schaars. Opvallend is bijvoorbeeld dat in Vlaanderen deze verwensingen volledig ontbreken op de toplijst van taboewoorden; daar zijn het de obscene woorden als 'kut' en 'fuck', en vloeken als 'godverdomme' en 'Jezus' die het hoogst scoren op de taboewaarde (Van Sterkenburg, 1997).

Gezien de nauwe band tussen taal en cultuur is het niet zo vreemd om te veronderstellen dat de taal die iemand spreekt ook diens denken beïnvloedt. Deze relativistische cultuuropvatting is al in het midden van de vorige eeuw ontwikkeld door twee Amerikaanse taalkundigen, Sapir en Whorf. De Sapir-Whorf-hypothese (Sapir, 1949; Whorf, 1956) stelt dat mensen uit verschillende culturen verschillend denken omdat ze verschillende talen gebruiken. Met andere woorden, de taal bepaalt het wereldbeeld. Nederlanders zouden volgens deze gedachte dan het land dat ze bewonen als meer maakbaar moeten waarnemen dan bijvoorbeeld de Oostenrijkers omdat het Nederlands meer woorden kent die verwijzen naar het manipuleren van de landelijke omgeving, zoals dam, dijk, wal, polder en dergelijke. Onderzoek naar de Sapir-Whorf-hypothese heeft geen eenduidige bevestiging van deze theorie gegeven. Als er al een effect van de structuur van de taal op ons denken zou zijn, dan zou dat effect gering zijn en niet, zoals Whorf dacht, ons wereldbeeld bepalen. Heider en Oliver (1972) vergeleken het Engels met het Dani, een taal van Nieuw-Guinea, waarin maar twee woorden voor kleuren bestaan, namelijk *mili* voor donkere en koude kleuren en *mola* voor warme en lichte kleuren. Als de Sapir-Whorf-hypothese juist was, zouden de Dani-sprekenden door hun gebrekkige woordenschat voor kleuren minder vaardig moeten zijn in het kunnen onderscheiden en onthouden van kleuren. Volgens de onderzoekers deden de Dani-sprekenden echter niet onder voor de Engelstaligen in het onderscheiden van de kleuren en ook niet in het onthouden van de verschillende kleuren. In een onderzoek bij dezelfde taalgroepen vond Rosch (1973) wel betere prestaties voor de Engelstaligen op de geheugentaak, die overigens ook aan de vertrouwdheid met testsituaties toegeschreven zouden kunnen worden. In een ander onderzoek echter, onder Taramuhara-sprekers in Mexico – in het Taramuhara bestaat geen onderscheid tussen blauw en groen – vonden Kay en Kempton (1984) dat ze minder goed blauw van groen konden onderscheiden dan Engelstaligen. Een algemene conclusie uit cross-culturele studies naar de perceptie van kleuren is dat als er verschillen zouden zijn in het absolute vermogen om kleuren te kunnen onderscheiden deze op zijn hoogst uiterst klein zijn.

Een duidelijke bevestiging of falsificatie van de Sapir-Whorf-hypothese is er dus nog niet en zal er ook niet gemakkelijk komen. Dit komt doordat taal en cultuur dermate sterk verweven zijn dat het moeilijk vast te stellen is of een eventuele invloed van taal op het denken niet door de (overige elementen van de) cultuur veroorzaakt is. Bovendien worden typisch twee taalgroepen vergeleken die ook op andere aspecten, bijvoorbeeld scholing of fysieke omgeving, kunnen verschillen die eveneens de gevonden verschillen in cognities kunnen verklaren. De ultieme proef zou zijn eeneiige tweelingen vanaf de geboorte at random in twee groepen indelen en dan de twee groepen in verschillende talen grootbrengen in situaties die sociaal-economisch en fysiek verder volkomen identiek zijn. Maar voor zo'n onderzoek is het moeilijk proefpersonen te krijgen. Overigens liep de interesse voor de gedachte dat taal het denken bepaalt wat terug met de opkomst van de universalistische theorieën van Piaget en Chomsky over respectievelijk de cognitieve en taalkundige ontwikkeling van het kind. Volgens deze beide theoretici zijn cognitieve en taalkundige ontwikkeling namelijk grotendeels cultuuronafhankelijk.

Het onderzoek naar de Sapir-Whorf-hypothese heeft betrekking op personen die slechts één taal spreken, maar het is wellicht nog interessanter na te gaan wat er gebeurt met personen die tot twee culturen behoren en de daarbij behorende twee talen spreken. In dit kader is de zogenoemde cultuur-affiliatie hypothese ontwikkeld, dat is de veronderstelling dat tweetalige immigranten zich identificeren met de waarden en opvattingen van de cultuur waarvan ze op dat moment de taal spreken. Deze situatie zou vooral van toepassing zijn op immigranten, omdat veel immigranten tweetalig zijn. Gedragen zij zich verschillend, afhankelijk van de taal die zij spreken? Er is niet veel onderzoek naar deze vraag verricht, maar het weinige onderzoek dat er gedaan is laat wel zien dat mensen zich psychologisch anders gedragen of voelen. Dinges en Hull (1992) lieten Chinees-Engelstalige en Koreaans-Engelstalige immigranten in de Verenigde Staten twee keer een persoonlijkheidsvragenlijst invullen. De ene keer deden zij dat in hun moedertaal en de andere keer in het Engels. Een interessante uitkomst was dat de immigranten zichzelf als verschillende persoonlijkheden presenteerden, afhankelijk van de taal waarin ze de vragenlijst invulden. Deze uitkomsten zijn op te vatten als een soort priming-effecten: door het gebruik van de ene of de andere taal worden waarschijnlijk allerlei cognities geactiveerd die gekoppeld zijn aan die talen. Hier ligt een interessant gebied voor verder onderzoek.

3.2 Cultuur en waarneming

In verschillende contexten zijn verschillende vaardigheden vereist. Mensen ontwikkelen vaardigheden die adaptief zijn aan die contexten. Zo leren Hollanders zwemmen en fietsen, terwijl Tirolers leren klimmen en skiën. We ontwikkelen dus de vaardigheden, inclusief de cognitieve vaardigheden, binnen een cultuur die weer een aanpassing is aan het ecosysteem waarin we leven. Dit is in overeenstemming met het *ecologie-cultuur-gedrag*-model. Zo vond Berry (1967) dat jagers een scherpere visuele waarneming hadden en zich ruimtelijk beter konden oriënteren dan landbouwers. Bovendien was er een verband tussen hun cognitieve stijl en de manier waarop ze gesocialiseerd waren. De jagers waren gesocialiseerd om onafhankelijker te zijn, terwijl de landbouwers door hun opvoeding eerder geneigd waren zich te conformeren. Uit ander onderzoek (Pollack, 1963) bleek dat kleurenblindheid minder vaak voorkwam onder jagerssamenlevingen dan in landbouwsamenlevingen. Een evolutietheoretische verklaring ligt hier voor de hand. Voor jagers is het zo goed als een kwestie van overleven om kleuren te kunnen onderscheiden.

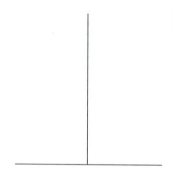

Figuur 3.1a
De horizontaal versus verticaal illusie. Voor de meeste mensen lijkt de verticale lijn langer dan de horizontale, hoewel ze even lang zijn.

Een ander voorbeeld van de invloed van ecologische factoren op de waarneming levert het onderzoek van Segall e.a. (1966) naar visuele illusies. Neem bijvoorbeeld de horizontaal-verticaal illusie, waarbij de verticale lijn als langer gezien wordt dan de horizontale lijn terwijl beide lijnen even lang zijn (figuur 3.1a). Segall (1994) kiest voor een empiristische theorie, waarmee hij wil zeggen dat ervaring van invloed is op de manier waarop we waarnemen. Volgens empiristen is iedere waarneming het resultaat van een wisselwerking tussen een stimulus en een waarnemer die gevormd is door eerdere ervaringen. Dit betekent dat wij inkomende prikkels functioneel 'bewerken' en daarmee onze overlevingskansen verhogen. Zo blijven we een figuur dat zich van ons af verwijdert als even groot zien, ook al veranderen de projecties op ons netvlies. Deze functionele bewerking kan verklaren waarom gevoeligheid voor visuele illusies van cultuur tot cultuur kan verschillen. Waarom zijn wij in het Westen vatbaar voor de horizontaal-verticaal illusie? Dit komt doordat we de verticale lijn in de tekening opvatten als een lijn die zich van ons verwijdert. Uit ervaring schatten we dat een lijn die zich in verte uitstrekt langer is dan een vergelijkbare lijn die horizontaal voor ons ligt en zich niet van ons gezichtsveld verwijdert. Deze illusie zou vooral optreden bij mensen die leven in open vlaktes met verre einders. Dat blijkt inderdaad het geval te zijn. Afrikaanse savannebewoners bleken gevoeliger voor deze illusie dan westerse stadbewoners; het minst gevoelig waren bewoners van het Afrikaanse oerwoud waar bomen het zicht op de horizon verhinderen.

Figuur 3.1b geeft de Müller-Lyer-illusie weer: mensen zien de bovenste lijn als korter dan de onderste. Westerlingen blijken vatbaarder te zijn voor deze illusie dan niet-westerse respondenten. Hoe kunnen we deze uitkomst verklaren? Segall e.a. ontwikkelden een interessante theorie, de zogenoemde *carpentered world*-hypothese om te verklaren waarom mensen uit de ene cultuur vatbaarder zijn voor visuele illusies dan mensen uit een andere cultuur. Mensen uit het Westen

Figuur 3.1b
De Müller-Lyer-illusie. Voor de meeste mensen lijkt de bovenste lijn langer dan de onderste, hoewel ze dezelfde lengte hebben.

leven in een *carpentered world*. Deze theorie houdt in dat mensen die zijn grootgebracht in een omgeving die door carpenters (timmerlieden) is gemaakt, in rechte straten, in rechthoekige huizen, met rechthoekig meubilair wonen. Afbeeldingen van die wereld zijn dan ook in perspectief afgebeeld. Het gevolg hiervan is dat niet-rechthoekige figuren worden waargenomen als rechthoekige figuren die in perspectief zijn afgebeeld (zie figuur 3.2). Dit parallellogram van Sander kan opgevat worden als een tennistafel van boven gezien vanuit een wat vreemde hoek. Daardoor kan westerse architectuur die de *carpenteredness* probeert te vermijden een zeer verrassend effect op de waarneming hebben, zoals de afbeelding van het Guggenheim Museum laat zien.

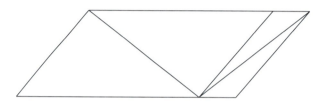

Figuur 3.2
De parallellogramillusie van Sander.

Het Guggenheim Museum in Bilbao (bron: GreatBuildings.com Photo@Artifice, Inc.).

Het is niet verrassend dat er verschillen in waarneming bestaan tussen geletterde en ongeletterde samenlevingen. In ongeletterde samenlevingen zijn mensen niet alleen het lezen en schrijven niet machtig, maar vaak hebben ze ook geen ervaring met tweedimensionale afbeeldingen, zoals tekeningen of foto's. Ze zijn dan ook niet getraind om in tweedimensionale afbeeldingen diepte te zien. Het gevolg is dat ze dan de weergave van het perspectief in de afbeelding niet goed kunnen lezen. In sommige delen van Mexico bleken niet-geletterde boeren moeite te hebben bij de interpretatie van de tekeningen van figuren 3.3 en 3.4. Als commentaar bij figuur 3.3 zeiden ze dan bijvoorbeeld dat de planten achter te weinig mest hadden gekregen, of naar aanleiding van de figuur achter op het veld dat het niet goed was om kleine kinderen op het land te laten werken. Bij figuur 3.4 gaf iemand als commentaar dat hij de kerk van zijn dorp wel herkende, maar dat de tekening niet klopte omdat de kerk niet in de lucht kan hangen (Van Oudenhoven, 1971).

Figuur 3.3
Waarneming van perspectief (bron: Van Oudenhoven, 1971).

Figuur 3.4
Waarneming van voorgrond en achtergrond (bron: Van Oudenhoven, 1971).

Wanneer mensen geen scholing hebben gehad, hebben ze moeite met tellen. Toch zijn er manieren om visueel aan te geven hoeveel voorwerpen er zijn. Door voorwerpen in een speciaal patroon te leggen wordt meteen duidelijk hoeveel er zijn. Veel markten voor groente en fruit in Mexico bieden een fraai beeld, niet alleen door de kleurrijke exotische vruchten, maar ook doordat de vruchten in mooie stapeltjes zijn uitgestald. Vooral in streken waar veel analfabeten boodschappen doen gebruiken de kooplieden bepaalde trucs om de hoeveelheden aardappels, avocado's, citroenen of tomaten aan te geven. Drie aardappels leggen ze dan in een driehoekje, vier in een vierkantje en een vijftal geven zij aan door boven op een driehoekje nog twee aardappelen te plaatsen. De klant – en de verkoper trouwens ook – weten dan waar ze aan toe zijn en hoeven niet voor hun analfabetisme uit te komen. Vaak ook hebben de mensen wel enige scholing gehad zodat ze wat kunnen lezen en tellen maar niet rekenen. Om in deze gevallen transacties soepel te laten verlopen staat dan precies aangegeven hoeveel iets kost, ook al verandert er niets aan de prijs per stuk, zoals hieronder staat aangegeven:

1	roodbaars	3 peso's
2	roodbaarzen	6 peso's
3	roodbaarzen	9 peso's
4	roodbaarzen	12 peso's
5	roodbaarzen	15 peso's
6	roodbaarzen	18 peso's
7	roodbaarzen	21 peso's
8	roodbaarzen	24 peso's
9	roodbaarzen	27 peso's
10	roodbaarzen	30 peso's

Kleurenwaarneming
In het algemeen blijken er, zoals gezegd, weinig cross-culturele verschillen te zijn in het vermogen om kleuren te onderscheiden. Wel bestaan er van cultuur tot cultuur grote verschillen in het aantal labels om kleuren te benoemen en de betekenis daarvan. Verschillende talen gebruiken verschillende termen om het visuele spectrum in te delen (Berry e.a., 1992). In het Engels bestaan meer dan drieduizend termen om kleuren aan te duiden (Price en Crapo, 1999), terwijl het Dani, zoals we zagen, slechts twee termen gebruikt.

Niet alleen het fysiologische vermogen om kleuren te onderscheiden is tamelijk universeel, zelfs de gevoelens die kleuren oproepen vertonen een universele trend. In een onderzoek in 23 culturen bleek rood waargenomen te worden als opvallend en actief, zwart en grijs als slecht, en wit, blauw en groen als goed (Adams en Osgood, 1973). Rood is inderdaad de kleur van revolutionaire en actief politieke bewegingen: 'Rooie Vrouwen', 'Rode Brigade' het 'rode gevaar'.

Nog sterker is de universele waardering van de kleuren zwart en wit. Over de hele wereld roept wit positieve associaties op en zwart negatieve. Dit besef ontstaat al bij kinderen op voorschoolse leeftijd, zo bleek uit onderzoek in Japan, Frankrijk, Italië, Duitsland en Groot-Brittannië. In later onderzoek bleken ook Afrikaanse kinderen hetzelfde kleurenvooroordeel te hebben (Shiraev en Levy, 2001). Een verklaring voor de voorkeur voor wit boven zwart moet waarschijnlijk gezocht worden in de associatie van wit met het licht overdag en zwart met de duisternis van de nacht. De nacht betekent potentieel gevaar, onzekerheid en onvoorspelbaarheid. Roofdieren vallen bij voorkeur 's nachts aan. In allerlei symbolen en in vele talen zijn de negatieve associaties met zwart weergegeven en daarmee cultureel versterkt. In Nederland is zwart de kleur van rouw, en vaak zijn afbeeldingen van duivels in zwart. Denk verder aan uitdrukkingen als: 'een zwarte bladzijde uit de geschiedenis', 'iemand zwart maken', 'zwartgallig', 'zwarte kunsten', 'zwarte handel', 'zwarte humor', enzovoorts. Vergelijk dat bijvoorbeeld met 'een wit voetje halen', 'een witte ridder', 'de witte vlag' en 'zwart geld witwassen'. Het is de vraag in hoeverre deze bias tegen zwart een rol speelt in de bekrachtiging van racistische gevoelens tegenover minderheden van Afrikaanse afkomst.

3.3 Cultuur en cognitie

Een van de belangrijke cognitieve functies is het geheugen. Er zijn vele anekdotes over onvoorstelbare geheugenprestaties van ongeletterde volkeren, iets wat in die culturen ook functioneel lijkt omdat gegevens niet schriftelijk opgeslagen kunnen worden. Dit zou betekenen dat mensen uit een mondelinge cultuur, zoals de Afrikaanse, beter in staat zouden zijn details te herinneren uit mondelinge verhalen. Deze hypothese werd getest in een onderzoek van Ross en Millson (1970) die de geheugenprestaties van Ghanese en Amerikaanse studenten vergeleken. Inderdaad wisten de studenten uit Ghana de verhalen beter te onthouden dan de studenten uit New York. Maar daar staat weer ander onderzoek tegenover met slechtere geheugenprestaties van Afrikaanse proefpersonen (Kpelle-respondenten uit Liberia) vergeleken met Amerikaanse respondenten (Cole e.a., 1971; Cole en Scribner, 1977). In dit geval betrof het evenwel zinloos materiaal, namelijk lijstjes met woorden. Vooral scholing blijkt van invloed op geheugenprestaties, doordat kinderen op school geheugenstrategieën aanleren. Interessanter is het gegeven dat uit verscheidene onderzoeken naar voren komt dat geheugenprestaties doorgaans beter zijn als de verhalen consistent zijn met de eigen culturele bagage van de onderzochte mensen (Harris e.a., 1992).

Een verschillende visie op de vaak gevonden magere geheugenprestaties van niet-westerse volkeren geven Mistry en Rogoff (1994). Zij beweren in navolging van Bartlett (1932) en Vygotsky (1978) dat het onthouden niet een geïsoleerde vaardigheid is, maar een activiteit die nauw verweven is met de culturele context. Het onthouden van iets is een zinvolle activiteit binnen een bepaald sociaal en cultureel systeem. Hun kritiek op de geheugentaken, zoals door Cole e.a. gebruikt zijn, is dat het onthouden van lijstjes met ongerelateerde woorden als banaan, kat, jas en dergelijke, geen betekenis hebben binnen het culturele systeem van veel onderzochte groepen, vooral niet van ongeschoolde proefpersonen. Vandaar hun lage prestaties. Rogoff en Waddell (1982) pasten daarom een geheugentaak aan zodat deze zinvol werd voor zowel Maya-kinderen als Amerikaanse kinderen. De kinderen moesten kijken naar twintig kleine objecten, zoals auto's, meubels, mensen en dieren die geplaatst waren in een maquette van een dorp met een berg, een meer, huizen en wat bomen. Vervolgens werden de twintig objecten verwijderd en tussen tachtig andere objecten geplaatst. De kinderen moesten nadat enkele minuten verstreken waren de maquette weer in de oorspronkelijke staat herstellen. Terwijl de Maya-kinderen op een eerdere woordenlijsttaak beduidend slechter presteerden dan de Amerikaanse kinderen, verdween die achterstand nu helemaal. Ze presteerden zelfs nog iets beter op de maquettetaak dan de Amerikaanse kinderen.

3.4 Cultuur en intelligentie

Een van de meest gevoelige onderwerpen is de relatie tussen cultuur en intelligentie. Hier zijn verschillende redenen voor. Allereerst is intelligentie een zeer gewaardeerde eigenschap, dus niemand wil graag dom zijn of dom genoemd worden. Het is bovendien een eigenschap die niet iedereen gemakkelijk kan verwerven omdat intelligentie, tenminste voor een gedeelte, erfelijk bepaald is. De schattingen over de mate waarin intelligentie erfelijk bepaald is lopen overigens sterk uiteen, van zo'n 40% (Henderson, 1982) tot 75 à 80% (Herrnstein en Murray, 1994; Jensen, 1980, 1981, Neisser e.a., 1996). Verder is intelligentie vaak impliciet of expliciet een selectiecriterium voor opleiding of beroep en met reden, want intelligentietests blijken een goede voorspeller van schoolsucces of beroepssucces te zijn.

Tot zover is er nog geen probleem. De problemen ontstaan doordat de meeste immigranten of etnische minderheidsgroepen gemiddeld lagere scores laten zien dan de autochtone bevolking. De eerste vraag is waar deze verschillen aan toegeschreven moeten worden: aan een pro-westerse bias van tests, aan erfelijke verschillen, aan verschillen in scholing of taalvaardigheid in de standaardtaal, of aan een combinatie van deze factoren? Wanneer er verschillen in gemeten intelligentie gevonden worden tussen twee steekproeven uit twee afzonderlijke culturele groepen, dan kunnen we alleen concluderen dat er werkelijk verschillen bestaan tussen de twee culturen indien alle aannemelijke concurrerende hypothesen ter verklaring van de resultaten uitgesloten zijn. Ik denk dat een aantal van die hypothesen moeilijk te weerleggen zijn en deel het optimisme van Hofstee (1999) niet die meent dat het technische bezwaar tegen het gebruik van intelligentietests dat ze niet cultuurvrij zijn, 'niet veel meer dan een populaire misvatting' is. Een tweede, meer politieke vraag is of tests gebruikt mogen worden bij de selectie van immigranten wanneer de kans bestaat dat bepaalde culturele of raciale groepen door het gebruik van tests gediscrimineerd worden. Deze vragen zijn beter te beantwoorden wanneer we de volgende problemen besproken hebben:

- De definitie van wat intelligentie is, loopt sterk uiteen van cultuur tot cultuur (Triandis, 1994). Ligt in het Westen de nadruk op cognitieve, verstandelijke vermogens, in andere culturen worden tevens sociale aspecten benadrukt (Keats, 1982, Dasen, 1984). Niet alleen kan de definitie van intelligentie per cultuur verschillen, ook de opvatting van wat de beste manier is om iemands intelligentie te tonen is verschillend. In individualistische culturen is het belonend om kennis en vaardigheden te etaleren, terwijl dit in culturen waarin samenwerking en bescheidenheid belangrijke waarden zijn als ongepast of arrogant gezien wordt (Matsumoto e.a., 1999). Bruner heeft daarom intelligentie wel gedefinieerd als 'het beschikken over die vermogens die nodig zijn om in een cultuur goed te kunnen functioneren'.

- Als gevolg van de verschillen in definities zijn de operationele definities en daarmee de bepaling of meting van intelligentie ook verschillend per cultuur. Vooral de meting van intelligentie, met een sterke nadruk op de psychometrische kwaliteiten van de test, is een westerse aangelegenheid geweest met historisch gezien sterke Franse (Binet), Amerikaanse (Terman) en Britse (Spearman) bijdragen. In het Westen wordt intelligentie nogal eens gedefinieerd als 'datgene wat een intelligentietest meet'. Het zou juister zijn om intelligentietests op te vatten als instrumenten die de capaciteiten van individuen meten om adequaat op westerse scholen te functioneren.

- De keuze van testitems, vooral van het verbale gedeelte, is cultureel gekleurd, bijvoorbeeld de vraag op de Nederlandstalige versie van de Wechsler Adult Intelligence Test (Wechsler, 2001): Wat betekent 'één zwaluw maakt nog geen lente' of Wat betekent het woord 'tirade'. Zowel door de definitie van intelligentie als door de vorm en inhoud van de tests vertonen deze een pro-westerse bias. Een probleem dat we al eerder tegenkwamen bij de vergelijking van nationale culturen, is de mogelijke confounding van intelligentie met talrijke andere variabelen, zoals sociale klasse, blootstelling aan de media, voedingspatroon, beschikbaarheid van scholen, bekendheid met de taal van de test, enzovoorts, die allemaal ook verschillen in de gemeten intelligentie kunnen verklaren. De steekproeven zouden dus niet alleen op de bekende variabelen als geslacht en leeftijd, maar op al die andere aspecten equivalent moeten zijn en dat is een bijna onmogelijke opgave.

- De testsituatie kan verschillen voor vertegenwoordigers uit de uiteenlopende culturen. Dit kan op vele manieren gebeuren. Een simpel voorbeeld hiervan is dat men in de ene cultuur meer vertrouwd is met testsituaties dan in de andere en daardoor hoger scoort. Een ander mogelijk verschil betreft de motivatie om snel de opgaven te maken. Wat in de ene cultuur ambitieus en serieus heet, zal in een andere cultuur als uitsloverig gelden. Ook maakt het uit wie de test afneemt en in welke taal. Vele malen is aangetoond dat afname in de eigen taal of het eigen dialect door iemand van de eigen etnische groep tot betere testprestaties leidt. Dit betekent dat ook non-verbale tests niet cultuurvrij zijn. Het volgende voorbeeld – uit eigen ervaring – illustreert al deze aspecten (gewenning aan de testsituatie, taal van instructie, etniciteit van testafnemer en proefpersoon, motivatie).

> Zelf heb ik in mijn eerste baan als psycholoog sollicitanten moeten testen voor de functie van verpleegkundige in een psychiatrische inrichting. Aangezien er te weinig Nederlandse sollicitanten waren, werden Antillianen geworven. Hoewel zij Nederlands spraken was dit niet hun moedertaal en moesten zij op veel vragen, vooral op de woordenlijst, het antwoord schuldig blijven. Maar ook op het non-verbale gedeelte van de test ging het mis. Ik herinner me een aardige Antilliaanse jongen die op de blokkentest – hierbij moet de proefpersoon zo snel mogelijk blokken in een bepaald patroon leggen – reageerde door eerst vol bewondering de blokken te bekijken. Terwijl ik de stopwatch al had ingedrukt om zijn tijd op te nemen, zei hij: 'Wat een mooie blokken!' om daarna rustig aan de taak te beginnen. Wanneer ik de testinstructies consciëntieus opgevolgd had, zouden veel van deze sollicitanten als zwakbegaafd gediagnosticeerd zijn. Dat kwam niet overeen met hun overall functioneren. Daarom telde ik altijd 15 tot 20 punten op bij hun score en kwam zo tot een uitslag die overeenkwam met de indruk die je kreeg wanneer je ze in hun sociale functioneren observeerde.

- Van cultuur tot cultuur kunnen de antwoordneigingen (*response sets*) verschillen. In sommige culturen geeft men niet graag het antwoord als men niet absoluut zeker is van de juistheid ervan. Dit is een nadelige strategie wanneer men hoog wil scoren op een intelligentietest, maar een hele verstandige strategie wanneer men zich voorbereidt op een beroep in bijvoorbeeld de medische sector. Een ander voorbeeld van een response set is de neiging om vragen eerder met 'ja' te beantwoorden, iets wat cultuurafhankelijk is.

We hebben een aantal factoren besproken die de vaak gevonden verschillen in gemeten intelligentie tussen uiteenlopende culturele groepen kunnen verklaren. Van elk van die factoren is empirisch vastgesteld dat ze invloed hebben op testprestaties. Aan een aantal ervan valt ook iets te doen om op een 'eerlijker' manier iemands intelligentie vast te stellen. Toch valt het niet uit te sluiten dat erfelijke factoren mede ten grondslag liggen aan verschillen tussen culturele groepen. Maar daar te snel van uitgaan kan indirect tot discriminatie leiden en werkt defaitisme van de minderheidsgroep in de hand. Het is aannemelijk dat de geconstateerde verschillen in gemeten intelligentie ten dele toe te schrijven zijn aan factoren die personen benadelen die niet tot de mainstream cultuur behoren. Allochtonen in Nederland scoren dan ook hoger op intelligentietests met een verbale component naarmate ze hier langer verblijven (Resing e.a., 1986). Verder zien we vaak dat een volgende generatie van immigranten een deel van hun achterstand ten opzichte van de meerderheidsgroep inhaalt. Deze toename in prestaties kan onmogelijk genetisch verklaard worden. Vanwege de culturele en situationele invloeden op testscores is het niet aan te bevelen om zonder meer de traditionele intelligentietests als selectie-instrument bij culturele minderheden te gebruiken. Dat zou inderdaad neerkomen op een vorm van discriminatie (zie ook Tellegen, 2000).

Het is belangrijk nog enkele kanttekeningen te plaatsen bij het 'intelligentie- en cultuurdebat'. Ten eerste betekent de constatering dat groepen in gemeten intelligentie verschillen niet dat alle vertegenwoordigers van de ene groep minder intelligent zouden scoren dan de andere groep. De verschillen binnen de groepen zijn veel groter dan de intergroepsverschillen. De groepen overlappen elkaar grotendeels. In figuur 3.5 is dat weergegeven voor een verschil van 15 IQ-punten, waarbij we uitgaan van een gemiddeld IQ van 100 en een standaarddeviatie van 15 voor de gehele populatie. Bij dit – op zich extreem grote – verschil van één standaarddeviatie is de variantie tussen de groepen toch nog aanzienlijk kleiner dan de variantie binnen de groep.

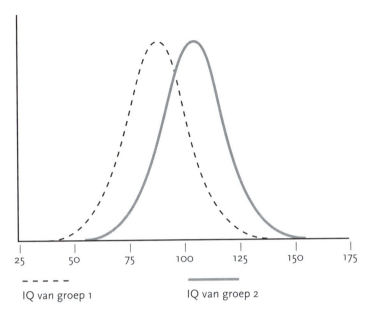

Figuur 3.5
Overlap in IQ tussen twee culturele groepen die 15 IQ-punten van elkaar verschillen.

Een tweede punt is dat ook al is het moeilijk verschillen in gemeten intelligentie tussen culturele groepen toe te schrijven aan erfelijke factoren, dit niet geldt voor individuele verschillen binnen een bepaalde cultuur. Een derde punt is dat cultuurvrije of cultuurfaire tests niet of nagenoeg niet bestaan, omdat het vrijwel onmogelijk is om testitems te bedenken die in alle culturen even vertrouwd zijn. Wel is het mogelijk om tests wat eerlijker te maken door die items te verwijderen die in de ene cultuur vertrouwd zijn en in de andere duidelijk niet. Ten slotte: de bijna-onmogelijkheid om cultuurvrije tests te maken is vooral een probleem wanneer testprestaties van verschillende culturele groepen vergeleken worden; binnen een homogene culturele groep gaat het probleem veel minder op. In de laatste situatie kan ik het eens zijn met de uitspraak van Hofstee dat de cultuurgebondenheid van intelligentietests slechts een zwaar overtrokken probleem is.

3.5 Slot

Toen psychologen belangstelling kregen voor andere culturen waren zij vooral geïnteresseerd in de vraag of mensen uit traditionele samenlevingen cognitief verschillen van de westerse, geschoolde mensen. Zij keken daarbij naar de relatie tussen cultuur en psychologische functies als kleurwaarneming, ruimtelijke waarneming en geheugen. Het is moeilijk om daar zuiver onderzoek naar te doen omdat de groepen zo onvergelijkbaar zijn en omdat een westerse onderzoeker in veel samenlevingen een vreemde verschijning geweest moet zijn. Toch moet de conclusie zijn dat essentiële cognitieve functies als visuele waarneming en geheugen niet wezenlijk van cultuur tot cultuur verschillen. Ondanks de gigantische culturele verschillen in de woordenschat blijken mensen in diverse samenlevingen bijvoorbeeld even goed kleuren te kunnen onderscheiden of dingen te kunnen onthouden. De populaire Sapir-Whorf-hypothese heeft weinig ondersteuning gevonden. Er waren nauwelijks aanwijzingen dat de taal die men spreekt het denken beïnvloedt.

Waarschijnlijk heeft de taal die men spreekt wel invloed op meer affectieve zaken, zoals attitudes ten opzichte van andere groepen en ten opzichte van de eigen identiteit. Maar ook deze interessante hypothese moet nog empirisch onderbouwd worden. Minder uitsluitend academisch en meer politiek en praktisch is de vraag naar de relatie tussen cultuur en intelligentie. Vaak blijken groepen uit niet-westerse samenlevingen duidelijk lager te scoren op intelligentietests. De interesse in deze relatie, de achterliggende theorieën, de gebruikte instrumenten zijn alle voorbeelden van cultuurgebonden elementen van de psychologische onderzoekspraktijk (zie hoofdstuk 2). Er zijn nog te veel aannemelijke alternatieve verklaringen voor de gevonden verschillen in gemeten intelligentie om te kunnen concluderen dat de ene culturele groep intelligenter is dan de andere.

4

Ontwikkeling in verschillende culturen

4.1 Inleiding

> San Andres is een Indiaans dorp aan de oever van het Lago de Patzcuaro, met 2000 meter boven de zeespiegel een van de hoogst gelegen meren van Mexico. Ik ga op bezoek bij Francisco, de tuinman van het instituut waar ik gewerkt heb. Een meisje van 7 jaar doet open. In haar rebozo (omslagdoek) draagt zij een baby van ongeveer tien maanden. Op de grond spelen een jongetje van 3 jaar en een meisje van 5. Zij groet me beleefd: 'Buenas tardes, Señor', en vraagt of ik een kopje thee wil. Terwijl ze thee klaarmaakt vertelt ze me dat haar moeder op het land werkt en voor de avond terugkomt en dat haar vader dan ook thuis zal komen. Overdag past zij op de drie kinderen, ruimt het huis op en zorgt voor het varken dat in een hok op het erf zit.

Is dit een supermeisje? In zekere zin wel natuurlijk, maar er zijn vermoedelijk miljoenen van deze supermeisjes op de wereld. Ze zijn vooral te vinden in samenlevingen waar de mensen hard moeten werken om het hoofd boven water te houden en waar de gezinnen kinderrijk zijn. In hun klassiek geworden antropologisch onderzoek vergeleken Whiting en Whiting (1975) zes verschillende culturen, waarvan er drie tamelijk eenvoudig en drie tamelijk complex waren. Hun onderzoek liet zien dat in alle drie de eenvoudige culturen kinderen als het meisje uit San Andres voorkomen. Hieronder bespreken we het onderzoek van Whiting en Whiting omdat het illustreert hoe ecologische en economische omstandigheden culturen oproepen die op hun beurt weer van invloed zijn op het individuele gedrag van kinderen. In minder complexe culturen leren de kinderen zich coöperatiever op te stellen terwijl kinderen in complexere culturen zich individualistischer leren gedragen. In de paragrafen daarna komen enkele theoretische modellen aan bod over de cognitieve, morele en sociaal-emotionele ontwikkeling van kinderen.

4.2 Kinderen in zes verschillende culturen

Eenvoudige culturen zijn meer op samenwerking gericht, complexe samenlevingen daarentegen nodigen eerder uit tot rivaliteit. Dat is een van de belangrijkste conclusies uit het onderzoek van Whiting en Whiting. De onderzoekers beschreven zes dorpen met verschillende culturen waarbij ze zich richtten op kinderen van 3 tot 11 jaar. In vijf van de dorpen bestond de bevolking uit boeren die op de rand van het bestaansminimum leefden. De zes plaatsen waren: Nyansongo in de hooglanden van Kenia; Juxtlahuaca in de Mexicaanse staat Oaxaca; Tarong op het Filippijnse eiland Luzon; Taira op het in de vorige eeuw bij Japan ingelijfde eiland Okinawa; Khalapur aan de rivier de Ganges in India en ten slotte Orchard Town in de staat New England in de Verenigde Staten. De dorpen Nyansongo, Juxtlahuaca en Tarong behoren volgens Whiting en Whiting tot het eenvoudige cultuurtype en Taira, Khalapur en Orchard Town tot het meer complexe type. Van de zes dorpen vertoont Orchard Town uiteraard de grootste overeenkomsten met het gemiddelde Nederlandse dorp. Criteria ter bepaling van de culturele complexiteit waren de mate van specialisatie in beroepen, de graad van sociale gelaagdheid, de bouwkundige structuur van de nederzetting en de mate waarin verschillende religieuze functies aparte functiebekleders vereisten. Door middel van observaties en interviews met de moeders werd bepaald wat voor karweitjes de kinderen moesten doen (zie tabel 4.1).

Wat opvalt is dat kinderen in eenvoudiger culturen een veelheid van taken krijgen opgedragen. De enige taak die meer dan de helft van de kinderen uit de complexere cultuur te doen krijgen is opruimen. In de eenvoudige samenlevingen moeten kinderen niet alleen een groter aantal taken uitvoeren, maar ook op jongere leeftijd. Zoals tabel 4.2 laat zien, verricht meer dan de helft van de kinderen uit Nyansongo op een leeftijd van 3 tot 4 al vijf taken, terwijl hun leeftijdgenootjes uit de complexere samenlevingen alleen maar hoeven op te ruimen. Data over het passen op kleinere broertjes en zusjes zijn moeilijk te interpreteren, omdat niet alle kinderen al kleinere broertjes of zusjes hebben of er nog te klein voor zijn, maar voorzover aanwezig laten de gegevens hetzelfde beeld zien, dat wil zeggen dat kinderen in de eenvoudige culturen deze taak eerder en zelfstandiger (moeten) uitvoeren.

Tabel 4.1
Percentage kinderen in verschillende culturen die een bepaald karweitje moeten doen
(bron: Whiting en Whiting, 1975).

	Eenvoudige culturen			Complexe culturen		
	Nyan-songo	Juxtla-huaca	Tarong	Taira	Khalapur	Orchard Town
Brandhout verzamelen	44	27	58	13	13	0
Water halen	75	64	20	18	29	0
Veevoer verzamelen	0	5	13	8	17	0
Schoonmaken en vegen	31	41	59	59	33	92
Voedsel bereiden	19	5	42	0	4	0
Groenten oogsten	25	14	36	0	9	0
Graan malen	38	9	8	0	0	0
Koken	31	5	29	0	0	4
Tuinieren	75	14	13	13	4	4
Zorgen voor pluimvee	0	9	29	25	0	13
Zorgen voor huisdieren	0	23	33	21	13	0
Geiten e.d. laten grazen	0	9	29	0	0	0
Schapen hoeden	50	5	37	4	33	0

Tabel 4.2
Jongste leeftijd waarop meer dan 50% van de kinderen van een bepaalde leeftijd een
bepaalde taak uitvoert (bron: Whiting en Whiting, 1975).

	Eenvoudige culturen			Complexe culturen		
	Nyan-songo	Juxtla-huaca	Tarong	Taira	Khalapur	Orchard Town
Brandhout en water halen	3-4	3-4	3-4	7-10	5-6	–
Voedsel bereiden	3-4	7-10	3-4	–	3-4	–
Tuinieren	3-4	7-10	7-10	–	–	–
Opruimen	3-4	5-6	3-4	3-4	5-6	3-4
Dieren verzorgen	3-4	5-6	5-6	7-10	7-10	–

Whiting en Whiting stellen dat een eenvoudige samenleving een hoge mate van samenwerking vereist. Als de middelen van bestaan schaars zijn, is men op elkaar aangewezen. Samenlevingen met een veelheid aan rollen en hiërarchische structuren daarentegen moeten hun kinderen trainen competitief en prestatiegericht te zijn. Men moet met elkaar concurreren om de betere posities te verkrijgen. Observatiedata gaven ondersteuning aan deze stelling. De auteurs wijzen er ook op dat van de meeste taken die kinderen in eenvoudige culturen moeten verrichten meteen het belang duidelijk is. Water halen, groenten verzorgen, koken, dieren eten geven, enzovoorts, zijn allemaal activiteiten die voor de dagelijkse gang van zaken noodzakelijk zijn. Het geeft de kinderen een gevoel van betrokkenheid en waarde omdat zij hun ouders helpen die het zichtbaar erg druk hebben.

In geïndustrialiseerde samenlevingen daarentegen hebben kindertaken niet zo'n inzichtelijk verband met de gezinseconomie. Bedden opmaken, lego opruimen, kleren op de stoel leggen, enzovoorts, zijn opdrachten die voor kinderen wat willekeurig aandoen. Wat het nut is van goed je best doen op school is voor kinderen ook niet altijd even duidelijk. Goed schoolwerk afleveren heeft meestal een rivaliserend karakter. De beste van de klas krijgt de hoogste beloning. Het is interessant om de constateringen van Whiting en Whiting in verband te brengen met de bevindingen van Kagan (1985) dat samenwerkend leren beter aansluit bij de cultuur van kinderen uit minderheidsgroepen. Kagan is niet de enige die op de meer coöperatieve instelling van kinderen uit minderheidsgroepen wijst. Volgens de Amerikaanse onderzoekster Pepitone (1980) wijst onderzoek uit dat kinderen van het platteland coöperatiever zijn dan kinderen uit de stad. Het meest competitief georiënteerd zijn middle-class kinderen van Angelsaksische afkomst die in steden wonen. Gezien de coöperatieve oriëntatie van kinderen uit minderheidsgroepen lijkt samenwerkend leren (zie hoofdstuk 10) een geschikte onderwijsmethode voor scholen met leerlingen van verschillende etnische afkomst.

Het onderzoek van Whiting en Whiting laat ons op indrukwekkende wijze zien hoe kinderen van cultuur tot cultuur verschillende taakgerichte vaardigheden en verantwoordelijkheden ontwikkelen. Terwijl in Nederland meisjes van 11 nog naar school gebracht worden, kunnen hun leeftijdsgenootjes in een Mexicaans-Indiaans dorp al geschaakt worden en het huwelijk binnenstappen. Een vraag die bij cross-cultureel psychologen opkomt is of, afgezien van al deze imposante verschillen op het gebied van verantwoordelijkheid, kinderen overal op de wereld ook verschillen vertonen op meer algemene aspecten als hun denken, hun morele ontwikkeling en hun sociaal-emotionele ontwikkeling. Op elk van deze gebieden zijn inmiddels klassieke theoretische modellen geformuleerd die claimen universeel te zijn. Het gaat respectievelijk om de modellen van Piaget, Kohlberg en Erikson die we hieronder zullen bespreken.

4.3 Cognitieve ontwikkeling volgens Piaget

De Geneefse psycholoog Piaget werkte aanvankelijk met Binet in Parijs aan de ontwikkeling van intelligentietests en raakte aldus geboeid door de ontwikkeling in het denken van kinderen en vooral in de leeftijdsgebonden denkfouten. Door zijn eigen en andere kinderen te observeren ontwikkelde hij geleidelijk zijn theorie van cognitieve ontwikkeling als een dynamisch proces. Kinderen scheppen hun eigen cognitieve wereld en passen zich op die manier aan aan de veranderende wereld om hen heen. Normale cognitieve ontwikkeling verloopt in vier duidelijk onderscheiden stadia. Piaget onderkent dat het mede van de omgeving afhangt wanneer precies de ene fase afgelopen is en de andere begint, maar erg belangrijk is die omgeving niet.

De eerste fase is de *sensorisch-motorische* periode, gekenmerkt door de coördinatie van zintuiglijke en motorische vaardigheden. Deze fase bestrijkt de eerste twee levensjaren. De belangrijkste kritische cognitieve verworvenheid is de zogenoemde *objectpermanentie*, hetgeen inhoudt dat het kind beseft dat voorwerpen blijven bestaan ook al zijn ze uit het zicht verdwenen. Jonge kinderen hebben dit nog niet door. Op dit fenomeen berusten spelletjes als het verstoppen van het speeltje van de baby door er een lapje over te leggen. De baby kijkt dan teleurgesteld en klaart weer op zodra het lapje verdwijnt. Dit kan – tot groot vermaak van de ouders – heel vaak achterelkaar gebeuren.

Vervolgens komt het *pre-operatoire* stadium. Dit stadium begint wanneer kinderen ongeveer 2 jaar zijn en loopt door tot ze een jaar of 6 of 7 zijn. In deze jaren worden de kinderen gekenmerkt door de typisch Piagetiaanse principes als centreren, irreversibiliteit, egocentrisme, animisme en het onvermogen tot conservatie. Centreren is de neiging slechts op één aspect van een probleem te letten. Irreversibiliteit is het onvermogen zich voor te stellen dat iets teruggedraaid kan worden. Egocentrisme is de onmogelijkheid zich in de ander te verplaatsen en diens perspectief in te nemen. Animisme is de neiging te geloven dat wezenloze voorwerpen als boeken en stoelen levend zijn en bijvoorbeeld pijn kunnen hebben. Conservatie betekent dat de inhoud hetzelfde blijft ongeacht de vorm; een liter limonade in een dunne hoge fles is niet meer dan dezelfde liter in een dikke fles (ook een leuk spelletje!).

In de derde fase leert het kind *concrete operaties*. Dit gebeurt ongeveer vanaf het zevende tot het twaalfde levensjaar. In dit stadium leren kinderen de principes van conservatie (dat een lange worm van klei dezelfde hoeveelheid behoudt als een bolletje van dezelfde homp klei) en ze leren het perspectief van anderen in te nemen. Het probleemoplossen gebeurt nog grotendeels door middel van trial and error.

De laatste fase is die van het *formele denken*, de fase van het volwassen denken. In dit stadium, dat aanvangt vanaf een leeftijd van ongeveer 11 jaar, leert het kind om te gaan met hypothetische problemen en leert het abstract te denken. Het gaat ook systematischer te werk bij de oplossing van problemen. En de kinderen leren abstracte concepten als vrijheid en rechtvaardigheid.

De overgang van de ene fase naar de andere gaat doorgaans geleidelijk; het kind beheerst al principes uit de nieuwe fase terwijl het nog gedeeltelijk in de voorgaande fase verkeert. De beweging van de ene naar de andere fase kan verlopen door middel van assimilatie, dat is een proces waarbij nieuwe ideeën ingepast worden in het bestaande niveau van denken. Maar het kan ook gebeuren door middel van accommodatie, een proces waarbij de manier van denken niet meer strookt met de vorige manier van denken.

De vraag is nu natuurlijk of het model van Piaget in alle culturen opgaat. Deze vraag is alleen te beantwoorden door kinderen uit verschillende culturen de Piagetiaanse tests voor te leggen. Hier ontstaat al meteen een probleem dat we ook al in het vorige hoofdstuk zagen bij de bespreking van intelligentietests. In westerse culturen is het scholingsniveau veel hoger, waardoor kinderen uit minder geschoolde culturen in het nadeel zijn. Inderdaad blijken personen die niet tot de middelbare school van het westerse type zijn doorgedrongen slechter te presteren op formele operaties (Shea, 1985). Gelukkig hebben de Piagetiaanse onderzoekers geleidelijk aan met hun onderzoeksprocedures rekening gehouden met culturele belemmeringen, bijvoorbeeld met de taal. Zo bleken onderzochte kinderen in Sierra Leone geen achterstand te hebben op conservatietaken, wanneer de onderzoeker een native speaker was (Price en Crapo, 1999). De algemene conclusie ten aanzien van het model van Piaget is dat de verschillende stadia in alle culturen voorkomen en inderdaad in de volgorde waarin Piaget dat aangaf (Shayer e.a., 1988). Bovendien bereiken de kinderen vrijwel overal het preoperatoire stadium op dezelfde leeftijd.

Hier eindigt het goede nieuws voor het model, want de leeftijd waarop kinderen uit verschillende culturen het derde en het vierde stadium bereiken varieert sterk van cultuur tot cultuur. Het blijft echter moeilijk precies vast te stellen wanneer een nieuwe fase is ingetreden, want wanneer kinderen nog een keer getest worden, blijken velen van hen hun antwoorden op de taken verbeterd te hebben (Dasen, 1982). Overigens is de opeenvolging van de stadia een veel kenmerkender onderdeel van de theorie van Piaget dan de precieze leeftijd waarop de stadia elkaar op zouden moeten volgen. Een van de grootste tegenwerpingen tegen de theorie is dat niet in alle culturen het stadium van het formele denken bereikt wordt. Toch is Piagets theorie al met al voor een belangrijk deel overeind gebleven. Dasen (1994) concludeert dan ook dat de dieptestructuur, de basale cognitieve processen, universeel zijn, terwijl de oppervlaktestructuur, de manier waarop die basale processen in specifieke contexten en concrete inhouden vorm krijgen, cultureel bepaald is.

4.4 Vygotsky's socio-culturele theorie

Ongeveer in dezelfde tijd als waarin Piaget zijn theorie over cognitieve ontwikkeling formuleerde, kwam in de Sovjet-Unie Vygotsky tot een even invloedrijke theorie over cognitieve ontwikkeling. De socio-culturele theorie van Vygotsky ziet cognitieve ontwikkeling echter als onlosmakelijk verbonden met de cultuur waarin het kind opgroeit. Individuen zijn volgens Vygotsky actieve deelnemers aan de cultuur, maar hebben ook een actieve rol in de ontwikkeling van die cultuur. Naast Piaget is Vygotsky de belangrijkste ontwikkelingspsycholoog (voor een uitgebreide bespreking van Vygotsky's theorie zie Van Geert, 1997).

Piaget ging wel uit van een wisselwerking van die biologische factoren met het milieu, maar het culturele milieu speelt bij hem een ondergeschikte rol. Vygotsky daarentegen onderscheidt expliciet culturele ontwikkelingsfactoren. In het eerste levensjaar voeren biologische factoren de boventoon, vooral door de rijping van het zenuwstelsel, maar wanneer het kind leert praten en in toenemende gesocialiseerd wordt, beginnen culturele factoren steeds belangrijker te worden. De biologische ontwikkeling is dan niet opgehouden maar is als het ware opgenomen in het sociaal-culturele. Deze ontwikkeling verloopt via de onmiddellijke sociale omgeving van het kind, bijvoorbeeld de ouders, opvoeders en leerkrachten. Hun invloed op de ontwikkeling komt tot stand door twee mechanismen. Het eerste mechanisme is de *interiorisatie*, het verinnerlijken van wat eerst buiten, in de omgeving, aanwezig was. Het is meestal de moeder die hierbij een structurerende functie vervult. Het tweede mechanisme is de *zone van de naaste ontwikke-*

ling. Vygotsky definieert deze zone als 'de afstand tussen het feitelijke ontwikkelingsniveau zoals vastgesteld door middel van probleemoplossen door het kind zonder hulp uitgevoerd, en het potentiële ontwikkelingsniveau als vastgesteld door probleemoplossen onder volwassen begeleiding of begeleiding door meer gevorderde leeftijdgenoten' (Vygotsky, 1978: 86).

Met andere woorden, goede pedagogische hulp loopt altijd een klein beetje voor op het ontwikkelingsniveau van het kind en heeft als effect dat het kind een klein stapje hoger op de ontwikkelingsladder wordt gezet. Het lijkt erg op het concept *scaffolding* van Bruner. Scaffolding is het kind als het ware 'in de steigers zetten', dat wil zeggen een ondersteunende structuur bieden. Dit kan gebeuren door ouders, andere volwassenen, broers en zusters of leeftijdgenoten. We komen het ook in de literatuur tegen als *guided participation* of mentorschap. Door dingen samen met kinderen te doen beginnen kinderen zelfstandig dingen te leren. Een voorbeeld is de timmerman die zijn kind met een klein hamertje al spelend voorbereidt op het beroep van timmerman. In het algemeen is speelgoed belangrijk voor de aanpassing aan de cultuur, denk aan computerspelletjes.

In tegenstelling tot Piaget is bij Vygotsky de motor van de ontwikkeling principieel sociaal. Dat wil zeggen dat de ontwikkeling tot stand komt door de interactie van het kind met anderen: ouders, andere kinderen die ouder of jonger zijn, onderwijzers, enzovoorts. De natuurlijke ontwikkelingslijn is niet gelijk aan de ontvouwing van een aangeboren programma. Ze is 'natuurlijk' in die zin dat ze geldt voor alle biologische organismen met een complex zenuwstelsel, die in interactie met de omgeving bepaalde kennis opdoen en complex gedrag verwerven. Die natuurlijke lijn zou volgens Vygotsky tot ongeveer het vierde levensjaar domineren, maar hij blijft invloed uitoefenen op de gehele levensloop. De socio-culturele historische lijn bestaat uit alle aspecten die te maken hebben met sociale, culturele en historische objecten en symbolen. Aanvankelijk verlopen de natuurlijke en de socio-culturele lijnen van de ontwikkeling nog onafhankelijk van elkaar, zonder interactie. De vroege taalverwerving is bijvoorbeeld een duidelijk socio-cultureel leerproces. Rond het vierde levensjaar treedt echter een fundamentele interactie tussen de twee ontwikkelingslijnen op. Het opdoen van ervaring en het onthouden van informatie, twee natuurlijke ontwikkelingsaspecten, worden nu gesocialiseerd en gesymboliseerd. Dat wil zeggen, het kind begint taal te gebruiken om zijn perceptie te ordenen, om zijn geheugen te structureren.

De ontwikkeling tijdens de ontogenese wordt gedetermineerd door twee soorten factoren, namelijk de *natuurlijk-biologische*, bestaande uit het gezonde lichaam en eventuele uitzonderlijke positieve aanlegfactoren, en de *socio-culturele* factoren, bestaande uit het culturele erfgoed van de mensheid. Het is vooral, of bijna uitsluitend, de laatste factor die door Vygotsky is uitgewerkt en benadrukt. Vygotsky heeft niets op met ontwikkelingsstadia die aan leeftijden zijn gekoppeld, los van de maatschappelijke eisen die aan kinderen op verschillende leeftijden worden gesteld. Op het punt van het nature-nurturedebat staat Vygotsky op het synthetische standpunt dat de ontwikkeling cultuurbepaald is, maar de mogelijkheden van de culturele ontwikkeling onderworpen zijn aan de aangeboren mogelijkheden en beperkingen. De ontwikkelingsmechanismen die tijdens de ontogenese een rol spelen bevinden zich op twee verschillende niveaus. Het ene is het sociale niveau, waar we het mechanisme van de zone van de naaste ontwikkeling kunnen plaatsen. Het andere is het individuele niveau, waar het interiorisatiemechanisme thuishoort. Vygotsky's theorie evaluerend zien we vooral een buitengewoon interessant en inspirerend bouwwerk van algemene begrippen en opvattingen, maar dat empirisch nog onvoldoende onderbouwd is (zie ook Van Geert, 1997). Het concept van de 'zone van de naaste ontwikkeling' is interessant maar ook wat vaag, waardoor het niet zo gemakkelijk te toetsen of te verwerpen is. Gezien het feit dat Vygotsky op 38-jarige leeftijd aan tuberculose is overleden kon dat van hem ook niet verwacht worden.

4.5 Kohlbergs theorie over morele ontwikkeling

Wat Piaget betekent op het gebied van cognitieve ontwikkeling is Kohlberg op het gebied van morele ontwikkeling. Kohlberg deed een uniek onderzoek. Hij begon zes- tot achtjarigen te interviewen en bleef hen gedurende dertig jaar(!) volgen. Dit deed hij aan de hand van een aantal dilemma's in de vorm van verhaaltjes waarin morele kwesties met betrekking tot fundamentele thema's als dood, eigendom, gezag, vertrouwen, enzovoorts, aan bod kwamen. Hierover moesten de respondenten oordelen. Afhankelijk van de leeftijd bleken zij verschillende typen redeneringen voor hun oordelen te hebben. Op grond hiervan bouwde Kohlberg zijn fasetheorie over morele ontwikkeling. Hij onderscheidt de volgende zes stadia (Eckensberger, 1994):

Preconventioneel niveau
Op dit niveau vinden de respondenten iets slecht omdat ze ervoor gestraft worden en iets goed omdat ze ervoor beloond worden:
1 oriëntatie op gehoorzaamheid en straf;
2 nadruk op instrumentaliteit en concrete wederkerigheid.

Conventioneel niveau
In dit stadium vindt het individu iets slecht omdat anderen, ouders, leerkrachten, of de wet het verbieden. Slecht is dus wat anderen, personen of instanties, afkeuren:
3   oriëntatie op interpersoonlijke overeenstemming;
4   sociale orde, gezag, vaste regels, systeemhandhaving.

Postconventioneel (principe-georiënteerd) niveau
In deze fase gaat het individu af op het eigen geweten en morele waarden of principes. Het individu kiest zelf principes die universeel geldig zijn:
5   sociaal contract, individuele rechten;
6   algemene ethische principes.

Er is een opmerkelijke overeenkomst met de stadia van Piaget. In die zin zien we de invloed van de leermeester. Piaget heeft met zijn in 1932 verschenen boek *The moral judgment of the child* ook een enorme invloed heeft gehad op het theoretisch denken van Kohlberg. Ook volgens Kohlberg gaat het namelijk om kwalitatief verschillende denkwijzen die elkaar in een onveranderlijke volgorde opvolgen. Proefpersonen begrijpen dus alle stadia beneden het hunne maar nooit meer dan één daarboven en ze geven de voorkeur aan het hoogste door hen bereikte stadium. Bovendien is er een directe parallellie tussen de cognitieve ontwikkeling van preoperatoir, via concrete operaties, naar formele operaties volgens Piaget en de morele ontwikkeling van preconventioneel via conventioneel naar postconventioneel of principegeoriënteerd van Kohlberg.

Weer komt natuurlijk de vraag of Kohlbergs stadia universeel zijn. Bij morele ontwikkeling ligt de claim op universaliteit moeilijker dan bij cognitieve ontwikkeling, omdat het geheel van waarden en normen en opvattingen over wat moreel gezien goed en slecht is een essentieel onderdeel van een cultuur vormen. Wanneer het om het morele domein gaat is het dus aannemelijk dat die ontwikkeling tot stand komt in wisselwerking met de cultuur waar het individu deel van uitmaakt. Vooral het laatste stadium van Kohlberg waarin het eigen geweten, individuele rechten, en daarmee de binnen het individu geplaatste verantwoordelijkheid centraal staan, lijken uitstekend te passen binnen de Noord-Amerikaanse individualistische cultuur waar Kohlberg zelf ook deel van uitmaakt. In collectivistische culturen is de interpersoonlijke verantwoordelijkheid belangrijker dan de individuele. Miller en Bersoff (1992) vergeleken bijvoorbeeld de antwoorden van kinderen en volwassenen in India en de Verenigde Staten. Onder alle omstandigheden vonden de Indiase respondenten het een veel ernstiger overtreding wanneer iemand naliet anderen te helpen, ongeacht of het nu een levensbedreigende situatie betrof of dat de ander nu behoeftig was of niet. Het dilemma tussen individuele en interpersoonlijke verantwoordelijkheid wordt duidelijk gedemonstreerd in een onderzoek van Trompenaars (1993) waarin hij respondenten uit verschillende landen het volgende fragment voorlegde:

> Je rijdt in een auto die bestuurd wordt door een goede vriend van je. Hij rijdt een voetganger aan. Hij reed 60 km per uur, maar de maximumsnelheid was 35 km per uur. Er zijn verder geen getuigen. Zijn advocaat zegt dat als jij onder ede verklaart dat hij 35 km reed er waarschijnlijk geen nare consequenties voor je vriend zijn. Heeft je vriend recht op jouw hulp?

Opvallend waren de verschillen in de percentages *nee*-antwoorden. Voor een selectie van veertien landen (de minst duidelijke *nee*-stemmers en de meest uitgesproken *nee*-stemmers) waren de percentages nee-antwoorden:

Zuid-Korea	26 (44)	Nederland	88 (4)
Venezuela	34 (50)	Verenigd Koninkrijk	90 (3)
Rusland	42	Zweden/Noorwegen	93 (10, 13)
Indonesië	47 (47)	Australië	93 (2)
China	48	Zwitserland	94 (14)
Japan	67 (22)	Verenigde Staten	95 (1)
Frankrijk	68 (10)	Canada	95 (4)

Het interessante is dat het aantal *nee*-antwoorden zeer hoog is in de zogenoemde individualistische landen en betrekkelijk laag in de collectivistische landen. Om dat duidelijk te maken heb ik achter de percentages tussen haakjes de rangordescores van de landen op individualisme/collectivisme volgens Hofstede (1991) geplaatst. De scores van Hofstede kunnen lopen van 1 tot 53; hoe lager het cijfer, hoe individualistischer het land. Rangordescores voor Rusland en China ontbreken, maar voorzover daar gegevens over bekend zijn scoren de beide landen tamelijk collectivistisch. Voor meer uitleg over nationale culturen, zie hoofdstuk 9.

Een verder, hiermee samenhangend punt van kritiek komt van Gardiner e.a., (1998) die stellen dat Kohlberg te eenzijdig gericht is op rechtvaardigheid als moreel principe. Daarmee gaat hij voorbij aan de mogelijkheid dat in andere culturen weer andere principes van toepassing of zelfs belangrijker kunnen zijn. Een principe als eergevoel bijvoorbeeld. De auteurs suggereren dat eergevoel in Japan een belangrijk moreel principe kan zijn. In hoofdstuk 1 zagen we al dat Spanje en Nederland duidelijk verschillen in het belang dat men hecht aan familie-eer. En bij het zojuist genoemde voorbeeld van het auto-ongeluk bleek er een dilemma tussen rechtvaardigheid en solidariteit te bestaan dat in verschillende culturen verschillend gewogen wordt. Niet alleen van cultuur tot cultuur kunnen uiteenlopende morele principes gelden, maar ook van geslacht tot geslacht. Zo oppert Gilligan (1982) op grond van haar eigen onderzoek dat vrouwen zich in hun morele oordelen meer laten leiden door een houding van betrokkenheid en zorg en de wens het relatienetwerk in stand te houden dan door regels en abstracte principes van rechtvaardigheid.

Heeft Kohlbergs theorie ondanks deze kanttekeningen toch nog enige universaliteitswaarde? Eckensberger (1994) komt op grond van meer dan vijftig studies uitgevoerd in een veelheid van culturen tot een gedeeltelijk bevestigend antwoord. Hij komt tot de volgende conclusies: Het eerste stadium (oriëntatie op gehoorzaamheid en straf) en het vijfde stadium (algemene ethische principes) komen nauwelijks voor, maar de stadia 2, 3 en 4 worden in veel culturen aangetroffen. Verder blijkt het voorkomen van de stadia en dan vooral het voorkomen van het vierde stadium afhankelijk te zijn van de sociaal-economische klasse van de ouders en van het niveau van opleiding. Hoe 'moderner' het gezin, hoe hoger de stadia. Dit blijkt over de culturen heen op te gaan. Verder concludeert Eckensberger dat verschillen in morele ontwikkeling volgens het model van Kohlberg niet zozeer tussen westerse en niet-westerse culturen lopen, maar tussen complexe en niet-complexe culturen. Zoals we in de inleiding al zagen hangt de complexiteit van een samenleving samen met het aantal instituties en de differentiatie in rollen en sociale posities. De algemene conclusie lijkt te zijn dat er voor de structuur van Kohlbergs model redelijk wat empirische ondersteuning gevonden is. Inderdaad komen de fasen grotendeels in vele culturen voor en zijn er grote overeenkomsten in de hiërarchie van de stadia en de vorm van de argumentatie tot de morele principes. Maar ten aanzien van de inhoud van de morele principes bestaan er van cultuur tot cultuur grote verschillen.

4.6 Eriksons sociaal-emotionele stadia

Minstens zo interessant als de vraag hoe individuen zich in verschillende culturen cognitief en moreel ontwikkelen is de vraag hoe het met de sociaal-emotionele ontwikkeling gesteld is. Kent elke cultuur zoiets als een puberteit, een duidelijke overgang van kind-zijn naar volwassenheid? Volgens Erikson (1950) wel. Volgens hem doorlopen alle mensen een reeks van acht ontwikkelingsstadia vanaf hun geboorte tot aan hun dood. Elk stadium wordt door een soort crisis gekenmerkt. Wanneer de crisis gunstig afloopt dóórdat de daarbij passende conflicten en problemen bevredigend opgelost worden, leidt dat tot een versterking van het ego, een betere aanpassing van het individu en een gezondere persoonlijkheid. Wanneer daarentegen de crisis onbevredigend afloopt, wordt het ego verzwakt ten koste van het aanpassingsvermogen en de gezondheid van het individu. In tabel 4.3 staat een overzicht van de acht stadia en de corresponderende leeftijdsfasen met de daarbij behorende crises. Ook staat in de laatste kolom vermeld wat de positieve uitkomsten zijn bij elk van de crises.

Volgens Erikson werd de gezonde rijpe persoonlijkheid gekenmerkt door hoop, wilskracht, doelgerichtheid, competentie, trouw, liefde, zorg en wijsheid. Een belangrijke aanname achter zijn theorie is dat de stadia reversibel zijn, dat wil zeggen dat individuen in een latere fase van hun leven nog de schade van een slecht verwerkte crisis kunnen inhalen, bijvoorbeeld door psychotherapie. Al met al biedt Erikson een sympathieke theorie die meteen een zekere *face validity* heeft, dat wil zeggen dat er een flink aantal elementen in zit die op het zicht aannemelijk lijken. Het is daarnaast een flexibele theorie, in de zin dat de stadia niet in strikte volgorde doorlopen hoeven te worden. Verder stelt Erikson dat de oplossing van de crises tot persoonlijke groei leidt, maar de aard van de oplossing kan per cultuur verschillend zijn. Bovendien hoeven de oplossingen niet een alles-of-niets karakter te hebben. Er kunnen goede of minder goede oplossingen zijn en de stadia zijn, zoals gezegd, niet irreversibel. In het algemeen blijkt het onderzoek de theorie dan ook aardig te ondersteunen (Ferrante, 1992).

Wel hebben mensen in welvarende landen meer te kiezen, bijvoorbeeld wat betreft scholen, banen, woonplaats, maar ook wat betreft politieke of religieuze opvattingen en – niet onbelangrijk – de levenspartner. Dit leidt tot de paradox dat hoe welvarender de cultuur, des te meer stress het individu ervaart en met des te meer schokken de overgang van de ene naar de andere fase verloopt. Dit verklaart waarschijnlijk waarom in het Westen de adolescentie zo'n belangrijke fase is. Maar ook de fase van jongvolwassene waarin relatievorming saillant

Tabel 4.3
Stadia van sociaal-emotionele ontwikkeling volgens Erikson (bron: Erikson, 1950).

Fase	Soort crisis	Sociale opdracht
Kindertijd	Vertrouwen vs wantrouwen	Ontwikkeling van een relatie met primaire verzorgers; vertrouwen in het leven en de wereld ontwikkelen
Peutertijd	Autonomie vs schaamte en twijfel	Exploratie van de sociale omgeving buiten de primaire relatie: zich zelf erkennen als een individu
Vroege kindertijd	Initiatief vs schuld	Onderhandelen over en eigen plaats binnen de sociale relaties; leren wat de invloed van het eigen gedrag op dat van de anderen is; een gevoel van macht ontwikkelen
Latere kindertijd	Bedrijvigheid vs minderwaardigheid	Het belang van sociale normen en de gevolgen van conformeren en niet conformeren leren inzien; een gevoel van competentie ontwikkelen
Adolescentie	Identiteit vs rolverwarring	Sociale rollen en sociale omgevingen vinden die passen bij iemands identiteit en principes; ontwikkeling van een eigen identiteit
Jonge volwassenheid	Intimiteit vs isolatie	Onderhandelen over de eigen identiteit binnen de context van intieme relaties
Midden volwassenheid	Productiviteit vs stagnatie	Een bijdrage leveren aan de bredere maatschappij; het gevoel krijgen iets bereikt en een plaatsje in de wereld veroverd te hebben
Late volwassenheid	Integriteit vs wanhoop	Een integraal en actief deel van de familie en gemeenschap worden; in het reine komen met zijn leven en de daarin gemaakte keuzes

is, kent vele turbulente momenten, en zelfs de overgang naar rijpheid kent het typische westerse fenomeen van de *midlifecrisis*. Shiraev en Levy (2001) spreken in dit verband van brede socialisatiepraktijken die onafhankelijkheid en vrije zelfontplooiing benadrukken en aan de andere kant smalle socialisatiepraktijken die vrij strikt voorschrijven wat goed en slecht is. Het voordeel van de laatste, meer restrictieve socialisatiepraktijk is dat deze het individu niet de stress bezorgt die het gevolg is van keuzevrijheid.

4.7 Hechtingsstijlen in verschillende culturen

Erikson stelt dat kinderen in hun allereerste fase een spanning tussen vertrouwen en wantrouwen ervaren. Nauw verwant aan deze gedachte is het concept attachment, dat door verschillende theoretici is ontwikkeld. Gedurende de eerste levensjaren ontwikkelen kinderen een hechting met de ouders. Wanneer de verzorger adequaat, voorspelbaar en consistent op de signalen van het jonge kind reageert, verwerft het een gevoel van veiligheid en durft het op onderzoek uit te gaan (Bowlby, 1969). Ziet het kind de verzorger als beschikbaar en responsief dan ontwikkelt het een zekere hechtingsstijl. Wanneer deze mentale representatie ontbreekt, ontstaat een onzekere hechtingsstijl. Volgens Bowlby worden deze hechtingsstijlen naarmate kinderen ouder worden automatischer en resistenter tegen verandering. Hechtingsstijlen worden stabiele interactietendenties die van persoon tot persoon verschillen. Kinderen met een zekere hechtingsstijl blijken minder conflicten met hun leeftijdgenoten te hebben en ze zijn socialer dan hun leeftijdgenoten met een onzekere hechtingsstijl. Volgens onderzoek blijken hechtingsstijlen redelijk stabiel te zijn, maar of dat zich over de gehele levensloop uitstrekt is een empirisch nog niet uitgemaakte vraag.

Ainsworth e.a. (1978) onderscheiden drie verschillende stijlen op basis van observaties van jonge kinderen: het kind met een zekere hechtingsstijl reageert met warmte op de moeder, raakt wat van slag wanneer de moeder weggaat, maar ontspant zich wanneer deze weer terugkeert. De kinderen met een vermijdende stijl besteden er niet zoveel aandacht aan of hun verzorger aanwezig is of niet, terwijl het kind met een ambivalente stijl zich vastklampt aan zijn ouders en in paniek raakt wanneer de moeder weggaat maar zich niet snel ontspant wanneer de moeder weer terugkeert en haar dan zowel van zich afhoudt als nodig heeft.

Uitgaande van twee dimensies, de waardering van zichzelf en de ander, komen Bartholomew en Horowitz (1991) tot een vierdeling van hechtingsstijlen. Door bepaalde ervaringen met hun verzorgers ontwikkelen kinderen verschillende hechtingsstijlen, gebaseerd op hoe men over zichzelf en over anderen denkt. Bij Bartholomew en Horowitz is de vermijdende stijl van Ainsworth e.a. opgesplitst in twee stijlen. Het voordeel van hun indeling is dat de beschrijvingen goed toepasbaar zijn op grotere kinderen en op volwassenen. Ze komen tot de volgende hechtingsstijlen:

1. de zekere stijl: deze personen zijn zeker van zichzelf en hebben geen twijfels over de anderen; interacties met anderen worden met vertrouwen tegemoet gezien;
2. de vermijdende stijl: het individu is zeker van zichzelf, maar vermijdt persoonlijke contacten met anderen – vermijdende personen streven naar onafhankelijkheid van anderen;
3. de gepreoccupeerde stijl: het gepreoccupeerde individu streeft naar persoonlijk contact met anderen maar twijfelt aan zichzelf – deze personen vragen zich af of zij wel aardig of interessant genoeg zijn voor de ander;
4. de angstige stijl: deze personen twijfelen aan zichzelf maar evenzeer aan anderen – uit angst bedrogen uit te komen of gekwetst te worden vermijden ze persoonlijke contacten.

Metingen van hechtingsstijlen gebeuren meestal door middel van observaties (bij jonge kinderen), door uitgebreide interviews (bij volwassenen) of door middel van vragenlijsten die te gebruiken zijn bij volwassenen en grotere kinderen. Op het gebied van vragenlijsten is er een veel gebruikte methode waarbij de respondent aan de hand van een beschrijving van drie verschillende stijlen aangeeft welke stijl op hem/haar van toepassing is (Hazan en Shaver, 1987). Deze methode is interessant en toe te passen op grote groepen, maar is wat grof omdat zij voorbijgaat aan allerlei tussenvormen. Daarom hebben Schrier en Van Oudenhoven (2002) een vragenlijst ontwikkeld waarmee elke stijl te kwantificeren is. In tabel 4.4 staan de correlaties tussen de schalen en zelfbeeld voor een steekproef van – voornamelijk psychologie- – studenten. Zoals op grond van Bartholomew en Horowitz te verwachten is gaan de zekere en – in mindere mate – de vermijdende hechtingsstijl gepaard met een positief zelfbeeld, terwijl de gepreoccupeerde en angstige stijlen met een laag zelfbeeld samenhangen.

Tabel 4.4
Correlaties tussen hechtingsstijlen en zelfbeeld (bron: Schrier en Van Oudenhoven, 2002).

	1	2	3	4	5
1 zeker	–	-0,33**	-0,22**	-0,44**	0,29**
2 vermijdend		–	-0,10	0,18**	0,11*
3 gepreoccupeerd			–	0,31*	-0,57**
4 angstig				–	-0,43**
5 zelfbeeld					–

n =365, * p < 0,05 en ** p < 0,01

Wanneer we naar de beschrijvingen van de verschillende hechtingsstijlen bij Bowlby en Ainsworth e.a. kijken dan valt op dat deze zeer goed passen binnen de Europees-Amerikaanse middle-class cultuur (Levine en Miller, 1990), waarin de moeder (of haar vervangster) de centrale verzorgende rol vervult, en niet bijvoorbeeld een sociale groep bestaande uit de moeder en grootmoeder en een tante. In veel culturen wordt het jonge kind vanaf de geboorte grootgebracht in een *extended family*, een groep verwanten waar de moeder weliswaar belangrijk is maar niet zo exclusief de verzorgende rol op zich neemt. In Latijns-Amerika en in Mexico in het bijzonder bestaat het compadrazgo-systeem. Dit is een systeem van *compadres* (peetooms) en *commadres* (peettantes). Dat zijn soms goede vrienden maar meestal familieleden die bij het doopsel van een kind of ook wel bij andere plechtige gelegenheden een speciale rol toebedeeld krijgen bij de opvoeding van de kinderen. In westerse landen zijn de mannen langzamerhand in sterkere mate bij de opvoeding van de kinderen betrokken geraakt. Waarschijnlijk daardoor benadrukken hedendaagse opvattingen over hechtingsstijlen in veel mindere mate de moeder als de enige verzorgende persoon. Het kunnen dus andere personen dan de moeder of zelfs meerdere personen zijn aan wie het zeer jonge kind zich leert hechten.

Hoewel de primaire verzorger van cultuur tot cultuur niet altijd de moeder is en er vaak meer verzorgers zijn, blijken de hechtingsstijlen in een veelheid van culturen voor te komen (Gardiner e.a., 1998). In tabel 4.5 is een overzicht te zien van de relatieve frequenties van de drie stijlen volgens Ainsworth e.a. Wat opvalt is dat de zekere hechtingsstijl overal de dominante stijl is. Dit hoeft niet te betekenen dat deze stijl in alle culturen evenveel waardering geniet. In sommige culturen, bijvoorbeeld in Duitsland, zou de vermijdende hechtingsstijl een grotere waardering genieten. Volgens Grossmann e.a. (1985) wordt in Duitsland een kind met een zekere hechtingsstijl als wat verwend gezien. Inderdaad blijkt in Duitsland de vermijdende stijl relatief vaak voor te komen.

Tabel 4.5
Frequentie van voorkomen van hechtingsstijlen in acht verschillende landen (bron: Van IJzendoorn en Kroonenberg, 1988).

	Angstig vermijdend	Angstig terughoudend	Zeker gehecht
Duitsland (N=136)	35.3%	8.6%	56.6%
Verenigd Koninkrijk (N=72)	22.2	2.7	75
Nederland (N=251)	26.3	6.4	67.3
Zweden (N=51)	21.5	4.0	74.5
Israël (N=118)	6.8	28.8	64.4
Japan (N=96)	5.2	27.1	67.7
China (N=36)	25.0	25.0	50.0
Verenigde Staten (N=1230)	21.1	14.1	64.8

In een recente cross-culturele overzichtstudie oordelen Van IJzendoorn en Sagi (1999) positief over het universele karakter van hechtingsstijlen. Zij baseren hun conclusie op de volgende gegevens:
- in zes onderling sterk verschillende culturele blokken werden Bowlby's drie hechtingsstijlen (zeker, ambivalent en vermijdend) aangetroffen;
- in alle culturen komt de zekere stijl het meest voor en bestaat er ook een duidelijke voorkeur voor deze hechtingsstijl – in alle culturen oefenen ouders druk op de kinderen uit om een zekere stijl te ontwikkelen;
- hoewel minder overtuigend vonden zij cross-cultureel wel enige ondersteuning voor de achterliggende theorie dat verzorgers die 'sensitief' zijn voor de signalen van hun kinderen eerder een zekere stijl bij hun kinderen ontwikkelden;
- ook vonden zij aanwijzingen in de verschillende culturen dat de zekere hechtingsstijl gepaard gaat met indicatoren van sociale competentie.

Een belangrijke constatering van de auteurs – in lijn met wat ook hierboven is gezegd – is dat we af moeten van het dyadische model (moeder-kind) en van een netwerkmodel moeten uitgaan, waarin het kind met verscheidene personen een hechtingsrelaties opbouwt.

4.8 Veranderingen in de tijd: Europa van Erasmus tot heden

De beschrijving van zes culturen van Whiting en Whiting lieten grote verschillen zien in het gedrag van kinderen tussen complexe en minder complexe culturen. De opvoeding van kinderen in minder complexe culturen wijkt sterk af van die zoals wij die in het Westen gewend zijn. Een interessante vraag die eerder in de historische pedagogie dan in de psychologie thuishoort, is hoe veranderlijk de opvoedkunde nu over de eeuwen heen is. We kunnen er binnen het kader van dit boek nauwelijks op ingaan, maar het is niettemin aardig om de visie van Erasmus op de opvoeding van het kind te laten zien (Colón en Colón, 2001), omdat hij daar expliciete gedachten over had die bovendien grote invloed hadden in het Europa van zijn tijd. Zijn *De Civilitate Morum Puerilium* (Manieren voor kinderen) dat in 1530 verscheen kan met recht een Europese pedagogische bestseller genoemd worden. Zeven jaar later was het al vertaald in het Engels, Frans, Duits, Tsjechisch en het Nederlands. Hij maande opvoeders aan niet de algemene mode te volgen om kinderen de eerste jaren niet te instrueren, maar de opvoeding moest wel op milde en overtuigende wijze geschieden: 'Niets is zo schadelijk voor jonge kinderen als ze voortdurend aan slagen blootstellen.' Zijn advies aan de ouders was om kinderen wel met discipline op te voeden. Kinderen moesten hun neuzen schoon en vrij van snot houden. Op de lippen bijten of de lippen aflikken deed aan dierlijk gedrag denken. Geeuwen of te hard lachen was onbeleefd. Spugen was uit den boze en als het al gebeurde moest het snel met de schoenen in de grond gewreven worden. Verder pleitte hij voor een schone mond en voor mondhygiëne. Het haar moest gekamd worden om niet op een wild paard te lijken. Nette kleren drukten een goed karakter uit en een rechte houding gaf innerlijke orde en eerlijkheid aan. Het was belangrijk kinderen goede tafelmanieren te leren, maar men moest ze niet onnodig lang aan tafel houden. Maar vooral moesten de ouders het goede voorbeeld geven: 'So de oude songen so pepe de ionghen.' De bijna vijf eeuwen in acht nemend die Erasmus van het heden verwijderd is, zijn diens ideeën opvallend modern. Vele middle-class ouders in Europa zullen het grotendeels met zijn adviezen eens zijn.

4.9 Slot

Dit hoofdstuk ging over hoe kinderen in verschillende culturen opgroeien. Aan de ene kant zien we een grote diversiteit. Die zagen we vooral in de beschrijving van de zes culturen van Whiting en Whiting die grote verschillen in het gedrag van kinderen liet zien tussen complexe en minder complexe culturen. Hun onderzoek ging echter over concreet gedrag dat door de ouders, vaak genoodzaakt door economische en ecologische omstandigheden, van de kinderen verlangd wordt. Aan de andere kant zagen we meer universele tendensen. Dit werd duidelijk bij de bespreking van de modellen van Piaget over cognitieve ontwikkeling, van Kohlberg over morele ontwikkeling en van Erikson over sociaal-emotionele ontwikkeling, die in aanzienlijke mate universeel blijken op te gaan. Hetzelfde gold ook voor de hechtingsstijlen, zoals die door verschillende auteurs beschreven zijn. Wanneer we letten op de beschrijving van concrete activiteiten bestaat er grote variëteit tussen de culturen op deze wereld, maar wanneer het om basale cognitieve, morele en sociaal-emotionele processen gaat, lijken deze een universeler karakter te hebben. In zekere zin ging dat ook op voor psychologische functies die in het vorig hoofdstuk besproken werden, zoals de waarneming van kleuren en de geheugenfuncties.

Vygotsky's theorie biedt een verklaring voor de verschillende tendensen. De ontwikkeling van kinderen wordt in de eerste jaren gedomineerd door biologische principes, daarna nemen sociale en culturele invloeden de overhand die het individu tot een actief deelnemer van zijn cultuur maakt. Die cultuur ontwikkelt zich door de deelname van die participanten, maar blijkt niettemin door de eeuwen heen wat van haar essentie te behouden, zoals de pedagogische adviezen van Erasmus lieten zien.

5

Cultuur en persoonlijkheid

5.1 Inleiding

De mens is het product van biologische en culturele invloeden. Daar zijn psychologen het over eens, alleen over hoeveel biologisch en hoeveel cultureel bepaald is lopen de meningen sterk uiteen. De biologische ontwikkeling verloopt zeer langzaam – een kleine verandering kan duizenden jaren in beslag nemen – terwijl de culturele ontwikkeling daarentegen razendsnel verloopt. Van generatie tot generatie vallen enorme culturele veranderingen te constateren. Denk bijvoorbeeld aan de culturele man-vrouwverschillen versus de relatief geringe biologische verschillen. Biologisch gezien lijken de mannen en vrouwen uit het oude Griekenland niet te verschillen van de huidige mannen en vrouwen. Wel zijn er natuurlijk wat schommelingen afhankelijk van de heersende cultuur. Bekoorlijke vrouwen zagen er in de zestiende eeuw aanzienlijk molliger uit dan in de twintigste eeuw. Maar wie de beschrijving van Buytendijk uit de jaren vijftig over de psyche van de vrouw leest denkt dat het over andere wezens gaat (Buytendijk, 1953).

In de niet parallel verlopende biologische en culturele ontwikkeling ziet de sociobioloog Barash (1985) zelfs de oorzaak van de grote hedendaagse frequentie van persoonlijkheidsstoornissen. Volgens hem is onze biologische uitrusting niet meer van deze wereld, die cultureel gezien verregaand geëvolueerd is. Dit gebrek aan overeenstemming tussen culturele en biologische aanpassingen leidt ertoe dat mensen vervreemd raken en conflicten ervaren die weer persoonlijkheidsstoornissen oproepen. Deze visie is natuurlijk wat gechargeerd omdat Barash vergeet te vermelden dat het menselijk lichaam en het menselijk zenuwstelsel in het bijzonder ons in staat stelt ons in verregaande mate aan te passen aan welke omgeving dan ook.

Wij zullen verder niet ingaan op deze interessante gedachte, maar ons vooral richten op drie vragen. De eerste luidt: zijn er persoonlijkheidseigenschappen die in alle culturen voorkomen? De tweede is of culturele groepen een eigen persoonlijkheid hebben. De derde vraag is niet alleen theoretisch maar ook praktisch van belang: Zijn er eigenschappen die de ene persoon geschikter maakt om interculturele contacten aan te gaan dan de andere persoon? We beginnen de eerste vraag door na te gaan in hoeverre de *Big Five*, de vijf basale persoonskenmerken, in alle culturen voorkomen.

5.2 De universaliteit van de *Big Five*

Een van de grote successen van de hedendaagse psychologie is de ontwikkeling van het zogenoemde vijf-factorenmodel of de *Big Five* geweest. Eeuwenlang hebben filosofen en onderzoekers classificaties ontworpen om persoonseigenschappen systematisch te beoordelen. Hippocrates ontwikkelde al een classificatie, maar de bekendste klassieke indeling is van Galenus die in ongeveer 150 n.Chr. voortbouwend op Hippocrates een vierdeling voorstelde, bestaande uit *cholerici* (prikkelbaren), *melancholici* (depressieven), *sanguinici* (optimisten) en *flegmatici* (de kalmen). De ontwikkeling van het vijf-factorenmodel is begonnen met de lexicale ordening; deze eerste stap is een arbeidsintensieve klus geweest. Het is dan ook een enorme onderneming om de tienduizenden woorden die er in een taal bestaan om personen te beschrijven samen te vatten in een vijftal kernbeschrijvingen. Het resultaat is vooral succesvol omdat de classificatie ondersteund wordt door statistische analyse (meestal factoranalyse) en – nog belangrijker – in verschillende culturen blijkt voor te komen. De factoren zijn: *extraversie, vriendelijkheid* (*agreeableness*), *zorgvuldigheid* (*conscientiousness*), *emotionele stabiliteit* (het tegendeel van *neuroticism*) en *intellect/autonomie* (*openness to experiences*). In 1963 publiceerde Norman al expliciet over het vijf-factorenmodel. Het is Goldberg (1981) geweest die op grond van eigen en ander onderzoek de term *Big Five* introduceerde. In Nederland hebben De Raad e.a. (1992) het vijf-factorenmodel op Nederlandse gegevens gerepliceerd en verder ontwikkeld tot een 'periodiek systeem', een meer uitgewerkte representatie van eigenschappen. De basis voor dat complexere systeem blijft echter het vijf-factorenmodel. De belangrijke vraag is nu: Hoe universeel is het model? Vinden we dezelfde dimensies in de vele verschillende talen?

In de jaren negentig vond een ware explosie plaats van cross-cultureel onderzoek naar de *Big Five*, ongetwijfeld ook mogelijk gemaakt door computerfaciliteiten. De Raad e.a. (1998) hebben een flink aantal Europese studies gereviewd en komen tot de conclusie dat in de meeste talen dezelfde factoren naar voren komen. Met name wat betreft de factor intellect/autonomie blijkt er echter gebrek aan overeenstemming te zijn. In de Engelse en Duitse taal verwijst deze factor vooral naar intellect en verbeelding, terwijl de factor in het Nederlands, Hongaars en Italiaans ook kenmerken omvat die te maken hebben met 'rebels' en 'onconventioneel' (Pervin en John, 2001). Inmiddels blijken ook Aziatische studies het model te ondersteunen (bijvoorbeeld Yoon e.a., 2002). Toch worden in verschillende samples nog aanvullende factoren gevonden (Pervin en John, 2001). Cheung e.a. (1996) hebben bijvoorbeeld een factor 'Chinese traditie' voorgesteld die een cluster is bestaande uit waarden en attitudes die belangrijk geacht worden in de traditionele Chinese samenleving. En de claim op universaliteit van het *Big Five*-model is nog niet geheel onomstreden. Lewis-Fernandez en Kleinman (1994: 68) zeggen dat '...huidige westerse persoonlijkheidstheorieën, zoals het vijf-factorenmodel eerder verregaand abstracte uitdrukkingen lijken van individualistische persoonlijkheden vervaardigd door moderne rationalistische gedragsomgevingen dan universele menselijke patronen van persoonlijkheidsdimensies.' Met andere woorden, het vijf-factorenmodel wordt nog te veel als een *imposed etic* gezien, ofwel als een in het Westen ontwikkeld model dat opgelegd wordt aan andere culturen. Dit bezwaar geldt niet voor de lexicale benadering, waarin vertegenwoordigers uit de eigen taalgemeenschap naar de clustering van eigenschappen gekeken hebben, maar wel voor de universeel bruikbaar geachte vragenlijst, zoals die vooral door Costa en McCrae (1992) wereldwijd gepusht wordt.

Ook al is in de beschrijvingen van persoonskenmerken over de culturen heen eenzelfde vijf-factorenstructuur te ontdekken dan betekent dit nog niet dat de waardering voor de verschillende factoren in allerlei culturen gelijk is. Zo wijst Church e.a. (1996) erop dat op de Filippijnen het concept *pakikisama*, dat zoiets als 'goed om kunnen gaan met de in-group' betekent, een centrale betekenis heeft. Het lijkt erg sterk op de factor *agreeableness*. Het is goed voorstelbaar dat in andere culturen daarentegen, bijvoorbeeld in de Noord-Amerikaanse cultuur, extraversie een meer gewaardeerde eigenschap is. Triandis (1995) heeft inderdaad gesuggereerd dat individualisten extraverter zijn dan collectivisten. Bovendien is er empirische evidentie dat leden van individualistische culturen als de Verenigde Staten en Australië zich extraverter gedragen dan leden van meer collectivistische culturen zoals Japan of Turkije (Lyn, 1981). In de volgende paragraaf komt de vraag aan bod in hoeverre verschillende culturen ook tot verschillende persoonlijkheden leiden.

5.3 Culturele verschillen in persoonlijkheid

Een van de kerngedachten van de cross-culturele psychologie is dat de cultuur van een samenleving van invloed is op de persoonlijkheid van de leden van die samenleving. Dit idee bestaat ook – en misschien nog wel sterker – bij leken. Er bestaan legio stereotypen over de persoonlijkheidstrekken van andere culturen. Vooral met betrekking tot naties is het niet moeilijk om de betreffende stereotypen op te roepen, zoals de volgende – in kringen van cross-cultureel psychologen vaak gebruikte – beschrijving van de hemel en de hel op grappige wijze duidelijk maakt:

In de hemel
- zijn de koks Fransen,
- de monteurs Duitsers,
- de minnaars Italianen,
- is de politie Brits,
- en ligt de algehele organisatie in handen van de Zwitsers.

In de hel
- zijn de koks Britten,
- de monteurs Fransen,
- de minnaars Zwitsers,
- is de politie Duits,
- en ligt de algehele organisatie in handen van de Italianen.

Inderdaad bestaan er duidelijke stereotypen over volkeren die door vertegenwoordigers van verschillende naties gedeeld worden, inbegrepen de natie waar de stereotypen betrekking op hebben (Peabody, 1985). Vaak is er ook een kern van waarheid in die stereotypen, bijvoorbeeld de opvatting dat Noord-Amerikanen extravert zijn, zoals we zojuist zagen. Of het stereotype dat Nederlanders toleranter zijn en niet overlopen van gastvrijheid. Naarmate persoonseigenschappen meer in de richting gaan van gedragsbeschrijvingen, bijvoorbeeld 'gastvrij' of 'kerkelijk', is het gemakkelijker vast te stellen of die op een culturele groep van toepassing is dan wanneer het om dieperliggende trekken gaat zoals 'religieus' of *agreeable*. Diepere persoonlijkheidstrekken kunnen zich bovendien op vele manieren manifesteren. Emotionele stabiliteit kan bijvoorbeeld naar voren komen in de vorm van prikkelbaarheid, twijfel aan zichzelf, niet tegen kritiek kunnen of wisselende stemmingen. De ene uitingsvorm kan acceptabel zijn binnen de ene cultuur, maar niet binnen de andere. Extraversie kan binnen een collectivistische cultuur wellicht zeer gewaardeerd worden wanneer het leidt tot zingen of musiceren, terwijl het op de voorgrond treden en sociaal het voortouw nemen in een individualistische cultuur meer waardering geniet.

Zoals zo vaak gebeurt bij vergelijking van culturen worden westerse of individualistische culturen afgezet tegen niet-westerse collectivistische culturen. Belangrijker nog dan de constatering dat leden van verschillende culturele groepen verschillende persoonseigenschappen ontwikkelen, is dat het zelfbeeld niet in alle culturen gelijk is. In een veel geciteerde studie hebben Markus en Kitayama (1991) hier op gewezen. Zij maken onderscheid tussen een zelfconcept als een onafhankelijk persoon en als een interdependent persoon. Wanneer westerlingen zichzelf beschrijven doen zij dat vanuit een sterke opvatting dat individuen duidelijk van elkaar gescheiden personen zijn. In het Westen bestaat er een duidelijke norm dat het individu autonoom is en hebben mensen geleerd hun unieke karakter naar voren te brengen. Mensen voelen zich individueel verantwoordelijk. Individuen benadrukken hun innerlijke kenmerken die als stabiel en intrinsiek gezien worden; er bestaat geen overlap tussen het zelf en de anderen (zie figuur 5.1a). In collectivistische culturen daarentegen bestaat er een fundamentele verbondenheid tussen mensen. Een belangrijke doelstelling is zich aan te passen aan de groep of de gemeenschap. Men is gericht op onderlinge afhankelijkheid. Individuen zijn meer relatiegericht. Gemeenschapsverplichtingen en sociale verantwoordelijkheid zijn belangrijk. De werkelijkheid wordt intersubjectief beleefd. Het zelf en de anderen zijn overlappende eenheden (zie figuur 5.1b). In overeenstemming met dit onderscheid tussen het onafhankelijke en interdependente zelf blijken mensen uit collectivistische culturen zich dan ook eerder te beschrijven als behorend tot sociale categorieën en groepen en aan de hand van de relatie die ze tot anderen hebben (Triandis, 1989), terwijl vertegenwoordigers van individualistische culturen zich eerder beschrijven in abstracte termen, zoals: 'Ik ben een sociaal iemand.'

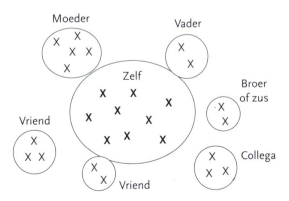

Figuur 5.1a
Onafhankelijk zelfconcept (bron: Markus en Kitayama, 1991).

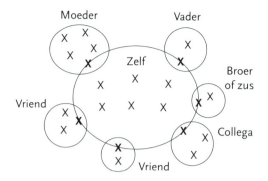

Figuur 5.1b
Afhankelijk zelfconcept (bron: Markus en Kitayama, 1991).

Een verrassend verschil als gevolg van deze verschillende zelfbeelden is dat attributiepatronen eveneens van cultuur tot cultuur verschillen. Attributies zijn de verklaringen die mensen geven voor wat er in hun sociale wereld gebeurt. Het gaat dan meestal om de vraag of het gedrag van anderen intern, dat wil zeggen aan de persoon zelf, of extern, dat wil zeggen aan situationele factoren, toegeschreven moet worden. Ross (1977) wees erop dat wij gevoelig zijn voor een vertekende waarneming; we zien het gedrag van anderen vooral als dispositioneel bepaald en we onderschatten de invloed van situationele factoren. Dit staat bekend als de zogenoemde 'fundamentele attributiefout'. Dit mechanisme is een mooi voorbeeld van een principe dat gepresenteerd werd als een algemeen geldend principe, maar in feite in belangrijke mate cultureel bepaald blijkt te zijn. Zo blijken mensen uit interdependente culturen wanneer ze het gedrag van anderen moeten beoordelen dit in sterkere mate aan situationele factoren, bijvoorbeeld de rol die iemand vervult, en niet diens persoon toe te schrijven. We moeten dus concluderen dat die fundamentele attributiefout vooral een westerse attributiefout is.

Enigszins verwant aan dit fenomeen is het verschil in interne en externe *locus of control* in diverse culturen. Dit concept dat ontwikkeld is door Rotter (1954) verwijst naar de mate waarin personen controle ervaren over hun gedrag in relatie met anderen en met hun omgeving. Mensen met een hoge interne locus of control vinden dat hun gedrag in belangrijke mate afhankelijk is van hun eigen gedrag, terwijl mensen met een hoge externe locus of control hun gedrag zien als iets dat afhankelijk is van anderen en de omgeving, kortom van externe krachten waar ze geen invloed op kunnen uitoefenen. Zoals te verwachten valt blijkt uit onderzoek dat Amerikanen en Europeanen relatief hoog scoren op interne locus of control en Aziaten en Afrikanen hoger op externe locus of control.

Vanzelfsprekend zijn er meer onderzoeken te noemen die verschillen tussen de vertegenwoordigers van uiteenopende culturen vermelden. Hier zijn slechts illustratief enkele voorbeelden gegeven. We gaan nu over naar de derde meer praktische vraag, welke persoonlijkheidstrekken mensen geschikter maken om in andere culturen te functioneren.

5.4 Multiculturele effectiviteit

Welke vaardigheden zijn nu vereist voor het succesvol opereren in een andere cultuur, ofwel: wat maakt iemand multicultureel effectief? Omschrijvingen van het begrip multiculturele effectiviteit verwijzen vrijwel allemaal naar het aanpassingsvermogen van individuen die in contact komen met een andere cultuur. Bij multiculturele effectiviteit gaat het niet alleen om het kunnen bereiken van een gevoel van psychisch welbevinden in een nieuwe culturele omgeving, maar ook om het succesvol functioneren binnen die omgeving. De meeste literatuur heeft betrekking op expatriates. Expatriates hebben meestal een goed betaalde baan in het nieuwe land en hun verblijf daar is doorgaans van beperkte duur. Toch vraagt het veel van werknemers de vertrouwde leefomgeving te verlaten om voor een aantal jaren in een andere cultuur een nieuw leven te beginnen en in een werkomgeving met afwijkende regels en gewoonten effectief te functioneren. Gezien de vele moeilijkheden die de expatriate zowel op de werkplek als in de sociale omgeving moet zien te overwinnen, is het begrijpelijk dat niet alle expatriates daarin slagen. Deskundigen schatten dat zo'n 30 tot 50% van de expatriates niet of onvoldoende effectief is ondanks het feit dat expatriates doorgaans juist uit de betere werknemers gerekruteerd zijn; een mislukking is daardoor ook een persoonlijke tragedie voor de expatriate.

In de literatuur zijn overzichten te vinden van een groot aantal relevant geachte factoren voor multiculturele effectiviteit. Uit de verschillende studies komen vele, vaak onderling verwante factoren naar voren die tot de volgende vijf samengevat kunnen worden: *culturele empathie, openmindedness, sociaal initiatief, emotionele stabiliteit* en *flexibiliteit* (Van der Zee en Van Oudenhoven, 2000, 2001). Drie van deze dimensies tonen overeenkomst met de *Big Five*. Emotionele stabiliteit natuurlijk, verder is sociaal initiatief verwant met extraversie en openmindedness met openheid. Over het algemeen worden de factoren geacht te gelden ongeacht de specifieke cultuur van het gastland (zie bijvoorbeeld McCall, 1994), maar er is geen empirisch onderzoek bekend dat dit uitgangspunt ondersteunt.

Culturele empathie (Arthur en Bennett, 1995; Cleveland e.a., 1960; Ruben, 1976), ook wel aangeduid als sensitiviteit (zie bijvoorbeeld Hawes en Kealey, 1981) is wellicht de meest genoemde dimensie van culturele effectiviteit. Het is het vermogen zich in te leven in de gevoelens, gedachten en gedragingen van leden van groepen met een andere cultuur. In de tweede plaats is openmindedness van belang, een dimensie die verwijst naar een open en onbevooroordeelde houding ten opzichte van andere groepen en andere culturele normen en waarden. Ronen (1989) noemt onbevooroordeeldheid als een belangrijke dimensie van multiculturele effectiviteit. Naast deze wat meer passieve sociale vaardigheden zal de werknemer in het gastland ook de vaardigheid in het initiëren van contacten moeten ontwikkelen. De derde dimensie betreft dan ook sociaal initiatief, gedefinieerd als de neiging om in een andere cultuur naar buiten te treden. Verscheidene onderzoekers wijzen op het belang van de vaardigheid in het leggen van en onderhouden van contacten (Hawes en Kealey, 1981; Hammer e.a., 1978). Emotionele stabiliteit komt eveneens als dimensie duidelijk naar voren in de literatuur. Hammer e.a. (1978) noemen de vaardigheid in het omgaan met psychische stress als een belangrijke dimensie van multiculturele effectiviteit. Daaronder vatten zij het vermogen om te gaan met frustratie, stress, angst, afwijkende politieke systemen, sociale vervreemding, financiële problemen en interpersoonlijk conflicten. Ten slotte moet de internationale werknemer in het algemeen in staat zijn flexibel over te schakelen van de ene op de andere gedragswijze, aangezien de vertrouwde handelwijzen in een vreemde cultuur niet zonder meer zullen werken. Het belang van flexibiliteit wordt door verscheidene auteurs onderstreept (Arthur en Bennett, 1995; Torbiörn, 1982).

5.5 De Multiculturele PersoonlijkheidsVragenlijst (MPV)

Om persoonlijke verschillen in multiculturele vaardigheden te meten is een vragenlijst ontwikkeld, de Multiculturele PersoonlijkheidsVragenlijst (Van der Zee en Van Oudenhoven, 2000, 2001). Het instrument bestaat uit vijf schalen, corresponderend met de genoemde dimensies van multiculturele effectiviteit.

De vraag is of het zinvol is om een aparte vragenlijst te ontwikkelen voor multiculturele effectiviteit als enkele schalen overlap vertonen met die van de *Big Five*. Waarom niet gewoon die gebruiken? Interessant is dat de MPV, door het toegesneden karakter van de vragenlijst, het als 'voorspeller' van ambitie naar een betrekking in het buitenland beter bleek te doen dan de *Big Five*, ondanks het geringere aantal items van de MPV. Paunonen (1998) constateert eveneens dat de meting van specifiekere traits een grotere voorspellende waarde heeft boven de *Big Five*. Afgezien van de betere voorspellende waarde en het geringere aantal items is het voor kandidaten prettiger om een vragenlijst in te vullen waarvan de relatie met de uiteindelijke functie duidelijker is dan die van algemene persoonlijkheidsvragenlijsten (Van der Zee e.a., 1992). Verder blijkt de MPV gemakkelijk af te nemen.

Een van de belangrijkste aannamen bij de constructie van de MPV is dat het instrument vooral voorspellende waarde heeft in een multiculturele setting. Men kan zich echter afvragen of kenmerken als flexibiliteit, emotionele stabiliteit en sociaal initiatief in andere situaties niet even functioneel zijn. Om te bepalen of de MPV eerder voorspellende waarde voor multiculturele effectiviteit dan voor effectiviteit in het algemeen bezit, hebben we de aanpassing aan de nieuwe situatie van buitenlandse studenten en Nederlandse studenten die aan dezelfde internationale business school gingen studeren met elkaar vergeleken. Beide groepen waren zeer vergelijkbaar; ze ambieerden een internationale business carrière en waren op hetzelfde moment en op dezelfde plaats begonnen. Het grote verschil evenwel is dat de buitenlandse studenten nog maar kort in Nederland verbleven waar ze zich moesten aanpassen aan een andere cultuur zonder toegang tot hun gebruikelijke sociale netwerk, terwijl de Nederlandse studenten hun studie begonnen in een vertrouwde cultuur met volledige toegang tot hun sociale netwerk. Wanneer de MPV de aanpassing van de buitenlandse studenten beter voorspelt dan die van de Nederlandse studenten betekent dat een ondersteuning voor de bewering dat de MPV toegespitst is op het meten van multiculturele effectiviteit.

Aan het onderzoek (Van Oudenhoven en Van der Zee, 2002) namen 180 studenten deel, voor de helft Nederlanders en de helft buitenlanders. De laatste groep bestond uit 25 nationaliteiten. Ze woonden bij de aanvang van het onderzoek gemiddeld twee maanden in Nederland. Er waren evenveel mannelijke als vrouwelijke studenten. De studenten hebben twee vragenlijsten ingevuld. De eerste vragenlijst – met onder andere de MPV met subschalen voor culturele empathie, openmindedness, emotionele stabiliteit, sociaal initiatief en flexibiliteit – werd bij de aanvang van het academisch programma afgenomen. Een halfjaar later hebben beide groepen studenten een tweede vragenlijst ingevuld met een aantal vragen over hun lichamelijke en psychische gezondheid (Rand Health Sciences Program, 1992), hun algemeen welbevinden (Diener e.a., 1985), de hoeveelheid sociale steun die zij ervoeren en de mate waarin zij negatieve ervaringen hadden (Van Sonderen, 1993). Bij de tweede meting werden ook van alle studenten de academische prestaties bepaald. Dit gebeurde door de schoolleiding aan de hand van een globaal oordeel, van 1 (onvoldoende prestatie om de studie te mogen vervolgen) tot 4 (aan alle voorwaarden voldaan).

Belangrijk zijn de gegevens van de tweede meting, want die geven aan in hoeverre de mate van aanpassing van de twee groepen studenten echt voorspeld kan worden door de MPV. De grootte van de voorspellende waarde van de MPV wordt telkens in percentages weergegeven. Dit percentage geeft dus aan hoeveel van de uiteindelijke aanpassing bepaald wordt door de vijf dimensies van de MPV naast alle andere factoren, zoals de school, de specifieke ervaringen, capaciteiten, huisvesting, enzovoorts. Terwijl bij de Nederlandse studenten alleen de lichamelijke gezondheid (16%) en psychische gezondheid (10%) door de MPV wordt voorspeld, namelijk door emotionele stabiliteit, blijken bij de buitenlandse studenten alle aanpassingsvariabelen door de MPV voorspeld te worden. Sociaal initiatief is de belangrijkste voorspeller bij de buitenlandse studenten. Deze schaal heeft namelijk een voorspellende waarde ten aanzien van ervaren sociale steun (18%) en algemeen welbevinden (12%), en verder tezamen met flexibiliteit ook op psychologische gezondheid (25%). Daarnaast heeft emotionele stabiliteit invloed op het ontbreken van negatieve ervaringen (9%) en culturele empathie op lichamelijke gezondheid (11%). Ten slotte is bij de buitenlandse en Nederlandse studenten de relatie tussen de MPV-schalen en academisch functioneren bepaald. Alleen bij de Nederlandse studenten bestaat een zwak – negatief – verband tussen emotionele stabiliteit en academisch functioneren (4%), hetgeen wil zeggen dat de studenten wat betere resultaten behalen wanneer ze wat neurotischer zijn. Nu waren de gegevens over het academisch functioneren wel erg globaal, maar in een ander onderzoek onder scholieren van een internationale school op Taiwan (Mol e.a., 2001) vonden we eveneens een zwak negatief verband tussen emotionele stabiliteit en schoolprestaties.

Een andere vraag die we wilden beantwoorden is of de MPV een betere voorspeller is dan *self-efficacy*. Self-efficacy is het geloof dat iemand heeft in zijn/haar vermogen een taak te vervullen. Het verwijst dus naar een vermogen om in moeilijke situaties effectief te blijven (Bandura, 1999). Onderzoek heeft inderdaad verbanden gevonden tussen self-efficacy en copingvaardigheden, zoals het vermogen met stress om te gaan, en tussen self-efficacy en communicatieve en cross-culturele vaardigheden. Bij de aanvang van de studie werd daarom naast de MPV een lijst voor self-efficacy (Schwarzer, 1992) afgenomen. Statistische analyses wezen uit dat wanneer alleen self-efficacy gebruikt zou worden dit wel iets voorspelt maar nooit meer dan 10%. In geen enkel geval voegt het wat voorspellende waarde betreft iets toe aan de MPV terwijl omgekeerd de MPV in vier van de vijf gevallen bij buitenlandse studenten wel voorspellende waarde toevoegt aan self-efficacy.

Concluderend kunnen we zeggen dat de MPV predictieve waarde heeft, vooral voor multiculturele situaties, zoals ook de bedoeling was. Self-efficacy heeft enige voorspellende waarde ten aanzien van de aanpassing van buitenlandse studenten, maar voegt niets toe aan de MPV. Bovendien blijkt de MPV een groter deel van de verschillen in aanpassingsgedrag te kunnen verklaren. Interessant is dat terwijl bij Nederlandse studenten emotionele stabiliteit de enige belangrijke predictor van aanpassing is, bij buitenlandse studenten sociaal initiatief belangrijker is. Het opbouwen van een sociaal netwerk is waarschijnlijk essentieel om zich te kunnen redden in een nieuw land met een nieuwe cultuur. Sociaal initiatief is daarvoor een cruciale eigenschap.

Natuurlijk zijn studenten geen expatriates. Daarom moeten de resultaten met enige voorzichtigheid geïnterpreteerd worden. De kans is echter groot dat het voor een expatriate nog moeilijker is dan voor een student van een internationale school om zich aan het nieuwe land aan te passen, omdat een school al heel veel structuur biedt. Dat zou betekenen dat de voorspellende waarde van de MPV bij de expatriates eerder groter dan kleiner is. In ieder geval dient de volgende predictieve validiteitsstudie zich te richten op buitenlandse werknemers en dan het professionele functioneren als criterium op te nemen.

5.6 Soorten expatriates

Het zou vanzelfsprekend ideaal zijn als expatriates alle bovengenoemde eigenschappen in hoge mate zouden bezitten. Maar het is aannemelijker dat er verschillende soorten expatriates zijn met verschillende eigenschappen en uiteenlopende opvattingen over wat belangrijk is om een goed expatriate te zijn. Black e.a. (1999) hanteren een schema om de verschillende strategieën te bepalen die expatriates in het buitenland kunnen hanteren om zich daar aan de nieuwe omgeving aan te passen. Hun indeling vertoont opvallende gelijkenis met het schema dat Berry hanteert om adaptatiestrategieën te classificeren (zie hoofdstuk 11). Zij gebruiken voor hun indeling de dimensies 'binding met het moederbedrijf' en 'binding met het lokale bedrijf' (zie tabel 5.1).

		Binding met het moederbedrijf	
		zwak	sterk
Binding met het locale bedrijf	zwak	'free agents'	'met het hart nog thuis'
	sterk	'going native'	'dual citizens'

Tabel 5.1
Typen expatriates, afhankelijk van hun binding met het moederbedrijf en het bedrijf van uitzending (bron: Black e.a., 1999).

Wanneer beide bindingen ontbreken hebben we te maken met *free agents* (te vergelijken met 'marginaliseerders' bij Berry). Die hebben weliswaar als voordeel dat ze vaak over internationale vaardigheden zoals talenkennis beschikken, maar het nadeel is dat ze nogal eens uit eigenbelang zonder waarschuwing de betrekking opzeggen. Een tweede categorie wordt gevormd door de *going-native* groep (lijken sterk op assimileerders); zij identificeren zich primair met het lokale bedrijf, zijn dan ook goed aangepast en lokaal effectief, maar voeren de opdrachten van het moederbedrijf minder goed uit omdat hun primaire solidariteit bij het lokale bedrijf ligt. De derde groep is 'met het hart bij het (moeder)bedrijf': zij zijn trouw aan het hoofdkantoor waarvan ze de opdrachten ook goed uitvoeren, maar hun probleem is dat ze vaak slecht aangepast zijn en lokaal minder effectief zijn (deze groep valt te vergelijken met 'separeerders'). De favoriete groep voor Black e.a. zijn de zogenoemde *dual citizens* (integreerders bij Berry). Deze hebben zowel een binding met het lokale bedrijf als met het moederbedrijf. Zij zijn lokaal effectief, doorgaans goed aangepast en voeren tegelijk de richtlijnen van het hoofdkantoor loyaal uit. Hun probleem is dat zij het slachtoffer kunnen worden van rolconflicten als gevolg van tegenstrijdige opvattingen van het moederbedrijf en het lokaal bedrijf. Hoewel de *dual citizen* in het algemeen op de ideale expatriate lijkt, kunnen andere typen expatriates, afhankelijk van functie, bedrijf of land van uitzending, strategische eigenschappen hebben. Zo kan een lokaal bedrijf met een sterke behoefte aan technologische inbreng vooral gebaat zijn bij een medewerker die het hart bij het (moeder)bedrijf heeft en loyaal de opdrachten van het hoofdkantoor uitvoert, terwijl een exportbedrijf meer baat heeft bij een *going-native expatriate* die in staat is een lokaal netwerk op te bouwen. Een strategische fit tussen expatriate en lokaal bedrijf is dus cruciaal. Daarom is het belangrijk te weten welke persoonskenmerken gepaard gaan met succes in het buitenland en hoe deze zich verhouden tot de vier genoemde typen expatriates.

Welke eigenschappen passen nu bij deze vier typen benaderingen? Behalve de vijf MPV-dimensies wordt vanuit de managementliteratuur nog een tweetal aspecten toegevoegd: *volharding* en *commitment* met het bedrijf.

Het valt te verwachten dat *free agents* geneigd zijn nieuwe uitdagingen te zoeken en hun doelstellingen aan te passen aan de omstandigheden. Met andere woorden, dit type expatriate wordt gekarakteriseerd door flexibiliteit. Van *going-native expatriates* is te verwachten dat zij optrekken met de lokale bevolking en de gevoelens, gedachten en motieven van de lokale mensen proberen te begrijpen. Dit type expatriate is dan ook geassocieerd met sociaal initiatief (de extraverte kant ervan) en culturele empathie. Van werknemers 'met het hart bij het (moeder)bedrijf' wordt verwacht dat zij loyaal zijn en plichtsgetrouw de doelstellingen van het moederbedrijf uitvoeren. Zij zullen waarschijnlijk gekenmerkt worden door commitment en volharding. De *dual citizens* ten slotte worden verwacht open en onbevooroordeeld ten opzicht van het lokale personeel te staan en tegelijkertijd de doelstellingen van het (moeder)bedrijf actief uit te voeren. Daarom wordt van dit type openmindedness en sociaal initiatief (de actiegerichte kant ervan) verwacht. Emotionele stabiliteit lijkt cruciaal te zijn voor alle typen expatriates; er wordt dan ook niet een speciale relatie met een van de typen expatriates verwacht.

5.7 Expatriates over succes van uitzending

Om het belang na te gaan van de genoemde dimensies en hun relatie met de vier typen expatriates hebben we 127 expatriates benaderd (Van Oudenhoven e.a., 2001) die door Heineken, verspreid over 54 landen, waren uitgezonden. Aan hen is gevraagd van een groot aantal eigenschappen, vaardigheden en attitudes, corresponderend met de zeven dimensies, het belang voor een succesvol functioneren aan te geven. Op de 76 items die betrekking hadden op de zeven dimensies is een factoranalyse toegepast. De vier-factorenoplossing correspondeerde goed met de vier typen expatriates, zoals in tabel 5.2 te zien valt. De items die naar emotionele stabiliteit verwezen, hadden, zoals verwacht, ladingen verspreid over de vier factoren.

De expatriates vonden alle vier benaderingen belangrijk, maar vooral de going-native en de dual-citizen benadering. Een belangrijke vraag was verder of de oordelen van wat belangrijk is voor alle situaties en functies opgaan dan wel situatiegebonden zijn. Inderdaad bleken factoren als regio, aard van de functie en leeftijd van de expatriate de beoordelingen van de vier typen benaderingen te beïnvloeden. Zo voelen technici zich meer gebonden aan het moederbedrijf dan managers en vinden jongere medewerkers de free-agent benadering, waarin flexibiliteit (en avontuurlijkheid) op de voorgrond treden, wat belangrijker dan oudere medewerkers. De meest opvallende verschillen vallen te constateren als we naar de diverse regio's kijken. De expatriates in Afrika hechten minder belang aan de free-agent en going-native benaderingen dan de expatriates in de overige continenten. Zij hechten minder belang aan uitdagingen en vinden het minder belangrijk

Tabel 5.2
Items met de hoogste ladingen op de vier factoren (bron: Van Oudenhoven e.a., 2001).

I	**Free agents**	
	• Uitdagingen aannemen	.61
	• Risico's nemen om er voordeel mee te behalen	.57
	• In staat zijn doelstellingen bij te stellen	.51
II	**Going native**	
	• In staat zijn de gevoelens, gedachten en ervaringen van anderen te begrijpen	.68
	• Het non-verbale gedrage van 'localen' begrijpen	.59
	• Kennismaken met de lokale cultuur	.55
III	**Dual-citizens**	
	• Met collega's samenwerken	.70
	• Ideeën en actie genereren	.61
	• Open en eerlijk zijn naar medewerkers bij de uitwisseling van informatie	.61
IV	**Met het hart bij het (moeder)bedrijf**	
	• Het verlangen hebben in het buitenland te werken	.73
	• Ervan houden naar sociale activiteiten van het werk te gaan	.59
	• Binnen een paar weken zijn koffers kunnen pakken om naar een andere locatie te gaan	.50

zich in te leven in de lokale Afrikaanse bevolking. Afrika geldt als een *tough continent*. Wellicht achten expatriates het om die reden belangrijk om enige afstand tot de lokale bevolking te houden.

Hoewel er verschillen zijn afhankelijk van leeftijd, functie en regio, lieten de resultaten niettemin overtuigend zien dat alle vier benaderingen en de onderliggende persoonlijke kenmerken belangrijk gevonden worden. Interessant is dat er combinaties van persoonlijke kenmerken ten grondslag liggen aan de vier typen van binding met het lokale en het moederbedrijf. Dat wil zeggen dat een 'person-environment-fit' benadering, waarin type expatriate en omgeving (soort functie, type organisatie en regio) op elkaar afgestemd worden, interessante perspectieven biedt voor selectieprocedures. Gezien het belang van de psychosociale dimensies is het opmerkelijk dat de gangbare selectieprocedures nog grotendeels uitgaan van strikt professioneel-technische aspecten en eerdere ervaring (Kealy, 1996). Dit is des te opmerkelijker gezien de relatief geringe betekenis die de deskundigen zelf aan eerdere ervaring in het buitenland toekennen. Van alle beoordeelde aspecten werd aan dit aspect nagenoeg het minste belang gehecht.

5.8 Slot

Het hoofdstuk begon met een van de grote verworvenheden uit de pesoonlijkheidspsychologie: de *Big Five*. Ondanks de kritiek dat dit vijffactorenmodel in het Westen ontwikkeld is en in zekere zin opgelegd is aan andere culturen, blijkt het model een redelijke claim op universaliteit te hebben. Alleen de factor 'openheid' komt van cultuur tot cultuur in wat andere gedaanten voor.

Enkele interessante voorbeelden van verschillen in persoonlijkheid tussen uiteenlopende culturen werden gegeven. Het onderscheid tussen individualisme en collectivisme en het daarmee samenhangende onderscheid tussen een 'onafhankelijk' en een 'interdependent' zelf bleek zeer relevant om te begrijpen waarom deze verschillen bestaan.

Vanuit theoretisch en praktisch oogpunt is het interessant dat personen kunnen verschillen in de effectiviteit waarmee ze omgaan met culturele diversiteit. Die persoonskenmerken zijn te meten en kunnen in zekere mate het succes van aanpassing aan een andere cultuur voorspellen. Het is belangrijk om de voorspellende waarde van het hier besproken instrument, de Multiculturele PersoonlijkheidsVragenlijst verder te onderzoeken.

Vervolgens is een aanzet gedaan na te gaan in hoeverre deze verschillen in multiculturele effectiviteit samenhangen met typen expatriates. Expatriates onderschrijven in het algemeen het belang van binding met de lokale bevolking. Ze stellen het op prijs contacten te onderhouden met de 'lokalen', open te staan voor hun cultuur en zich in de lokale bevolking in te leven. Zij geven dan ook de voorkeur aan de 'going-native' en de 'dual-citizen' benadering. Dit komt tot uitdrukking in het belang dat expatriates hechten aan aspecten als sociaal initiatief, openmindedness en culturele empathie die ten grondslag liggen aan 'dual citizenship' en 'going native'. Voor degenen die voor een meer onthechte opstelling zowel ten aanzien van het moederbedrijf als ten aanzien van het gastland kiezen, lijkt flexibiliteit de cruciale eigenschap te zijn. Flexibiliteit, inclusief het verlangen naar uitdagingen, bleek dan ook de derde type benadering, de *free-agents*, te bepalen.

Het leven in een ander land en de confrontatie met een andere cultuur zal vaak stress oproepen. Om daar mee om te gaan is emotionele stabiliteit een gewenste eigenschap. Deze eigenschap lijkt niet gekoppeld te zijn aan een van de vier typen expatriates. Of men nu wel of geen binding heeft met het moederbedrijf en/of het gastland, het is altijd belangrijk om stress te kunnen opvangen.

6

Cultuur en interpersoonlijke relaties

6.1 Inleiding

In de vorige hoofdstukken zagen we dat cultuur en ecologie op elkaar inwerken en gezamenlijk van invloed zijn op de cognities en percepties, maar ook op de ontwikkeling en de persoonlijkheid van de leden van een gemeenschap. Al die elementen tezamen maken van die leden in zekere zin vertegenwoordigers van de gemeenschappen waartoe ze behoren. Men wordt Nederlander of Duitser, Inuit of Latino, Chinees of Arabier. Wat dat precies inhoudt, ervaart men het best in een persoonlijke ontmoeting met iemand uit een andere gemeenschap. Vaak al in het eerste contact met de ander: de Fransman schudt de hand, de Amerikaan vraagt 'How are you today?', de Chinees glimlacht, bij sommige Afrikaanse volken wrijven ze de neuzen tegen elkaar, en de Latino staat klaar voor een omhelzing. Het komt ook tot uitdrukking in de afstand die men tot elkaar inneemt tijdens gesprekken. Japanners zijn letterlijk afstandelijker dan Amerikanen, die op hun beurt weer afstandelijker zijn dan Venezolanen. Bij vrouwen lopen de afstanden van cultuur tot cultuur nog eens sterker uiteen dan bij mannen (zie figuur 6.1). Interessant is dat de taal waarin men converseert ook van invloed is op de afstand. Wanneer respondenten uit Venezuela gevraagd werden Engels te spreken, bleken zij een grotere afstand tot hun gesprekspartner in te nemen dan wanneer zij Spaans spraken. Bij Japanners maakte het nauwelijks iets uit of zij Engels of Japans spraken (zie figuur 6.2).

Elke cultuur heeft dus zo zijn opvattingen, regels en ingesleten gewoonten over hoe mensen met elkaar om moeten gaan. Argyle e.a. (1986) hebben hier systematisch onderzoek naar gedaan in vier onderling sterk verschillende landen: Groot-Brittannië, Hongkong, Italië en Japan. Zij gingen na welke regels in acht genomen worden in sociale relaties. Het ging om 22 verschillende sociale relaties, van werkrelaties tot vriendschappelijke relaties. Aan de ene kant vonden zij grote overeenkomsten – zij kwamen tot meer dan dertig vrij algemeen voorko-

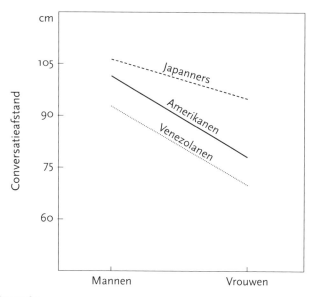

Figuur 6.1
Conversatieafstand als functie van geslacht en nationaliteit (bron: Sussman & Rosenfeld, 1982).

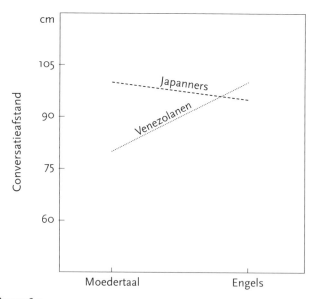

Figuur 6.2
Meertalige mensen gedragen zich anders, afhankelijk van de taal die ze spreken (bron: Sussman & Rosenfeld, 1982).

mende regels in de vier culturen – maar ook verschillen. In de twee oosterse culturen bestonden meer regels over gehoorzaamheid, over hoe gezichtsverlies te beperken en hoe harmonieuze relaties te handhaven dan in Groot-Brittannië en Italië. Hoe intiemer het karakter van de relaties, hoe sterker de regels uiteenliepen. In het eerder genoemde onderzoek naar partnerselectie van Buss (1989) waarin grote overeenkomsten tussen de 37 landen voorkwamen, bleken er wel sterke verschillen in de opvattingen over preutsheid te bestaan. Preutsheid werd het belangrijkst gevonden in China en India en het minst belangrijk in Nederland. In Nederland hadden mannen en vrouwen bovendien dezelfde opvattingen over het belang van preutsheid. Een interessante hypothese is dat maatschappijen preutser zijn naarmate landbouw een belangrijker rol speelt. In landbouwmaatschappijen is het bezit van grond cruciaal. Grond is doorgaans schaars; men kan zich dus niet veroorloven te veel nakomelingen en zeker geen onechte kinderen te hebben. Daardoor is een taboe op promiscuïteit functioneel. In een land als Nederland waar extensieve landbouw nauwelijks nog een rol speelt en de handel, industrie en dienstensector veel arbeidsplaatsen opleveren, is de schaarste van grond veel minder problematisch en een taboe op promiscuïteit om die reden minder functioneel.

Mensen zoeken elkaar op om veel verschillende redenen. Ze verschaffen elkaar sociale steun. Wanneer ze geen sociale contacten hebben dan vereenzamen ze. Er zijn vele vormen van sociale relaties. Sommige zijn vrijwillig, zoals vriendschappen, andere zijn vastgelegd bij de geboorte, zoals familierelaties, en sommige worden vastgelegd, zoals huwelijksrelaties. Het betreft allemaal persoonlijke relaties. De cultuur van een samenleving leert men het best kennen in dergelijke persoonlijke contacten en processen, omdat daar de gemeenschappelijke normen en waarden tot uitdrukking komen. Voordat enkele verschillende soorten persoonlijke relaties aan de orde komen, ga ik in het kort in op de rol van sociale steun.

6.2 Sociale steun en eenzaamheid

Mensen hebben elkaar nodig en zoeken elkaar op. Sociale steun wordt over het algemeen als iets goeds gezien. Dat is niet zo vreemd want anderen kunnen vele functies vervullen. Sommige functies zijn uitsluitend praktisch: twee kunnen meer dan één, en duurzame en dure voorwerpen kunnen door meer mensen gedeeld worden. Een andere – wat onderschatte – functie van sociale steun is sociale validatie: we hebben anderen nodig om onze meningen te toetsen en onze capaciteiten te evalueren. We doen dat meestal door ons met anderen, bij voorkeur min of meer gelijke personen, te vergelijken (Festinger, 1954). Een derde functie waar men ogenblikkelijk aan denkt wanneer men het woord 'sociale steun' hoort is emotionele steun: wanneer iemand het moeilijk heeft, een operatie moet ondergaan, of een belangrijke persoon heeft verloren, is de behoefte aan een ander die meeleeft extra groot. Een vierde belangrijke functie is dat anderen het leven leuker maken, vaak letterlijk. Het is moeilijk een grap met jezelf uit te halen. Humor, spelletjes, gokken en vermaak vragen om gezelschap. Een vijfde functie is dat wij onze identiteit en daarmee onze zelfwaardering voor een belangrijk deel ontlenen aan de sociale groepen waar we deel van uitmaken. We zijn man of vrouw, hebben een bepaalde nationaliteit, zijn lid van een vereniging, enzovoorts, en zijn daar opvallend vaak trots op. Samenhangend met de zojuist genoemde functies – en vermoedelijk als gevolg ervan – zorgt sociale steun ervoor dat we geestelijk en lichamelijk gezond blijven. Er is overweldigende empirische evidentie dat hechte relaties gezondheid voorspellen (voor een recent grootschalig onderzoek zie Ryff en Singer, 2000). Zo worden mensen met hechte relaties ouder, ze krijgen minder hartkwalen, hebben betere afweersystemen, genezen eerder van kanker en hebben een grotere tevredenheid met het leven.

Het is moeilijk vast te stellen in welke culturen mensen de meeste sociale steun ontvangen. Een algemene opvatting is dat collectivistische culturen een grotere mate van sociale steun garanderen, omdat de leden van een collectivististische samenleving het individu ondergeschikt maken aan de groep (zie hoofdstuk 9 voor een bespreking van nationale culturen). Vooral Triandis (1995) heeft dit benadrukt. Over het algemeen is het aantal relaties in collectivistische gemeenschappen geringer, maar de relaties hebben wel een langer durend karakter dan in individualistische gemeenschappen.

Toch is het niet zo dat de tegenhanger van sociale steun, eenzaamheid, in individualistische landen duidelijk meer voorkomt. Er zijn flinke verschillen in eenzaamheid van land tot land. In tabel 6.1 staan eenzaamheidsscores voor 18 landen. Italië en Japan scoren het hoogst; de drie Scandinavische landen en Nederland het laagst. Opvallend is dat de vier landen waar de minste eenzaamheid voorkomt allemaal individualistische culturen hebben. Van Tilburg e.a. (1998) geven als verklaring voor nationale verschillen in eenzaamheid het niveau van sociale integratie. In Nederland is deze volgens hen relatief hoog. Ook al leven veel mensen alleen, toch maken ze deel uit van sociale netwerken of zijn ze betrokken bij clubs en vrijwilligerswerk en dergelijke.

Tabel 6.1
Mate van eenzaamheid in 18 landen (bron: Stack, 1998).

Land	Mannen	Vrouwen	Land	Mannen	Vrouwen
Italië	1.30	1.67	Groot Britannië	.70	1.16
Japan	1.32	1.41	Noord Ierland	.72	1.12
Spanje	1.12	1.33	Australië	.76	1.05
VS	1.04	1.33	IJsland	.70	1.11
Canada	.92	1.22	België	.70	1.09
Frankrijk	.85	1.20	Noorwegen	.71	1.03
Sovjet Unie	.81	1.11	Zweden	.68	1.02
Ierland	.81	1.08	Nederland	.70	.87
Duitsland	.74	1.14	Denemarken	.57	.65

Een alternatieve verklaring die niet in strijd is met het voorgaande is dat eenzaamheid gepaard gaat met masculiniteit. Volgens Hofstede (1991) zijn Italië en Japan extreem masculiene landen (van 53 landen nemen ze respectievelijk de vierde en de eerste plaats in), terwijl de Scandinavische landen en Nederland extreem feminien scoren (met rangordescores van 50 tot 53). Een kenmerk van femininiteit is de aandacht voor welzijnsvoorzieningen, en – op het werk – een grotere nadruk op collegiale relaties ten koste van de aandacht voor de carrière. Nadere gegevens zijn nodig om te kunnen besluiten of deze verklaring ondersteund wordt.

Het is ook belangrijk de rol van geslacht in acht te nemen bij de relatie tussen cultuur en eenzaamheid. In een groot aantal – vooral traditionele – samenlevingen volgt de vrouw de man bij het sluiten van het huwelijk, waardoor de vrouw afgesloten wordt van haar familie en vereenzaamt. In vele huwelijksceremoniën komt dit tot uitdrukking. Op Taiwan, in de rurale gebieden, was het gebruik met kracht de deur dicht te smijten zodra de bruid de drempel van het ouderlijk huis verliet, zo vertelt Wolf (1972). En ook in Nederland kunnen we nog vaak foto's zien van een bruidegom die de bruid over de drempel van zijn huis naar binnen draagt. Het omgekeerde, de bruid die haar bruidegom over de drempel van haar huis tilt, zien we slechts in cartoons.

We zullen in de volgende paragrafen twee belangrijke domeinen van interpersoonlijke relaties bespreken: vriendschappen en huwelijken. In alle culturen bestaan zulke relaties, alleen de vorm kan van cultuur tot cultuur sterk uiteenlopen.

6.3 Vriendschappen in verschillende culturen

Overal op de wereld maken kinderen en volwassenen vrienden. Vriendschappen zijn horizontale, positief affectieve, vrijwillige relaties. Dat wil zeggen dat het gelijkwaardige relaties zijn die meer plezier dan ellende betekenen en die zo lang kunnen duren als men dat zelf wenst. Vrienden kiest men zelf. Althans, dit is in vrijwel alle culturen het geval. Van slechts één cultuur is bekend dat vriendschappen, net zoals dat met huwelijken vaak gebeurt, gearrangeerd worden. Brain (1976) meldt dat Bangwa-kinderen in Kameroen bij de geboorte een vriend voor het leven toegewezen krijgen die een extreem belangrijke rol in hun leven zal gaan vervullen. Overigens is de keuze van vrienden in andere culturen niet zo vrij als men vaak denkt, want er is een aantal factoren die in belangrijke mate bepalen of een vriendschap al dan niet tot stand komt. De belangrijkste factoren zijn:

- nabijheid: veelal zijn het degenen uit dezelfde buurt, klas, dorp, afdeling op het werk waarmee vriendschappen ontstaan;
- frequentie van blootstelling: hoe vaker men iemand ziet hoe aardiger men die persoon gaat vinden; zelfs als men een foto van iemand vaker ziet, gaat men degene van de foto, mits er geen al te grote antipathie tegen is, meer waarderen;
- gelijkheid van attitudes en andere kenmerken: we vinden andere mensen aardiger naarmate ze meer opvattingen met ons delen en in het algemeen naarmate ze meer op ons lijken – dat is ook niet zo gek, want het bekrachtigt onze opvattingen en de interactie verloopt soepeler omdat we minder tijd verliezen om 'op hetzelfde spoor' te geraken;
- fysieke aantrekkelijkheid: hoe aantrekkelijker iemand is, hoe liever we zo iemand als vriend(in) willen hebben;
- wederkerigheid: vriendschappen ontstaan sneller wanneer we elkaar wat te bieden hebben.

Er is veel onderzoek naar vriendschappelijke relaties verricht, maar vrijwel al die studies betroffen de Noord-Amerikaanse context. Cross-cultureel onderzoek naar vriendschappen is schaars. Een uitzondering is het door Argyle e.a. (1986) verrichte onderzoek naar regels in sociale relaties. Zo komen zij tot een lijst van vrij algemeen voorkomende regels voor vrienden (voor een overzicht van de 17 regels zie tabel 6.2). Waarschijnlijk de eerste onderzoekers die over cross-culturele verschillen in vriendschappen publiceerden waren de antropologen Mead en Metraux (1977). Zij vergeleken vriendschappen in de Verenigde Staten, Frankrijk, Groot-Brittannië en Duitsland. Ze constateerden dat in de Verenigde Staten de vriendschappen relatief vrijblijvend zijn, de relaties kunnen zich daar in veel richtingen ontwikkelen. De oppervlakkigheid ven de vriendschappen brengen ze in verband met de grote mobiliteit van de Amerikaanse bevolking. In Duitsland daarentegen bestaat een sterke emotionele band tussen vrienden; angsten, hoop en idealen worden gedeeld. In Frankrijk ontwikkelen vriendschappen zich volgen Mead en Metraux vooral tussen mensen van hetzelfde geslacht. Met name de vriendschap tussen mannen wordt gekenmerkt door temperament, *esprit* (een soort speelse intellectualiteit) en een sterke belangstelling voor elkaar. Zij noemen elkaar *copains* wat een hechtere relatie aanduidt dan *amis*. In Groot-Brittannië ten slotte zijn de vriendschappen vooral gebaseerd op gemeenschappelijke activiteiten of hobby's: sporten, vossenjacht, hooliganacties, een gezamenlijke opdracht, enzovoorts.

Tabel 6.2
Regels voor vriendschappen (bron: Argyle & Henderson, 1984).

1 Vrijwillig hulp aanbieden wanneer daar behoefte aan is.
2 De privacy van de vriend(in) respecteren.
3 Vertrouwelijke onthullingen voor zich houden.
4 Elkaar vertrouwen.
5 Voor de ander opkomen als die afwezig is.
6 Elkaar niet bekritiseren waar anderen bij zijn.
7 Emotionele steun tonen.
8 Hem of haar tijdens gesprekken in de ogen kijken.
9 Hem of haar proberen op te vrolijken wanneer men bij elkaar is.
10 Niet jaloers of kritisch zijn over de relaties van de ander.
11 Tolerant zijn ten opzichte van elkaars vrienden.
12 Elkaar op de hoogte stellen van succeservaringen.
13 Om persoonlijke raad vragen.
14 Niet op elkaar vitten.
15 Elkaar plagen en grappen met elkaar uithalen.
16 Proberen schulden, gunsten en complimentjes 'terug te betalen'.
17 Over persoonlijke gevoelens en problemen praten met de vriend(in).

Recent onderzoek in Chinese gemeenschappen en Japan (Goodwin, 1999) laat zien dat vriendschappen naast de familiebanden een belangrijke plaats innemen. De vriendschapsrelaties in de Chinese gemeenschappen (*shou-jen*) die wat tijd nodig hebben om te rijpen, zijn wederkerig, maar de vrienden behouden hun onafhankelijkheid. Ze zijn zeker niet oppervlakkiger dan in het Westen. Dat geldt ook voor de

Japanse vriendschappen die wat moeizamer tot stand komen dan in het Westen, maar in veel gevallen een leven lang duren. In oosterse landen heeft vriendschap vaak een formeler karakter en gaat het aangaan van vriendschappen gepaard met rituelen. In Thailand geven vrienden van hetzelfde geslacht ook een openlijke aankondiging van hun vriendschap die op een huwelijk lijkt. In die gevallen wisselen de mannen ook bloed uit om daarmee hun 'vriendschap voor het leven' te benadrukken (Foster, 1976). De symbolische betekenis van de bloeduitwisseling is waarschijnlijk dat hierdoor de vriendschap gelijk wordt aan een bloedband. Deze 'bloedbroederschap' komt in het Westen trouwens ook wel eens voor. In westerse individualistische landen is vriendschap, zeker tegenwoordig, een zeer informeel instituut zonder rituele banden. Overigens gaan vriendschappen naarmate ze langer duren van cultuur tot cultuur meer overeenkomsten vertonen (Gudykunst, 1994). Wel zagen we in het onderzoek van Trompenaars (1993), besproken in hoofdstuk 4, dat vriendschap in collectivistische culturen verplichtingen met zich meebrengt die een hogere prioriteit hebben dan algemene principes van rechtvaardigheid.

Het is goed mogelijk dat in westerse culturen vriendschappen een belangrijker rol innemen als bron van sociale steun dan in collectivistische culturen. De socioloog Allan (1998) heeft er trouwens ook op gewezen dat met de modernisering en de daarmee afbrokkelende maatschappelijke cohesie vriendschappen een belangrijker rol gaan vervullen.

6.4 Huwelijken in verschillende culturen: romantisch versus gearrangeerd

Wanneer wij aan het huwelijk denken, komen automatisch romantische beelden voor de geest. We hebben dan een bruid en bruidegom voor ogen die uit liefde voor elkaar gekozen hebben. In de bekendste romantische geschiedenis aller tijden laat Shakespeare Julia zich volledig overgeven aan haar verliefdheid op Romeo, die overigens in verliefdheid niet onderdoet voor Julia:

> 'O gentle Romeo,
> If thou dost love, pronounce it faithfully:
> Or if thou think'st I am too quickly won,
> I'll frown, and be perverse, and say thee nay,
> So thou wilt woo; but else, not for the world.
> In truth, fair Montague, I am too fond;
> And therefore thou mayst think my 'haviour light:
> But trust me, gentleman, I'll prove more true
> Than those that have more cunning to be strange.'

Het romantisch huwelijk is voor beiden een hoogst persoonlijke vervulling van individuele wensen. Toch is dit beeld dat men trouwt met degene van wie men houdt, lang niet in alle culturen van toepassing en zelfs in het Westen is het romantisch huwelijk iets van deze tijd. Wanneer men in de jaren zestig van de vorige eeuw aan meisjes vroeg of zij bereid waren te trouwen met een man die er niet onaantrekkelijk uitzag, een goede baan had en een redelijk karakter, kortom een man met alle eigenschappen die zij wensten, maar ze hielden niet van hem, zei driekwart van de jonge vrouwen dat ze met zo iemand zouden trouwen (Simpson e.a., 1986). Wanneer dezelfde vraag nu gesteld wordt is nog geen 20% van de vrouwen bereid met zo'n man te trouwen. Jongens waren in meerderheid tegen een huwelijk met een partner waar ze niet van hielden, ook al beschikte die verder over alle gewenste eigenschappen. Er komt wel vaker uit onderzoek naar voren dat mannen romantischer zijn, mogelijk omdat zij het zich kunnen veroorloven iets minder pragmatisch te zijn (Goodwin, 1999).

Niet alleen Shakespeare dichtte over de romantische liefde, elk moment van de dag zijn er liedjes te horen over compromisloze liefdes. Bovendien blijkt romantische liefde in veel landen voor te komen. Jankowiak en Fisher (1992) gingen in 166 samenlevingen na of daar op de een of andere manier romantische liefde voorkwam. Zij gingen uit van de volgende criteria:
- er wordt melding gemaakt van verlangen naar de ander;
- er bestaan liefdesliederen of folklore die verwijzen naar romantische liefde;
- schaking gebeurt op basis van wederzijdse affectie;
- inheemse informanten beschrijven de aanwezigheid van liefde;
- antropologen maken er melding van.

In 88,5% van de gevallen bleek sprake te zijn van ten minste één criterium. Romantische liefde blijkt dus in het overgrote deel van de culturen voor te komen, maar dat betekent nog niet dat het algemeen voorkomt of dat men de romantische liefde idealiseert. Opvallend vaak ook blijken de romances in de literatuur, met Romeo of Julia als duidelijkste voorbeeld, of in populaire liedjes ('Niemand zal mijn tranen zien, morgen, als jij trouwt') slecht af te lopen. Van cultuur tot cultuur zijn er grote verschillen in acceptatie. Nog steeds worden over de hele wereld de meeste huwelijken gearrangeerd. Met andere woorden, de meeste huwelijken komen niet tot stand op basis van liefde maar op grond van andere motieven. De volgende – van cultuur tot cultuur wisselende – motieven kunnen een rol spelen bij het huwelijk, hoewel de uiteindelijke bestemming van veel huwelijken het voortbrengen en grootbrengen van kinderen is:

- *Economische motieven*: in vele delen van de Indiase samenleving moeten vrouwen eerst geld inbrengen, zonder bruidschat geen bruiloft.

- *Versterking van het relationele netwerk*: op traditioneel Taiwan wonen getrouwde zoons bij hun ouders. De aanstaande schoondochter loopt een soort proeftijd om na te gaan of zij goed past bij de aanstaande schoonfamilie. Of het klikt tussen de 'verloofden' is ondergeschikt aan het familiebelang. Het toekomstige bruidspaar ziet elkaar alleen wanneer de aanstaande bruid thee inschenkt voor de bezoekers (Altman e.a., 1992).

- *Bescherming van en bezorgdheid om de voorhuwelijkse maagdelijkheid*: dit om de bruidegom te garanderen dat eventuele kinderen niet van een ander dan van de bruidegom kunnen zijn. In Nederland liet men in de vorige eeuw met 'trouwen in het wit' nog zien dat de bruid maagd was. In sommige culturen hing men de lakens met bloedvlekken van de eerste huwelijksnacht buiten ten bewijze van de maagdelijkheid van de bruid. In Mexico laten sommige vrouwen die voor het huwelijk seksuele relaties hebben gehad, zich opereren om hun maagdenvlies te 'herstellen'. Op die manier behouden ze hun kansen op een fatsoenlijk huwelijk.

- *Bekrachtiging van de dominante positie van mannen*: in sommige culturen overhandigt de vader de bruid aan de bruidegom. In Nederland vroeg de kroonprins nog niet zo lang geleden 'de hand van de dochter aan de vader'. Een bijzondere manier van een 'bruid kiezen' waarbij de man het initiatief neemt komt voor bij afgelegen Mexicaans-Indiaanse gemeenschappen (de Purépechas) in de staat Michoacàn. Vrouwen in de dorpen dragen een verschillende rok, afhankelijk van hun burgerlijke staat. Ongetrouwde meisjes dragen een rode rok. Vanaf een leeftijd van 12 à 13 jaar zijn de meisjes huwbaar (zie de foto). Wanneer een jongen zijn zinnen op een meisje gezet heeft, ontvoert hij haar en randt haar aan. Daarna vlucht hij uit het dorp. Omdat een ontmaagd meisje alleen geen toekomst meer heeft in de lokale gemeenschappen, nemen de wederzijdse families via de compadres (meestal de peetoom van de jongen en die van het meisje) contact met elkaar op om een verzoening tot stand te brengen die uiteindelijk in de meeste gevallen tot een huwelijk leidt. Een recentere ontwikkeling in deze procedure is dat jongens en meisjes het op een akkoordje gooien zodat het meisje er inspraak in heeft door wie ze ontvoerd wordt.

In sommige streken in Mexico geeft de kleur van de rok de burgerlijke staat aan. Rood betekent bijvoorbeeld 'ongetrouwd'.

- Samenhangend en complementair met het vorige motief is de afscherming van en de benadrukking van de ondergeschikte rol van de vrouw in het openbare leven. In Peru is het ongewenst dat de aanstaande bruid de weken voorafgaand aan de bruiloft in het openbaar gezien wordt in het gezelschap van mannen, anders dan haar directe familieleden. In sommige moslimculturen blijft de vrouw geheel bedekt tot aan de huwelijksnacht. Een traditioneel Koreaans gebruik was dat de bruid zich languit op de grond werpt (Altman e.a., 1992) voor haar schoonouders en hun voorouders.

- Bekrachtiging van de privacy en zelfstandigheid: in het Westen verkrijgt de jonge generatie de ultieme vrijheid ten opzichte van de buitenwereld en de familie door in het huwelijk te treden. Soms is het huwelijk voor het kind dé manier om het ouderlijk huis te ontvluchten. Voor de wet heeft ieder het recht om met wie ook en waar dan ook een zelfstandig huishouden te voeren. De privacy wordt nog versterkt doordat men eerst op huwelijksreis gaat, vaak op een zorgvuldig geheimgehouden plek. In de Verenigde Staten is de verruiming van de vrijheid van paren om elkaar privé te ontmoeten al ingeluid met de naoorlogse massaproductie van grote Amerikaanse auto's (zie de foto). 'Cars' en 'dating' werden synoniem (Brown e.a., 1994). Met de auto als 'datingtroef' kwam het initiatief ook weer in handen van de man te liggen, omdat – zeker in die tijd – jongens eerder hun rijbewijs haalden dan meisjes. Het is een mooi voorbeeld hoe technologie culturele gewoonten verandert. In Europa heeft de jeugd het met de Fiatjes, de mini's, de Volkswagens, lelijke eendjes en de Dafjes heel wat moeilijker gehad.

De auto als datingplaats in de Verenigde Staten.

Weer is het onderscheid tussen individualistische en collectivistische culturen (respectievelijk gericht op individuele versus collectieve doelen) in dit kader relevant. De romantische liefde past goed bij de individualistische samenleving omdat het romantisch huwelijk mogelijkheden biedt voor persoonlijke groei. In collectivistische maatschappijen is het huwelijk veel meer een verbintenis met de wederzijdse families. Dion en Dion (1993) hebben gewezen op de relatie tussen de dominantie van romantische liefde binnen een samenleving en de toename in het aantal echtscheidingen. Hun redenering is als volgt: In individualistische maatschappijen is psychologische intimiteit in het huwelijk essentiëler geworden voor de huwelijkssatisfactie en het welbevinden in het algemeen, terwijl in collectivistische maatschappijen familierelaties tevens een bron van intimiteit vormen. In individualistische samenlevingen treedt eerder teleurstelling op. Bovendien is het moeilijk tegelijkertijd naar onafhankelijkheid en intimiteit te streven. Individualistische maatschappijen confronteren echtparen derhalve met een conflict tussen twee tegenstrijdige doelen hetgeen de kansen op succesvolle relaties verkleint. Dit zou een van de oorzaken zijn van de huidige hausse in echtscheidingen.

Deze verklaring is interessant en plausibel, maar het blijft altijd oppassen met een simpele vergelijking van twee soorten culturen, omdat met de culturen andere factoren covariëren. Zo blijken samenlevingen individualistischer te worden wanneer het economisch goed gaat. En economische groei gaat weer gepaard met een afname van het aantal kinderen per gezin. Minder kinderen per gezin biedt vrouwen meer ruimte om te gaan werken en contacten buiten de directe omgeving van het gezin te leggen. Dergelijke factoren kunnen de instabiliteit van relaties ook verklaren, omdat de economische situatie meer keuze biedt om op eigen benen te staan.

De belangrijkste tegenstelling is die tussen romantisch versus gearrangeerd. Bij romantische liefde is er een match tussen personen, bij gearrangeerde huwelijken is er een match tussen families. Romantische relaties beginnen uiteraard met heftige positieve emoties en in culturen waarin de romantische liefde het ideaal is, kan men zich moeilijk voorstellen dat men in gearrangeerde huwelijken gelukkig kan zijn. Toch blijken gearrangeerde huwelijken niet duidelijk minder gelukkig te zijn dan op romantische liefde (= vrije keuze) gebaseerde huwelijken (Goodwin, 1999). Vaak neemt de tevredenheid bij de eerste groep toe naarmate het huwelijk langer duurt, omdat de verwachtingen niet zo hoog waren, terwijl in de romantische huwelijken nog wel eens een teleurstelling begint op te treden omdat de oorspronkelijke verwachtingen te hoog gespannen waren. Waarschijnlijk als gevolg hiervan is het aantal echtscheidingen bij gearrangeerde huwelijken aanzienlijk geringer. Of dit een positief gevolg genoemd moet worden, is een punt van discussie, waarvan de uitslag afhangt van de (sub)cultuur waarin die discussie gevoerd wordt. Er zijn zeker meer duidelijk positieve aspecten van het gearrangeerde huwelijk op te noemen, afgezien van de zekerheid dat de bruid en bruidegom op de acceptatie van de wederzijdse families kunnen rekenen. De belangrijkste is natuurlijk dat de beide families nauwer met elkaar verbonden raken, hetgeen allerlei politieke en economische voordelen kan hebben. Vooral in streken waar economische nood heerst, kan zo'n familiebondgenootschap zeer functioneel zijn. Uiteindelijk is het voor het grootbrengen van kinderen belangrijk dat de omstandigheden dat ook fysiek en economisch mogelijk maken. Een interessante ontwikkeling met betrekking tot partnerselectie vond plaats in China gedurende de communistische periode. In 1950 werd het recht vastgelegd op een vrije partnerkeuze, ten einde te breken met de oude feodale gewoonte van min of meer gedwongen partnerkeuze op grond van economische achtergrond. Niettemin bleef de ouderlijke bemoeienis met de partnerkeuze bestaan. Alleen werd nu een match gezocht tussen families met dezelfde politieke achtergrond. Dus leden van de Communistische Partij probeerden hun kinderen onderling uit te huwelijken (Honig en Hershatter, 1988).

Een ander voordeel is dat er bij gearrangeerde huwelijken gematcht wordt op verschillende relevante kenmerken. Zoals we zojuist zagen leidt gelijkheid tot attractie. Dus evenals bij de vrije partnerkeuze wordt aan dit aspect bij gedwongen keuze aandacht besteed. Overigens gaan bij veel culturen de scherpe kantjes wat van de gearrangeerde huwelijken af en krijgen de toekomstige partners in toenemende mate inspraak. Wat ook vaak voorkomt is dat beide vormen van huwelijk in een land naast elkaar voorkomen. Cedi Karimi, een Iraanse Nederlandse, geeft de volgende beschrijving van huwelijksgebruiken in haar geboorteland:

> **Trouwen in Iran**
> In een islamitisch land als Iran is men zich – zeker na 1979 – bewust van de strenge regels wat betreft contacten tussen jongens en meisjes. Evenals in andere landen wordt men verliefd en wil men graag met iemand trouwen op wie men verliefd is. Maar daarvoor is de toestemming of goedkeuring van de ouders wel belangrijk. Daarnaast komt ook nog steeds voor wat men in het Westen een gearrangeerd huwelijk noemt. Dit houdt in dat de ouders van een jongen op zoek gaan (netwerken) naar een meisje dat zij en hun zoon leuk vinden. Er wordt dan een datum besproken voor een ontmoeting en tijdens deze ontmoeting kunnen beide families zien of zij elkaar geschikt vinden voor een familieverband en of hun kinderen elkaar goed genoeg vinden voor een huwelijk. Op zich is deze vorm van ontmoeting met het toezicht van beide ouders fijn voor jonge mensen. In het dagelijks

leven heeft de jeugd niet zoveel mogelijkheden om contact te kunnen leggen met iemand van het andere geslacht. Meisjes en jongens gaan naar aparte scholen. De universiteiten zijn weliswaar gemengd, maar ook hier zitten jonge mannen en vrouwen niet door elkaar. Omdat het zo moeilijk is spontaan iemand te ontmoeten, helpt de hele familie vaak mee bij het zoeken naar de juiste huwelijkskandidaat. Deze vorm begint tegenwoordig minder vaak voor te komen omdat de huidige generatie in Iran zelf wil bepalen met wie zij de toekomst wil gaan delen.

Ondanks het feit dat er in Iran enorm veel echtscheidingen plaatsvinden, blijft het huwelijk populair. Wie niet getrouwd is, menen veel Iraniërs, is niet geslaagd in het leven. Er worden regelmatig door de regering gesponsorde massahuwelijken onder studenten gesloten. Deze massahuwelijken vinden plaats op een feestdag en worden gefinancierd door de regering. De Iraanse regering denkt dat men op deze wijze correct en volgens de islamitische regels met elkaar omgaat.

6.5 Verschillende huwelijksvormen

Tot nu toe ging het over huwelijken die al dan niet op basis van vrije keuze tot stand gekomen waren. Maar het betrof in beide gevallen monogame huwelijken, in die zin dat het om een relatie van één man en één vrouw ging. Monogamie is de norm in het Westen, maar vele andere samenlevingen kennen andere modellen. Deze zijn terug te brengen tot een viertal vormen, *polygynie, polyandrie, polygynandrie* en *monogamie** die ieder hun functionaliteit hebben, afhankelijk van de ecologische en economische situatie (zie onder andere Valsiner, 2000).

Polygynie

Één man heeft meerdere vrouwen. Deze vorm van veelvoudig huwelijk, die we vooral met de islam associëren, is wereldwijd een veel voorkomende vorm. In 80% van meer dan 1000 culturen bleek polygynie in de praktijk voor te komen, ofschoon het in de helft van die culturen slechts sporadisch aangetroffen werd (Murdock, 1967). Het komt veel voor in zwart-Afrika, maar ook nu nog – onder Mormonen – in de staat Utah in de Verenigde Staten. Economisch gezien zorgt deze vorm voor een flink aantal deelnemers in het huishouden en het economisch

---

*Deze woorden zijn afgeleid uit het Grieks, waarin 'gynè' vrouw, 'aner' man, 'polus' veel, 'monos' alleen, en 'gamos' huwelijk betekenen.

handelen waar het gezin van leeft. De vrouwen hebben een dubbele functie: ze baren kinderen en ondersteunen daarmee het familienetwerk en ze leveren arbeid. Omdat meer vrouwen de kans verhogen dat er nazaten komen is met polygynie het risico dat de relatie om deze reden mislukt veel geringer. Vooral in gebieden met een hoge kindersterfte is dit een belangrijke functie. Meestal begint de man monogaam, maar als zijn economische positie het toelaat komt na verloop van tijd de tweede (en vervolgens de derde) vrouw. De man wordt bij elk huwelijk ouder, terwijl de leeftijd van de achtereenvolgende bruiden onveranderd jong blijft. Dit verhoogt de kans dat de latere vrouwen weduwe worden. In dat geval wordt dan vaak een van de verwanten, meestal de jongere broer van de overleden man, aangewezen als degene met wie de weduwe hertrouwt teneinde de weduwe te onderhouden en om in het algemeen de familie economisch in stand te houden. Dit systeem, dat *leviraat* genoemd wordt, kwam al in oudtestamentische tijden voor. Niet elke jonge broer was bereid de weduwe van zijn broer te huwen, zo lezen we in Genesis 38:9 waarin Juda nadat zijn oudste zoon Er overleden is zijn zoon Onan aanspreekt:

> 'Ga tot uw broeders vrouw, sluit met haar het zwagershuwelijk en verwek voor uw broeder nakroost.' Maar Onan wist dat het nakroost hem niet zou toebehoren, daarom, zo vaak hij tot de vrouw van zijn broeder kwam, verspilde hij het zaad op den grond, om aan zijn broeder geen nakroost te geven. En hetgeen hij gedaan had was kwaad in de ogen des Heren, en Hij doodde ook hem.

Door deze passage heeft onanie (masturbatie) een zondige bijklank gekregen, terwijl de Heer Onan 'kwalijk nam' dat hij zich aan zijn zwagerplicht onttrok en niet zozeer dat hij *onaneerde*. Polygynie is in ongeveer de helft van de gevallen een huwelijk met verschillende zussen; in de andere helft van de gevallen is dat met onderling niet-verwante vrouwen. Het voordeel van de relatie met zussen is dat de onderlinge harmonie doorgaans beter is, omdat ze al gewend zijn personen en goederen met elkaar te delen.

Polyandrie
Één vrouw heeft meerdere mannen, meestal broers. Deze huwelijksvorm komt slechts sporadisch voor, vooral in de Himalajalanden. We noemden dit al in hoofdstuk 1. De vorm is adaptief in gevallen van landschaarste en ander situaties van armoede. Voor de zware landarbeid en het handeldrijven zijn mannen gewenster dan vrouwen. Vaak gaat polyandrie dan ook gepaard met infanticide. Dat wil zeggen dat

kinderen, vooral meisjes, direct na de geboorte gedood worden ten behoeve van de gezinsbeperking. Via polyandrie kunnen de mannen, ondanks het mannenoverschot, toch nog over een vrouw beschikken (Cassidy en Lee, 1989). Jaloezie komt betrekkelijk weinig voor. De vrouw behandelt alle mannen gelijk. Ieder heeft evenveel toegang tot haar, er wordt keurig gerouleerd zodat ieder om beurten alleen de nacht met de vrouw doorbrengt, en de broer die na een handelsreis thuiskomt heeft dan de eerste rechten (Levine, 1988). Het komt wel voor dat een vrouw te oud is tegen de tijd dat de jongste broer volwassen wordt. In zo'n geval kan de familie aangevuld worden met nog een vrouw waarmee deze huwelijksvorm overgaat in de volgende categorie, de polygynandrie.

Polygynandrie
Een groepshuwelijk met meerdere mannen en vrouwen. Deze vorm komt zelden voor, en dan meestal als een soort aanvulling op polyandrie. Het huishoudelijk werk dat ten laste komt van een enkele vrouw kan haar te zwaar worden, zodat ze, wanneer de economische situatie dat toestaat, voorstelt een co-echtgenote te nemen. Hoewel seksualiteit ongetwijfeld een rol speelt zijn economische motieven in deze arme samenlevingen meestal belangrijker als het gaat om de keuze tussen polyandrie of polygynandrie. Interessant is dat polygynandrie ook enige tijd in onze cultuur voorkwam. De *commune*, een gemeenschap waar vrije seks belangrijk was en verschillende mannen en vrouwen samen met hun kinderen leefden, genoot in de *flowerpower*-periode enige tijd in hippiekringen grote populariteit. Meestal duurden deze experimenten niet erg lang, vermoedelijk omdat de meeste deelnemers toch nog niet helemaal bevrijd waren van de 'burgerlijke' jaloeziegevoelens of omdat de economische noodzaak voor een dergelijke huwelijksvorm ontbrak.

Monogamie
Eén man en één vrouw vormen samen een relatie. In de dierenwereld is monogamie een uitzondering. Recent ornithologisch onderzoek heeft aangetoond dat zelfs monogaam ogende vogeltjes als meesjes overspelig zijn. Zodra het mannetje het nest ontvlucht is het vrouwtje bereid te paren met een vreemd mannetje dat de eigen partner in gezondheid overtreft. Zodoende vergroot ze de kans op overleving van haar jongen. Het monogame huwelijk is ons allen in het Westen overbekend. Het is sterk gepropageerd door het christendom dat andere vormen van huwelijk expliciet in de ban deed. Monogamie heeft vooral de positie van de vrouw versterkt. Het is een huwelijksvorm die goed past bij een

kapitalistische maatschappij gebaseerd op handel en later industrie, een maatschappij waarin de leden mobiel moeten zijn om naar de plaatsen te verhuizen waar werk is, meestal de grote steden. Daarvoor is het kerngezin veel geschikter dan de extended family. Het exclusieve eigendom van elkaar, de man en de vrouw, maakt de monogame relatie extra gevoelig voor jaloezie. Dit wordt nog versterkt wanneer het romantisch huwelijk het heersende huwelijksideaal is.

Allerlei varianten van het monogame huwelijk komen voor. Het meest bekende is het samenwonen, dat wanneer het enige stabiliteit heeft en – zeker – wanneer het geregistreerd is functioneel gelijk te stellen is met het huwelijk. Een andere nieuwe variant is de *seriële monogamie* waarin de partners uit elkaar gaan en een of beide partners een nieuwe (huwelijks)relatie beginnen. Het is een vorm van polygynie of polyandrie zonder dat men gelijktijdig meerdere partners heeft. Het monogame huwelijk wordt ook bedreigd in zijn zuivere vorm doordat 'vreemd gaan' aan populariteit wint, waarbij de vrouwen de mannen aan het inhalen zijn. Uit een groot onderzoek in de Verenigde Staten (Lauman e.a., 1994) bleek dat 25% van de getrouwde mannen en 15% van de getrouwde vrouwen wel eens vreemd gegaan was. Verder is het homohuwelijk een nieuwe maar nog zeldzame variant. Met nieuwe fertilisatietechnieken en draagmoederschappen wordt het ook voor homo-echtparen steeds gemakkelijk kinderen vanaf hun geboorte in gezinsverband groot te brengen.

6.6 Non-verbale communicatiepatronen

Vriendschappen en huwelijksrelaties zijn universeel, ook al lopen de concrete uitingsvormen sterk uiteen van cultuur tot cultuur. Mensen praten met elkaar in alle samenlevingen, zij het in tienduizenden verschillende talen. Dit is de verbale communicatie. Ook kunnen mensen – en vaak effectiever – zonder taal communiceren. Dat is de non-verbale communicatie. Deze verloopt op vele manieren: door de intonatie van de stem, de gezichtsuitdrukking, de houding van het lichaam, de afstand die we tot anderen innemen, de plaats in een ruimte (een plaats aan het hoofd van de tafel drukt meestal een leidinggevende positie uit, nog eens versterkt wanneer het een verheven positie is, zoals een troon of preekstoel) en door middel van gebaren. In gesprekken gaat verbale communicatie altijd gepaard met non-verbale communicatie. Dit wordt op een grappige wijze duidelijk wanneer men iemand observeert die staat te telefoneren. De beller maakt gebaren, de gezichtsuitdrukking verandert, het gezicht betrekt en klaart op, zonder dat de gesprekspartner aan de andere kant van de lijn daar ook maar iets van waarneemt. Dit voorbeeld laat zien dat non-verbale communicatie doorgaans spontaner en onbewuster gebeurt, waardoor het ook moeilijker te beheersen is. Wanneer men zich slecht voelt is het gemakkelijker te zeggen dat het goed gaat dan om een vrolijk gezicht te trekken. Toch is veel van de non-verbale communicatie aangeleerd en cultuurgebonden. Dit betekent dat non-verbale signalen – vooral gebaren zijn door hun conventionele karakter vaak sterk cultuurgebonden – van cultuur tot cultuur kunnen verschillen. Hierdoor kunnen zij in interculturele contacten soms tot verwarring leiden. In de ene cultuur schudt men het hoofd horizontaal om nee te zeggen, terwijl dat in andere culturen door middel van een verticale hoofdbeweging gebeurt. Naar iemand kijken en op het eigen voorhoofd tikken betekent in Nederland dat de ander 'getikt' of dom is; in de Verenigde Staten betekent dit, mits het wat in de richting van de slapen gaat, dat de ander slim is. Altijd leuk voor de borrelpraat zijn de gebaren die in de ene cultuur zoiets als 'oké' betekenen, maar in de andere een obscene uitnodiging inhouden.

Cultuurverschillen in non-verbale communicatie kunnen niet alleen tot verwarring leiden omdat non-verbale communicatie cultuurgebonden is, maar de communicatiepartners ook in verlegenheid brengen omdat de normen over wat gepast gedrag is eveneens cultureel bepaald zijn. In alle culturen heeft het aanraken van iemand iets met intimiteit te maken; hoe intiemer je met iemand bent hoe meer je degene aan kan raken, waarbij geslachtsverschillen een duidelijke rol spelen (zie figuur 6.3). De opvattingen evenwel wat in welke situatie gepaste aanrakingen zijn, verschillen sterk per cultuur zoals een iets latere studie laat zien (zie figuur 6.4). Hetzelfde geldt voor de afstand; in alle culturen drukt afstand de mate van intimiteit uit: hoe dichter men bij de ander is, hoe intiemer de relatie. Maar ook de opvattingen over wat een gepaste afstand is verschillen sterk.

De lezer wordt uitgenodigd eens met een vriend of vriendin uit te proberen hoe ver zij of hij in de nabijheid van iemand anders kan komen. Vrij nauwkeurig blijkt er dan een lijn te trekken te zijn die niet overschreden mag worden. De afstand van deze lijn tot de persoon verschilt van land tot land. In Noord-Amerika is die afstand groter dan in Arabische landen. Niet alleen afstand maar ook de tijd die men iemand in de ogen kijkt en de mate van aanraking drukken intimiteit uit. In een onderzoek in dertig culturen vond Watson (1970) duidelijke verschillen in non-verbaal gedrag. Zo bleken er 'contactculturen' te zijn, culturen waar men minder afstand bewaart tot de ander, elkaar eerder

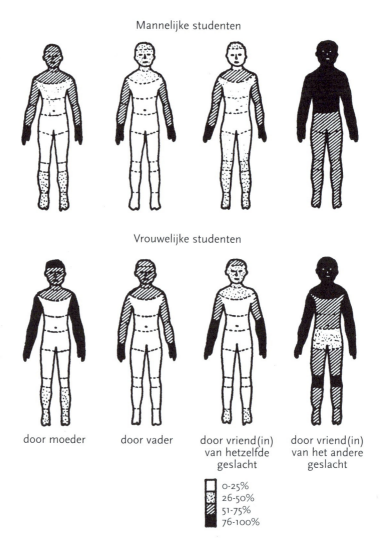

Figuur 6.3
Mate waarin Amerikaanse studenten het toelaatbaar vinden om door wie en waar aangeraakt te worden (bron: Jourard, 1966).

aanraakt en elkaar langer aankijkt, en 'non-contactculturen', waar het tegenovergestelde geldt. Arabieren behoren tot de eerste groep, Japanners tot de tweede groep. Deze verschillen kunnen aanleiding geven tot verkeerde attributies, waardoor men de ander opdringerig of juist te koel kan vinden, terwijl dat niet de intentie is.

In interculturele contacten kan men eerder in de war of in verlegenheid raken wanneer de non-verbale signalen verschillen dan wan-

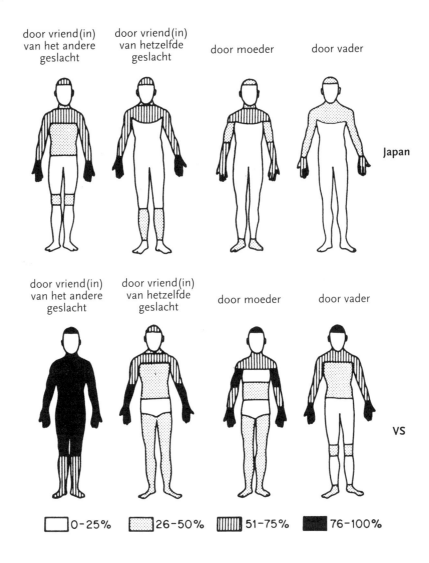

Figuur 6.4
Mate waar en door wie het toelaatbaar is aangeraakt te worden in Japan en de VS (bron: Barnlund, 1975).

neer de taal verschilt, omdat non-verbale signalen als spontaan en taaloverschrijdend ervaren worden. Heel vaak zijn ze impliciet: binnen een cultuur voelt men meteen aan wat een gepaste afstand is, of hoe lang men iemand kan aankijken, maar hoe kan men dat weten met betrekking tot een andere cultuur? Nog moeilijker in te schatten, en mogelijk met vervelender consequenties, zijn de culturele conventies met betrekking tot het leggen van contacten met het andere geslacht. In de Nederlandse cultuur bestaan er ruime mogelijkheden voor de beide seksen om met elkaar in contact te treden. Alleen wanneer er veel oogcontact plaatsheeft en beiden naar elkaar glimlachen duidt dit op een meer dan normale persoonlijke interesse. In andere culturen behoort de vrouw zoveel mogelijk contacten met het andere geslacht te vermijden; dit kan gebeuren door zich in het openbaar gescheiden van de mannen op te houden, door non-verbaal geen interesse in de ander te tonen, of door het lichaam en het gezicht te bedekken. Vaak ontstaan er problemen wanneer een man uit zo'n restrictieve cultuur in contact komt met een vrouw uit een liberalere cultuur, vooral wanneer zij weinig van elkaars cultuur weten. Wanneer de vrouw zich dan gedraagt zoals ze gewoonlijk zou doen, kan de man denken dat zij een speciale interesse in hem heeft. Dit kan tot grote misattributies leiden. Het omgekeerde kan ook voorkomen. Stel dat een man uit een liberale en een vrouw uit een restrictieve cultuur elkaar erg aardig vinden. De vrouw uit de restrictieve cultuur geeft dan – overeenkomstig de binnen haar cultuur geaccepteerde codes – non-verbaal te kennen de man meer dan aardig te vinden. De kans is dan echter groot dat de man deze signalen niet oppikt, maar ze – vanuit zijn cultuur – als gereserveerdheid opvat. Het gevolg is dat twee potentiële geliefden elkaar mislopen.

De lijst van misverstanden en ongewilde beledigingen is gemakkelijk uit te breiden. Een Arabier kan zich beledigd voelen wanneer iemand tegenover hem de benen kruist en de schoenzolen laat zien (Kannemeyer e.a., 1992). Het iets overhandigen met de linkerhand is voor Arabieren absoluut taboe, aangezien die hand meestal gebruikt wordt voor de persoonlijke hygiëne na de gang naar het toilet. In veel culturen is het een teken van respect wanneer een ondergeschikte de ogen neerslaat tegenover een meerdere, terwijl dit in Nederland snel als stiekem gezien wordt. Winkel en Vrij (1990) hebben op dit probleem van verschillen in wegkijkgedrag gewezen binnen de context van politieverhoren. Zij suggereerden dat de problemen die politiefunctionarissen vaak ervaren met verdachten uit etnische minderheidsgroepen (vooral Surinamers) wel eens voor een belangrijk deel zijn toe te schrijven aan het veel sterkere wegkijkgedrag van de Surinaamse verdachten. Inderdaad bleken Surinamers significant langer weg te kijken dan autochtone verdachten en bovendien werd hun gedrag verdachter gevonden naarmate zij meer wegkijkgedrag vertoonden.

Zijn er dan helemaal geen non-verbale gebaren of signalen die in alle culturen hetzelfde betekenen? Die zijn er inderdaad en hebben te maken met de uitdrukking van enkele kernemoties. In een klassiek onderzoek vonden Ekman en Friesen (1971) dat er een verband bestaat tussen bewegingen van de gezichtsspieren en enkele centrale emoties:

geluk, verdriet, boosheid, angst, verrassing, walging en belangstelling. Het onderzoek vond plaats in een groot aantal culturen, waaronder enkele die nauwelijks blootgesteld waren aan de westerse cultuur. De respondenten kregen verhalen te horen waarin de verschillende emoties naar voren kwamen en werden vervolgens gevraagd welke foto (van gezichten) het best de emotie weergaf. De respondenten uit de verschillende culturen waren het goed eens met betrekking tot de expressie van geluk, verdriet, boosheid en walging, maar vonden het moeilijker onderscheid te maken tussen verrassing en angst. De resultaten waren nagenoeg gelijk voor de meest westerse en de minst westerse respondenten, hetgeen als een bewijs voor universaliteit van gezichtsuitdrukking van emoties gezien werd. Deze conclusie is wel aangevochten, maar in het algemeen blijven empirische gegevens toch wijzen in de richting van universaliteit van de manier waarop enkele belangrijke emoties in de meest uiteenlopende culturen ter wereld in het gezicht tot uitdrukking komen.

6.7 Slot

Interpersoonlijke contacten komen in alle culturen voor en zijn in alle culturen onmisbaar. Zij bieden mensen sociale, instrumentele en emotionele steun en ze houden mensen gezond. Twee essentiële relatievormen werden uitgelicht: vriendschappen en huwelijksrelaties. Naar culturele verschillen in vriendschappen is weinig onderzoek gedaan. Vermoedelijk zijn die verschillen ook niet zo groot. In het Westen is vriendschap wat informeler en minder geïnstitutionaliseerd; in andere, meer collectivistische landen is wat meer nadruk op vriendschapsrituelen en geldt vriendschap vaker als een verbintenis voor het leven. Naast het romantisch huwelijk in het Westen kennen vele samenlevingen het gearrangeerde huwelijk. Uiteindelijk doen beide vormen van huwelijk niet wezenlijk voor elkaar onder wat betreft huwelijkssatisfactie. Veel samenlevingen kennen het polygyne huwelijk (één man trouwt meerdere vrouwen). In onze cultuur kennen wij vrijwel uitsluitend het monogame huwelijk, hoewel tegenwoordig een aanzienlijk percentage van zowel mannen als vrouwen serieel monogaam te noemen is, dat wil zeggen dat zij meerdere partners hebben maar niet gelijktijdig.

Tot slot bespraken we het belang van non-verbale communicatie en de grote – soms onverwachte – culturele verschillen daarin. Gezien de vele mogelijke misverstanden als gevolg van het niet goed interpreteren van non-verbale signalen is het nuttig wanneer men wordt uitgezonden naar een cultuur die sterk afwijkt van die van het eigen land een training non-verbale communicatie gericht op die cultuur te volgen (zie hoofdstuk 12 voor een bespreking van interculturele trainingen). Toch wijst onderzoek uit dat er enkele kernemoties bestaan die in de gezichtsexpressie naar voren komen en die door mensen uit alle culturen herkend worden. Het gaat om de universeel herkenbare emotionele uitdrukkingen van geluk, verdriet, boosheid en walging.

7 Cultuur en psychische gezondheid

7.1 Inleiding

Er zijn grote verschillen tussen landen in het optreden van psychische en lichamelijke gezondheidsproblemen. Verschillen treden bijvoorbeeld op met betrekking tot eetstoornissen, burn-outverschijnselen, hartziekten en suïcides. Met het pluriformer worden van onze samenleving komen binnen de gezondheidspsychologie nieuwe vragen naar voren, zoals: Is het gedrag dat in de ene cultuur als abnormaal geldt dat ook in een andere cultuur? Is depressie een universeel voorkomende of een cultuurgebonden ziekte? Wat doet een samenleving met haar geesteszieken? Blijven zij binnen de gemeenschap leven of raken zij geïsoleerd? Deze vragen zijn te beantwoorden door een vergelijking van culturen, iets wat tamelijk afstandelijk kan gebeuren. Daardoor zijn dit soort vragen in grote mate waardevrij te beantwoorden.

Moeilijker wordt het dezelfde culturele afstand te bewaren wanneer we uitspraken moeten doen over verschillende geneeswijzen. Zijn andere geneeskundige praktijken gelijkwaardig aan de westerse, of zijn ze op zijn best als aardige aanvullingen op de westerse geneeswijzen te beschouwen? De dominante westerse klinische praktijk etaleert zich graag als modern, rationeel, objectief, verklarend en natuurwetenschappelijk. Dit leidt vlug tot gevoelens van superioriteit ten opzichte van andere culturen. Dit geldt ook voor de klinische psychologie. Die is sterk georiënteerd op de westerse/Angelsaksische cultuur en op het empirisch wetenschappelijk medisch model binnen die cultuur. Klinisch psychologen hebben zich merkbaar laten inspireren door belangrijke westerse waarden als onafhankelijkheid, uniciteit, vrijheid en autonomie. Dit individualistisch waardesysteem is duidelijk terug te vinden in de psychotherapie, waarin het individu met hulp van de therapeut op de een of andere manier op de eigen verantwoordelijkheid voor zijn of haar functioneren gewezen wordt. Psychotherapie is een westerse uitvinding of het nu om de psychoanalyse, de cognitieve therapie, de humanistische therapie of de gedragstherapie gaat. De overname van het medisch model betekent dat klinisch psychologen uitgaan van universeel voorkomende ziektebeelden, zij zijn georiënteerd op de 'etics'.

Nog pregnanter wordt de cultuur en nog moeilijker wordt het voor hulpverleners in de gezondheidszorg een waardevrije positie in te nemen bij de vraag hoe zich op te stellen ten opzichte van gebruiken in andere culturen die hier als misbruiken gelden. Voorbeelden zijn de infibulatie (het dichtnaaien van de schaamlippen om de vrouw te verhinderen seksuele relaties aan te gaan) die in islamitisch Afrika nog veel voorkomt, de kinderexploitatie in Azië, of het verbod op abortus na verkrachting in sommige katholieke landen.

In de dagelijkse praktijk zien we de spanning tussen aan de ene kant de westerse psychopathologie om geestelijke stoornissen als universeel voorkomende stoornissen op te vatten en aan de andere kant de immigranten en vluchtelingen die met sterk afwijkende psychische stoornissen komen die niet in de westerse classificatieschema's of diagnosen passen. De praktijk van de westerse geneeskunde om personen als los te zien van hun culturele context schiet tekort bij de hulpverlening aan immigranten. In dat kader rijzen er ook vragen met betrekking tot alledaagse medische praktijken, bijvoorbeeld verschillen in het gemak waarmee medicijnen van land tot land te verkrijgen zijn. Of hoe medici en psychotherapeuten omgaan met de moeite die cliënten uit sommige andere culturen hebben om zich – letterlijk en figuurlijk – bloot te geven. Zich figuurlijk bloot geven, disclosure, past bij de westerse cultuur waarbij de verantwoordelijkheid voor de genezing bij het individu gelegd wordt. In vele andere culturen is inzicht in zichzelf niet een middel om geestelijke gezondheid te verwerven. In oosterse culturen bijvoorbeeld verkrijgt men een gezonde geest door de wilskracht te oefenen; daarbij probeert men onaangename gedachten van zich af te houden en zich te concentreren op positieve gedachten (Root, 1985). Dus daar is het juist de inhibitie van negatieve ervaringen en niet de uiting ervan die de toegang tot een gezonde geest verschaft. Maar ook de moeite waarmee de patiënt zich in letterlijke zin bloot geeft verschilt sterk van cultuur tot cultuur.

> In Mexico is het daarom niet ongebruikelijk dat een arts een vrouw die voor zwangerschapscontrole komt met een laken bedekt. En Amerikaanse vrouwen – die toch uit een niet zo sterk van de Nederlandse cultuur afwijkende cultuur komen – beleven een bezoek aan een Nederlandse huisarts vaak als zeer onprettig wanneer zij medisch onderzocht worden. In de Verenigde Staten krijgen de vrouwen wanneer ze zich moeten uitkleden een soort kamerjas aan, waardoor ze zich niet zo

> bloot voelen in aanwezigheid van de huisarts. In Nederland daarentegen wordt het als normaal gezien om zich uit te kleden bij de dokter.

Deze vragen worden steeds belangrijker door de toename van het aantal immigranten. Dit is nog eens versterkt door de veranderde samenstelling van de immigranteninstroom: het zijn tegenwoordig vooral vluchtelingen afkomstig uit een veelheid van landen met een sterk van de Nederlandse samenleving afwijkende cultuur. Bovendien slepen de vluchtelingen niet zelden een traumatisch verleden met zich mee. Dat de percentages van allochtonen met geestelijke stoornissen hoger zijn dan die van autochtonen is niet verwonderlijk gezien de acculturatiestress die zij ondergaan, maar dit hoge percentage allochtonen wordt een extra groot probleem doordat de therapeuten voor het overgrote deel nog 'wit' zijn. Overigens kunnen de geregistreerde gegevens van psychische stoornissen sterk afwijken van de werkelijkheid, want sommige immigranten zien hun *distress* niet als iets dat met hun gezondheid te maken heeft en zoeken daarom geen hulp. Daar komt nog bij dat ze bang zijn voor stigmatisering. Op het uiten van psychische problemen rust in veel culturen een groter taboe dan in het Westen. Bovendien zijn velen onbekend met de bestaande gezondheidsdiensten.

7.2 Cultuur en gezondheid

Van land tot land bestaan er grote verschillen in gezondheidspraktijken en het voorkomen van bepaalde ziekten. In Panama worden 121 personen op de 10.000 jaarlijks in psychiatrische ziekenhuizen opgenomen, in de Verenigde Staten zijn dat er 31 en in Tanzania 1,5 (Triandis, 1994). Zo vindt in Nederland, vergeleken met de omringende landen, een hoog percentage bevallingen thuis plaats. De algemene opvatting binnen de Nederlandse cultuur is kennelijk dat het baren van kinderen een natuurlijk proces is en dat bevallen daarom in de natuurlijke omgeving kan plaatsvinden. Het wordt niet nodig gevonden om de kraamzorg te medicaliseren of te hospitaliseren. Bevallingen gebeuren dan ook in veel gevallen zonder verdoving, terwijl in de VS bevallingen zonder verdoving uitzondering zijn. Een ander voorbeeld. Van de landen van de EU gebruiken de Fransen per hoofd van de bevolking de meeste antibiotica en de Nederlanders de minste, ongeveer een kwart van wat de Fransen gebruiken (Otto e.a., 2001). Opvallend is dat de drie meest gebruikende naties Zuid-Europese katholieke landen zijn (Frankrijk, Spanje en Portugal) en de drie minst gebruikende landen

(Nederland, Denemarken en Zweden) in Noord-Europa liggen en een veel sterkere protestantse bevolking hebben. Is de ligging een mogelijke verklaring? Niet echt, want Vlamingen gebruiken drie keer zoveel antibiotica als de Nederlanders. Religie kan een verklaring zijn, maar hoe werkt die door? Legt het protestantisme meer verantwoordelijkheid voor het gedrag bij het individu en minder bij externe factoren? Een voorkeur voor het gebruik van medicijnen verkleint dan de rol van het individu als verantwoordelijke voor de eigen gezondheid. Die wordt overgelaten aan een externe factor, de antibiotica. Ik laat het bij deze speculatie. Onderzoek zal hier uitsluitsel over moeten geven.

Sommige geesteziekten komen overal voor maar het verloop verschilt van land tot land. Schizofrenie is daar een voorbeeld van. Ongeveer 1% van de wereldbevolking lijdt hieraan. De Wereldgezondheidsorganisatie (WHO) heeft vanaf 1973 een reeks onderzoeken verricht onder andere in China, Taiwan, Colombia, het toenmalige Tsjechoslowakije, Denemarken, India, Nigeria, de voormalige Sovjet-Unie, Groot-Brittannië en de Verenigde Staten. Volgens de WHO is schizofrenie een wereldwijd voorkomende ziekte die overal betrouwbaar te diagnosticeren blijkt te zijn. Een aantal symptomen komt namelijk in alle culturen voor, zoals hallucinaties, zich terugtrekken uit de sociale interactie, gebrek aan zelfinzicht en de opvatting van de patiënt dat alle aandacht op hem of haar is gericht. De oorzaak van schizofrenie is grotendeels biologisch, maar er kunnen sociale en culturele factoren optreden die het verloop van de ziekte remmen of juist bekrachtigen. Een van de interessante bevindingen van de WHO was dat de ziekte minder ernstig verloopt in ontwikkelingslanden (zoals India en Nigeria) en dat patiënten daar sneller van de ziekte herstellen dan in hooggeïndustrialiseerde landen. Als verklaring voor deze verschillen worden de uitgebreidere sociale netwerken in de ontwikkelingslanden genoemd en het feit dat men in die landen weer sneller aan het werk gaat (Matsumoto, 1996).

Een ander voorbeeld van de relatie cultuur en (geestelijke) gezondheid betreft suïcide. Zo is het aantal zelfdodingen in de Scandinavische landen veel hoger dan in de mediterrane landen. Is dit toe te schrijven aan ecologische factoren, zoals de hoeveelheid zonlicht, of hangt het samen met cultuur (katholicisme versus protestantisme)? En hoe verklaren we het gegeven dat momenteel onder jonge Chinezen zelfmoord de belangrijkste doodsoorzaak is (Philips e.a., 2002)? Vrijwel alle zelfdodingen in China vinden plaats op het platteland. In tegenstelling tot de meeste andere landen zijn het in China vooral vrouwen die de hand aan zichzelf slaan. China voert een rigoureus geboortebeperkingsbeleid van één kind per gezin, dat op het platteland extra hard aankomt, omdat kinderen daar als een soort ouderdomsvoorziening gezien worden. Jongens zijn in de Chinese cultuur meer gewenst dan meisjes. Dit gegeven, in combinatie met het strikte geboortebeperkingsbeleid, heeft nogal wat jonge ouders ertoe gebracht pasgeboren meisjes te doden. Heeft dit gevoel van minder gewenst te zijn een toenemend aantal jonge Chinese vrouwen ertoe gebracht zich het leven te benemen?

Een geval waarin de komst van allochtonen om urgente actie van de gezondheidszorg vraagt betreft het aantal abortussen. Dankzij de goede voorlichting is in Nederland lange tijd het aantal ongewenste zwangerschappen en daarmee het aantal abortussen bij jonge meisjes extreem laag geweest. De idee achter het voorlichtingsbeleid was dat hoe meer informatie je aan kinderen geeft over het eigen lichaam, seksualiteit en anticonceptie, des te beter ongewenste zwangerschappen en geslachtsziekten te voorkomen zijn (zie kader).

> In april 2002 staat in *de Volkskrant* een verslag van een bezoek van aantal mensen die op uitnodiging van de World Population Foundation naar Nederland zijn gekomen. Een onderdeel van hun bezoek is het bijwonen van een les seksuele voorlichting door de biologieleraar in vwo-4. De Ugandese bezoekster die zelf seksuele voorlichting geeft, is duidelijk verbaasd: 'Een leraar verliest respect wanneer hij met zijn leerlingen over seks praat' en 'De meeste ouders in mijn land denken dat je de jongeren door seksuele voorlichting op een idee brengt.' Een leerlinge reageert daarop dat het tegendeel waar is: 'Je wordt er juist voorzichtiger door.' Op het moment dat de leraar vraagt of iemand een condoom bij zich heeft en een jongen zonder schroom een condoom uit zijn portemonnee haalt is de Indonesische gaste helemaal verrast: 'In Indonesië is zoiets ondenkbaar. Wanneer je openlijk laat zien dat je een voorbehoedmiddel bij je hebt, krijgen je ouders een brief, word je geschorst en op een opvoedingscursus gezet.'

De laatste jaren zijn de aantallen ongewenste zwangerschappen in Nederland echter verdubbeld. Kijken we naar de cijfers per bevolkingsgroep dan blijkt dat het in 60% van de abortussen om allochtone vrouwen gaat. Vooral Antilliaanse, Surinaamse, Turkse en Marokkaanse meisjes vragen vaak om een abortus. Kennelijk bereikt de anticonceptievoorlichting deze groepen maar zeer beperkt. We zagen in het vorige hoofdstuk al dat er grote culturele verschillen in preutsheid bestaan. Preutsheid heeft zijn prijs. Zelfs in eigen kring rust op het praten over seksualiteit een taboe, waardoor de kinderen via het geruchtencircuit aan hun informatie moeten komen. Als gevolg hiervan bestaat er bij veel allochtone meisjes de angst dat de pil onvruchtbaar maakt, of denken de meisjes dat ze de pil alleen maar hoeven te slikken wanneer ze gemeenschap hebben.

7.3 De toepasbaarheid van internationale diagnostische systemen

Psychopathologie gaat over abnormaal gedrag. Wat abnormaal is wordt door de maatschappij bepaald. Vaak sluipt er culturele bias in bij de diagnose en de beoordeling van het sociale gedrag. Wat in de ene cultuur als pathologisch geldt, kan in de andere nog als normaal doorgaan. Uitdrukkingen voor psychische nood verschillen van cultuur tot cultuur, en soms zijn identieke termen niet equivalent. Zo is het Duitse *Angst* een graadje intensiever dan het Nederlandse angst. Binnen de psychopathologie dringen door migratie cultuurspecifieke beelden door. Een van de oudste en bekendste aanvullingen op de Nederlandse psychopathologie is *amok* (Indonesisch voor razernij) die wij in de alledaagse taal als 'amok maken' kennen. Amok is een vooral in Indonesië voorkomende acute schemertoestand gepaard gaand met gewelddadige neigingen. Nog specifieker is de koloniaal getinte *latah*: 'een vooral in Indonesië, speciaal bij vrouwelijke bedienden voorkomende, acute, hysteriforme emotionele reactie met een gedaald bewustzijn, bevelsautomatie, echopraxie en echolalie' (Kraus, 1964).

Opvallend is overigens dat het begrip hysterie dat nog niet zo lang geleden een veel gebruikte term voor neurotische aandoeningen was, bijna geheel in onbruik geraakt is. Waarschijnlijk was de term (het Griekse woord *hustera* betekent baarmoeder) te seksistisch omdat hysterie bijna uitsluitend aan vrouwen toegeschreven werd. Inmiddels beginnen ook de Surinaamse term *winti* en de Marokkaanse term *djinn* die beide verwijzen naar een soort bezetenheid, ingeburgerd te raken. Winti bijvoorbeeld dat letterlijk 'wind' betekent, is de naam die creoolse Surinamers aan hun goden geven. Het geeft het geheel aan goden, natuurgeesten en geesten van overledenen weer. Het 'hebben van een winti' houdt in dat iemand bezeten wordt door een natuurgeest of een geest van een overledene. Mondiaal gezien valt de lijst onbeperkt uit te breiden: Voorbeelden zijn de *kajakangst* bij Eskimo's (een psychische stoornis bestaande uit paniekaanvallen en fobieën veroorzaakt door een langdurig gebrek aan zintuiglijke prikkels tijdens de eenzame jacht in een kajak) of de *suk-yeong* of *koro* (een in Zuid-China voorkomende angst bij jonge volwassen mannen dat de penis begint te krimpen, een angst die in verband gebracht wordt met masturbatie).

Ook al bestaan er grote culturele verschillen in ziektebeelden, de onderliggende symptomen kunnen universeel zijn. Opgewondenheid, angst, slapeloosheid zijn mentale toestanden die in elke cultuur weer anders tot uitdrukking komen. In Europa en de Verenigde Staten kan dit tot bulimia leiden, in Japan tot *taijin kyofusho* (een soort fobie voor mensen, zie onder) of tot susto (een heftige vorm van angst) in delen van Latijns-Amerika. Gezien de veelvormigheid van psychische stoornissen is het niet vreemd dat een classificatiesysteem dat internationaal te gebruiken is aantrekkelijk lijkt. De vierde editie van het *Diagnostic and Statistical Manual of Mental Disorders* (DSM-IV, 1994) van de American Psychiatric Association heeft een internationaal uniforme handleiding voor de diagnose van psychiatrische stoornissen ingevoerd en de classificatie van stoornissen gestandaardiseerd.

> Het diagnostisch handboek gaat uit van vijf assen: As I verwijst naar klinische syndromen en andere belangrijke punten die klinische aandacht vergen. As II naar persoonlijkheidsstoornissen en verstandelijke handicaps. As III is om de huidige medische toestand van de patiënt te beschrijven voorzover die relevant kan zijn om iemands psychische stoornissen te begrijpen of te behandelen. As IV dient om te registreren welke psychosociale en omgevingsfactoren belangrijk zijn voor de diagnose, behandeling of prognose van de psychische stoornis. Hieronder vallen het sociale netwerk van de patiënt, opleidings- en beroepsproblemen, huisvestings- en economische problemen, toegang tot de gezondheidszorg en sociale problemen. As V, tot slot, dient om het oordeel van de klinisch psycholoog over het algemene functioneren van het individu te registreren.

De samenstellers erkennen dat cultuur een rol speelt bij de uiting van psychiatrische patiënten en raden therapeuten ook aan culturele overwegingen te betrekken bij de diagnostische classificatie. Toch treedt er een spanning op wanneer hedendaagse opvattingen over psychopathologie zoals weergegeven in DSM-IV toegepast worden op immigranten en vluchtelingen. Aan de ene kant staat dan DSM-IV dat psychische stoornissen steeds meer opvat als individuele problemen die voortkomen uit een biologisch-genetische kwetsbaarheid. Aan de andere kant staan de klachten van de allochtonen die vaak niet te begrijpen zijn zonder de culturele context te kennen. Vanuit de transculturele praktijk vallen de volgende kritiekpunten op de validiteit van DSM-IV te beluisteren (De Jong, 1996):

- De eerste veronderstelling achter DSM-IV betreft de klinische validiteit van universele categorieën. Dit zou betekenen dat de wereldbevolking overal min of meer gelijke opvattingen heeft over verschijnselen als bewustzijn, persoonlijkheid, de wil en het zelf. In het Westen wordt het zelf geacht autonoom te zijn en controle over het individu uit te oefenen. In andere culturen echter beschouwt men het zelf veel meer als een product van de wisselwerking tussen het individu, diens biologische entiteit en de omgeving, vaak zelfs de voorouderlijke omgeving.

- Een ander probleem van het diagnostisch systeem is dat frequenties van bepaalde stoornissen van cultuur tot cultuur drastisch uiteenlopen. Wat is de validiteit van een term voor een stoornis als een zeer groot deel van een volk als lijdend aan die stoornis gediagnosticeerd wordt? Denk aan de exponentiële groei in burn-outgevallen in Nederland.

- Soms bestaat er binnen een gemeenschap een psychische stoornis die frequent voorkomt, maar waarvoor binnen DSM-IV geen plaats is. Een voorbeeld is het in Japan veel voorkomende *taijin kyofusho*-syndroom, wat erop neerkomt dat de betrokkene aan de angst lijdt om anderen te storen door een ander te confronteren met iets onaangenaams van zichzelf, zoals een slechte adem. Dit syndroom is een combinatie van 'angst voor mensen' in combinatie met een obsessie voor netheid.

- Verder is er een cultureel gekleurde selectieve aandacht voor bepaalde stoornissen. De westerse cultuur is nogal gepreoccupeerd met geluk en optimisme. Als gevolg daarvan krijgt depressie alle aandacht, ten koste van andere emotionele ervaringen zoals jaloezie, haat en schaamte.

- De veronderstelling achter DSM-IV is dat de gevestigde categorieën stabiel blijven ondanks een niet alleen in cultureel maar ook in historisch opzicht wisselende context. Hiervoor noemde ik al het verdwijnen van de term hysterie uit de moderne psychopathologie als een voorbeeld.

Concluderend kunnen we zeggen dat DSM-IV sterk geënt is op westerse waarden en voornamelijk ontwikkeld is op ervaringen met witte patiënten. Binnen de westerse culturen is het instrument dan ook goed bruikbaar voor de diagnostiek. De wereldbevolking bestaat echter voor het overgrote deel uit niet-westerse volkeren en culturen. De Jong stelt dan ook voor, als correctie op DSM-IV, een databank aan te leggen van casussen die moeilijk of niet te classificeren zijn en eventueel een speciale categorie te ontwerpen voor 'atypische' of cultuurspecifieke gedragingen. In het algemeen raden deskundigen uit de transculturele hulpverlening aan het instrument extra flexibel te hanteren bij niet-westerse cliënten (zie bijvoorbeeld Borra, 2002).

7.4 Depressie in verschillende culturen

Depressie is een ernstige vorm van neerslachtigheid, gekenmerkt door geringe levens- en werklust en een sterk verlaagd self-esteem. Wereldwijd wordt het aantal personen dat aan depressie lijdt op meer dan 100 miljoen geschat (Douki en Tabbane, 1996). Vermoedelijk zal dit aantal alleen nog maar toenemen doordat de wereldbevolking ouder wordt en het aantal vluchtelingen sterk toeneemt. Er zijn geen aanwijzingen – althans niet op landenniveau – voor het gezegde 'geld maakt niet gelukkig'. Verschillende vergelijkende onderzoeken hebben namelijk aangetoond dat geluk en welbevinden samenhangt met nationale rijkdom en dat depressie minder voorkomt in welvarende landen (Arrindell e.a., 1997; Diener e.a., 1995a; Diener e.a., 1995b; Veenhoven, 1999). Op de een of andere manier komt depressie in alle samenlevingen voor. In die zin is het een *etic*-fenomeen. Maar de verschijningsvormen, de etiologie en de behandeling verschillen drastisch van cultuur tot cultuur. Kleinman (1978) maakt in dit opzicht een onderscheid tussen *disease* en *illness* dat te vergelijken is met het onderscheid tussen *etic* en *emic*. Als *disease* is het een universele ziekte met een biologische basis, terwijl het als *illness* een kwaal is met een persoonlijke en sociale en culturele inkleuring. In die zin is depressie een *emic*-fenomeen.

In de Verenigde Staten en West-Europa ziet men depressie steeds meer als een biologische stoornis als gevolg van een verstoord chemisch evenwicht in de hersenen wat met antidepressiva (voornamelijk Prozac) te verhelpen valt; in andere delen van de wereld ziet men depressie als een toestand van betovering, opgeroepen door vijandige clans die door een medicijnman verbroken kan worden. Ondanks de heersende medische visie in het Westen geldt depressie in het Westen duidelijk als een psychische stoornis, terwijl de ziekte in andere culturen veel somatischer tot uitdrukking komt (Marsella, 1998). Wanneer bijvoorbeeld respondenten in Japan gevraagd wordt welke associatie zij hebben bij het woord 'depressie' komen woorden als 'regen', 'wolken' of 'hoofdpijn' en 'vermoeidheid' naar voren. Bij blanke en Japanse Amerikanen daarentegen noemen de respondenten vooral woorden die een gemoedstoestand weergeven, zoals 'droevig' of 'eenzaam' (Tanaka-

Matsumi en Marsella, 1976). In China bestaan zeker depressieve klachten, maar die gaan veel minder sterk gepaard met gevoelens van schuld of een verlaagd self-esteem. Depressie wordt daar in veel sterkere mate gesomatiseerd dan in westerse landen. Een verklaring hiervoor is dat er in het collectivistische China een groter taboe rust op het uiten van psychische klachten in aanwezigheid van vrienden of familieleden. Somatisering is dan een gesanctioneerde manier om hulp te vragen (Kleinman, 1988, 1995). Het past ook bij Chinese cultuur waarin gedrag en lichaam een grotere eenheid vormen dan binnen de cartesiaanse meer dualistische westerse cultuur waarin lichaam en geest sterker gescheiden zijn. De verschillen in beleving leiden tot verschillen in diagnosen in de verschillende culturen en daardoor ook tot uiteenlopende statistische gegevens. Dit kan een verklaring zijn waarom in Azië lagere depressiecijfers gerapporteerd worden.

Komt depressie evenveel bij mannen als bij vrouwen voor? Nee, ongeveer twee keer zoveel vrouwen als mannen lijden aan depressie. Velerlei verklaringen zijn hiervoor mogelijk: biologisch-hormonale verschillen tussen mannen en vrouwen, het feit dat mannen vaker betaald werk verrichten, de van cultuur tot cultuur overwegend dominante positie van mannen, de nadruk op fysieke aantrekkelijkheid als een belangrijke eigenschap voor vrouwen, de diskwalificatie van de ongehuwde status van vrouwen in veel culturen, enzovoorts. Vooral alleenstaande vrouwen en meisjes vormen een kwetsbare groep. De zelfwaarde van meisjes wordt in sterkere mate dan bij jongens bepaald door het uiterlijk. Het gevolg hiervan is dat meisjes sneller tobben over hun uiterlijk en hun gewicht. Aan depressie verwante eetstoornissen als bulimia en anorexia nervosa komen dan ook vrijwel uitsluitend bij jonge vrouwen voor. Het is ironisch dat terwijl de Amerikaanse en Europese vrouwen van jaar tot jaar in gewicht toenemen het westerse schoonheidsideaal steeds slanker wordt. Niet overal trouwens is slankheid in zo sterke mate het schoonheidsideaal. In het Midden-Oosten zijn zangeressen en filmsterren doorgaans wat 'voller' dan in West-Europa of de VS (zie foto's). In sommige Aziatische en Afrikaanse landen is overgewicht een teken van rijkdom en daarmee ook van schoonheid (Furnham en Baguma, 1994). Afbeeldingen van Boeddha laten vaak een zeer goed doorvoede man zien. De kans is echter groot dat naarmate de contacten met westerse landen toeneemt ook elders het slankheidsideaal sterker wordt.

De cultuur bepaalt het schoonheidsideaal

7.5 Allochtonen en de institutionele gezondheidszorg

Er ontstaan allerlei afstemmingsproblemen tussen migranten en de institutionele gezondheidszorg. Allochtonen weten niet precies met welke problemen ze bij welke instantie moeten komen. Migranten die zich bij een Riagg aanmelden kampen vaker met meerdere problemen tegelijk; het gaat niet alleen om psychische en lichamelijke problemen, maar ook om problemen van materiële of juridische aard (Kunst en Pels, 1994). In Nederland wordt men niet geacht met materiële problemen bij de dokter te komen. Het onderscheid tussen materiële en immateriële problemen zoals dat in Nederland gebruikelijk is, wijkt in veel gevallen af van hoe de gezondheidszorg in het land van herkomst is georganiseerd. Daardoor komen de allochtonen vaak niet met de 'juiste' hulpvragen bij de Nederlandse instanties.

Migranten ervaren meer lichamelijke gezondheidsklachten dan autochtone Nederlanders. Voor een deel komt dit voort uit een algemene sociaal-economische achterstand. In het algemeen blijken gezondheidsproblemen namelijk negatief te correleren met opleiding en sociaal-economische positie. Een andere factor kan zijn dat allochtonen in beperktere mate toegang hebben tot de gezondheidsvoorlichting en daardoor niet zo goed weten waar ze met hun psychische klachten naar toe moeten.

Een specifiek fenomeen is het somatiseren. Geregeld wordt beweerd dat migranten de neiging hebben problemen te *somatiseren*, dat wil zeggen hun psychische klachten als een lichamelijke klacht te presenteren terwijl er organisch niets te constateren valt (Hosper e.a., 1990). Dit schijnt vooral voor te komen bij Turken en Marokkanen.

Een van verklaringen is dat men zich in die culturen veel meer schaamt voor psychische problemen dan in onze cultuur. Uit angst voor gezichtsverlies zullen Turken en Marokkanen niet snel hun psychische leed naar voren brengen. Met lichamelijke problemen bij de huisarts aankloppen is veel minder bedreigend. Bovendien kent iedere immigrant de dokter, terwijl veel instanties voor geestelijke gezondheidszorg onbekender zijn of een hogere drempel hebben. Overigens schijnt de constatering dat allochtonen in sterke mate somatiseren in de literatuur overdreven te worden. Empirisch onderzoek laat tamelijk geringe verschillen zien tussen allochtonen en autochtonen wat somatiseringsgedrag betreft (Arrindell en Albersnagel, 1999). Verder blijkt somatiseren, dat wil zeggen psychosociaal onbehagen in de vorm van lichamelijke klachten tot uitdrukking brengen, overal op de wereld voor te komen; omgekeerd zou men psychologiseren dus zelfs een exotische gewoonte van een minderheid van stedelijke westerse intellectuelen kunnen noemen (Giel, 1997).

Een belangrijke vraag is of therapeuten van de eigen etnische groep betere resultaten boeken dan therapeuten van een etnisch andere afkomst. Deze vraag is niet met honderd procent zekerheid te beantwoorden, maar onderzoek wijst wel duidelijk in die richting. Zo ging Li-Repac (1980) na wat de invloed was van verschillen in etnische achtergrond van therapeuten en cliënten op de klinische indrukken en oordelen van therapeuten. Chinees-Amerikaanse en blanke Amerikaanse therapeuten kregen de opdracht een aantal video-opnamen van klinische interviews met Chinese en blanke cliënten te evalueren. Zij wisten niet dat de onderzoekster geïnteresseerd was in de invloed van hun eigen etnische achtergrond op het oordeel. De resultaten lieten zien dat beide groepen in het algemeen dezelfde opvatting hadden over wat 'normaal' is en wat niet, maar hun evaluaties van concrete cliënten verschilden wel significant. In tegenstelling tot de Chinese therapeuten beoordeelden de blanke therapeuten Chinese cliënten veel eerder als depressief en geremd en als minder evenwichtig en sociaal vaardig. Omgekeerd vonden de Chinees-Amerikaanse therapeuten de blanke cliënten ernstiger gestoord. Kennelijk zien ook therapeuten hun cliënten door hun eigen culturele bril.

Uit meer onderzoek (bijvoorbeeld Sue, 1991) komt naar voren dat bij een culturele match tussen cliënt en therapeut de diagnose meestal minder ernstig is, maar bovendien dat de duur van de therapie korter is. Dit is geen bewijs dat therapeuten uit eigen groep beter zijn, maar het is wel aannemelijk dat een patiënt erbij gebaat is niet te vlug als pathologisch gezien te worden, al is het alleen al omdat er anders een self-fulfilling prophecy kan optreden. Er zijn natuurlijk meer redenen waarom een therapeut die onbekend is met de cultuur van de patiënt minder gewenst is. Door onbekendheid met de cultuur van de cliënt houdt de therapeut onvoldoende rekening met diens achtergrond en kan daardoor als ongevoelig overkomen. Of de therapeut vervalt – op grond van geringe bekendheid met de cultuur van de patiënt – tot een stereotiepe benadering. De patiënt voelt zich dan in een pasvorm geduwd die niet past. Er zullen natuurlijk meer misverstanden voorkomen waardoor de patiënt extra geremd wordt om problemen naar voren te brengen. Hiermee komen wij bij de vraag wat een effectieve behandelingswijze van allochtonen is.

7.6 Aanbevelingen voor de behandeling

Wanneer de hulpverlener in de geestelijke gezondheidszorg de culturele afstand met allochtonen wil overbruggen zijn de volgende punten belangrijk (zie ook Limburg-Okken en Sidali, 1996; Arrindell en Albersnagel, 1999):

- Er moet een goede vertrouwensbasis zijn. Het is dan ook noodzakelijk om het beroepsgeheim te benadrukken omdat in sommige culturen de angst voor roddels groot is; men is bang gezichtsverlies te lijden of de familie-eer te schaden. De hulpverleners konden wel eens de enigen zijn tegen wie de cliënten vrij kunnen spreken.

- Een ander punt is om de ziekte – zeker in het begin – serieus te nemen. Om gezichtsverlies bij de cliënt te vermijden dient de hulpverlener zich voorzichtig op te stellen en de cliënt de kans geven om psychische problemen, onzekerheden over de eigen persoonlijkheid te uiten als lichamelijke klachten. Op die manier bouwt de hulpverlener de vertrouwensrelatie met de cliënt op.

- In bepaalde culturen is het extreem moeilijk om persoonlijke problemen te uiten ten opzichte van hulpverleners van de andere sekse. In die gevallen is het beter voor een seksegenoot te kiezen. Hetzelfde geldt vaak ten opzichte van hulpverleners van een andere cultuur. Maar het is natuurlijk in de meeste gevallen veel moeilijker om een hulpverlener van dezelfde culturele achtergrond te vinden.

- In het Westen doen veel psychotherapieën (bijvoorbeeld de psychoanalyse en de humanistische therapie) een sterk beroep op verbale inspanning van de cliënt om inzicht te verkrijgen. Vanwege taalproblemen is het al minder wenselijk om deze therapieën toe te passen, maar veel immigranten komen bovendien uit culturen waar ze aan een de meer directieve therapieën de voorkeur geven. Therapieën als gedragstherapie of biofeedback zijn dan goede alternatieven. Gedragstherapie is een op conditioneringsprincipes gerichte therapie; biofeedback is een behandeling waarbij de patiënt directe informatie over zijn of haar somatisch functioneren krijgt. De cliënt ontvangt dan bijvoorbeeld gegevens over hartslag, bloeddruk en spiertemperatuur. De achterliggende gedacht is dat de cliënt met die feedback de functies zelf kan reguleren.

- Uiteraard is het noodzakelijk dat de hulpverlener naast de gebruikelijke informatie over relaties, werk en dergelijke, ook beschikt over kennis aangaande de culturele achtergrond van de cliënten. Aspecten die dan belangrijk zijn betreffen de religie en religieuze taboes en de betekenis daarvan voor opvoeding, gezinsleven en vraagstukken die met sterven en de dood te maken hebben; het belang van de eigen gemeenschap voor het individu; de seksualiteit en in het algemeen man-vrouwverhoudingen; de geneeskundige praktijk binnen de eigen cultuur en het belang van – eventueel natuurlijke – geneesmiddelen daarbij; de reden voor de immigratie, enzovoorts.

- Een hulpverlener die veel cliënten uit dezelfde bevolkingsgroep krijgt doet er goed aan de taal van die groep te leren. Dat overbrugt een belangrijke kloof en vergroot het vertrouwen in de hulpverlener.

7.7 Slot

Cultuur dringt op vele manieren door in de gezondheid: door de aan cultuur gerelateerde frequenties van gezondheidsproblemen, door de uitvinding van de psychotherapie die op westerse waarden is gebaseerd, door het taboe op openlijke bespreking van seksuele problemen in veel culturen waardoor preventiemaatregelen bemoeilijkt worden, door de in sommige landen ondergeschikte positie van de vrouw, of door de sociale netwerken die van cultuur tot cultuur variëren in hechtheid. Culturen lopen ook uiteen wat betreft het gemak waarmee men psychische problemen aan de orde stelt; in sommige culturen betekent het uiten van psychische problemen gezichtsverlies, terwijl dat in andere culturen veel minder het geval is. Verder kennen culturen vaak hun 'eigen' ziektebeelden die duidelijke emics op ziektegebied vertegenwoordigen, zoals *amok* of *winti*. Op grond van al hetgeen we hier-

boven besproken hebben is duidelijk geworden dat DSM-IV cultuurgebonden is. Buiten het Westen komt een flink aantal pathologische gevallen voor die niet ondergebracht zijn in DSM-IV of er niet in thuis te brengen zijn. In niet-westerse culturen is DSM-IV daarom alleen goed te gebruiken wanneer rekening gehouden wordt met de culturele verschillen in de psychopathologie. Met het oog op de vele verschillen die er tussen de – vaak autochtone – hulpverlener en de allochtoon bestaan, beginnen transculturele behandelingswijzen ontwikkeld te worden. In essentie bestaan die uit een reeks maatregelen om een vertrouwensbasis te creëren en een aantal verschillen tussen cliënt en hulpverlener te verkleinen.

8

Culturele diversiteit in teams en organisaties

8.1 Inleiding

Cultuurverschillen maken het leven interessanter, maar kunnen ook een bron van irritatie zijn. Andere opvattingen en gebruiken zijn een verrijking van onze cultuur, maar maken de leden van die samenleving soms ook onzeker. Is het dragen van een hoofddoekje een ongewenste privé-aangelegenheid of een recht? Is het neerslaan van de ogen een teken van achterbaksheid of juist van respect? Kan een transportbedrijf zijn islamitische chauffeurs dwingen om een lading sterke drank te vervoeren? Hoe te reageren op een Aziatische secretaresse die niet rechtuit durft te zeggen dat ze de instructies van haar baas niet snapt. Waarom zijn Filippijnse verpleegkundigen zo gevraagd en Indiase informatici zo goed? Dit zijn de vragen voor de hedendaagse multiculturele onderneming. Enerzijds is de culturele diversiteit een verrijking, anderzijds lijkt zij spanningen op te roepen. Wat zijn de gevolgen van culturele diversiteit voor het sociale klimaat en de prestaties van werkgroepen? Daarover gaat dit hoofdstuk.

Bij de beantwoording van de vraag naar de effecten van culturele diversiteit dient men er rekening mee te houden dat het verschijnsel culturele diversiteit in Nederland ongelooflijk grote verschuivingen heeft ondergaan en nog verder zal ondergaan. Dertig jaar geleden deden de immigranten, waarvan de meesten afkomstig waren uit de mediterrane landen, ongeschoold werk en was de werksituatie vanaf het niveau van geschoolde arbeider vrijwel uitsluitend wit. De hoge werkloosheid van de daaropvolgende jaren trof vooral de buitenlandse arbeiders en hun inmiddels volwassen kinderen. Onder allochtonen waren werkloosheidspercentages van 40% tamelijk gewoon. In juni 2002 daalde de werkloosheid onder allochtonen tot een laagterecord van 9%. Tegenwoordig is het aantal allochtone leerlingen dat vwo haalt ten minste verdubbeld ten opzichte van de jaren tachtig; bovendien dringen steeds meer allochtonen door tot de middenkaders. Veel allochtone jongeren van de tweede generatie hebben een sterke drang om vooruit te komen, om meer te willen bereiken dan hun ouders en worden daarin krachtig gesteund door hun ouders. Ik geef enkele zinnen uit een verhaal van een 18-jarig Turks meisje dat net geslaagd is voor haar havo-diploma:

> 'Ik word hartchirurg. Dat weet ik al heel lang. Als ik foto's zie van operaties voel ik me daar meteen bij thuis. Mijn familie vindt het uitstekend. Zij zien mij wel dokter worden. Eerst ga ik een jaar naar de laboratoriumschool. Daarna kan ik naar de universiteit om geneeskunde te studeren. Het is best een lange weg, maar als je een helder doel voor ogen hebt, kan alles lukken. Ik heb geleerd gewoon te doen wat je wilt doen. Niet gaan zitten twijfelen of je iets kunt. Altijd blijven proberen. Als het om school gaat, mag ik van thuis bijna alles. Voor school hebben ze respect. Ik hoef heus niet te vragen of ik met mijn vriendinnen naar een nachtfilm mag. Maar als het voor school is, is het geen probleem.'

De werkvloer moet derhalve in de nabije toekomst rekening houden met een cultureel aanzienlijk heterogenere samenstelling, waarin de vertegenwoordigers van nieuwe culturen beter opgeleid zijn en een sterke motivatie zullen hebben om vooruit te komen.

De effecten van diversiteit in groepen is al vele jaren het onderwerp van onderzoek. Het meeste daarvan heeft in Amerika plaatsgevonden. De eerste onderzoeken hebben zich vooral gericht op diversiteit wat betreft leeftijd, geslacht en opleiding. De laatste jaren is de aandacht van onderzoekers verschoven naar culturele diversiteit. Het beeld van culturele diversiteit is complexer omdat het nog eens boven op de diversiteit in geslacht, leeftijd en opleiding komt. Uit de onderzoeken komt een zeer gevarieerd en tegenstrijdig beeld naar voren; zowel positieve als negatieve effecten van culturele diversiteit worden vermeld. Om effectief te zijn moeten multiculturele groepen de voor- en nadelen die met diversiteit gepaard kunnen gaan, succesvol hanteren. Hiervoor is inzicht nodig in de verschillende typen diversiteit en de consequenties daarvan voor het gedrag van de groepsleden. De meest steekhoudende verklaring waarom etnisch heterogene groepen betere prestaties kunnen leveren dan etnisch homogene groepen is dat in heterogene groepen een grotere verscheidenheid aan invalshoeken en perspectieven aanwezig is vanwege de verschillende culturele achtergronden van de groepsleden. Deze verscheidenheid aan perspectieven in heterogene groepen kan leiden tot creatievere en kwalitatief betere oplossingen, maar dat gebeurt lang niet altijd en diversiteit kan ook averechts werken, zoals we zullen zien. Hieronder zal ik een kort overzicht geven van het onderzoek naar de effecten van diversiteit en de geopperde principes ter verklaring van de gevonden effecten.

8.2 Cognitieve processen

Onderzoekers hebben verschillende verklaringen gegeven voor de positieve onderzoeksresultaten. Collins en Geutzkow (1964) verklaarden bijvoorbeeld dat het de aanwezigheid van meer alternatieven in diverse groepen is die tot betere probleemoplossing leidt. Hambrick e.a. (1998) veronderstellen dat culturele diversiteit gepaard gaat met cognitieve diversiteit, die op haar beurt weer leidt tot het genereren van een groter aantal verschillende alternatieven. McLeod e.a. (1996) noemen dit *value-in-diversity*: diversiteit heeft positieve effecten op organisatie-uitkomsten. De veronderstelling hierbij is dat wanneer diversiteit goed wordt gebruikt de prestatie uiteindelijk zal verbeteren. Nemeth (1986) gaf aan dat afwijkende meningen en ideeën de groepsleden stimuleren om op een andere manier na te denken dan men gewend is. Andere onderzoekers wezen erop dat diversiteit tussen groepsleden argumentatie en conflicten in groepen kan stimuleren (Nijhof en Kommers, 1982; Wagner e.a, 1984). Zulke conflicten kunnen vervolgens het uitvoeren van complexe probleemoplossingstaken ten goede komen (Janis, 1972; Johnson en Johnson, 1992). Als een groep verschillende alternatieven voor oplossingen bespreekt, zullen de diverse perspectieven waarschijnlijk de mogelijkheid vergroten om eventuele kosten, voordelen en neveneffecten te overzien (Hoffman en Maier, 1961; Triandis e.a., 1965). Kortom, confrontatie van verschillende perspectieven roept een cognitief proces op dat kan leiden tot betere oplossingsstrategieën, kwalitatief betere oplossingen en meer creativiteit.

8.3 Groepscohesie

Diversiteit in attitudes, waarden en normen kunnen naast positieve echter ook negatieve gevolgen hebben (zie figuur 8.1). Er kunnen productiviteitsverliezen optreden (Watson e.a., 1998). Hiermee worden onproductieve handelingen bedoeld die ontstaan door frustratie, misverstanden of, zoals Milleken en Martins (1996) suggereren, door coör-

	Prestatieremmende effecten
Sociale dimensie	• Minder bijdragen door minderheden, minder commitment (Kirchmeyer & Cohen, 1992) • Zich terugtrekken uit de teams; uitsluiting van vertegenwoordigers van minderheden door de meerderheid (Webber, 1978) • Een geringere initiële aantrekkingskracht en sociale integratie (O'Reilly, Caldwell & Barnett, 1989) • Minder faciliterend interactiegedrag (Watson & Kumar, 1992)
Taakdimensie	• Lagere scores op uiteindelijke oplossingen (Webber, 1978) • Geringere effectiviteit (Dafar & Gustavssonn, 1992) • Minder riskante, meer behoudende besluitvorming (Watson & Kumar, 1992) • Geringere effectiviteit in het begin (Watson, Kumar & Michaelsen, 1993)
	Prestatiebevorderende effecten
Sociale dimensie	• Hoge tevredenheid en commitment (Meglino, Ravlin & Adkins, 1989) • Beter naar elkaar luisteren, grotere involvering en betere informatie-uitwisseling tijdens de fase van verzameling van gegevens en ideeën genereren (Griest & Case, 1996)
Werkdimensie	• Grotere creativiteit (Triandis, Hall & Even, 1965) • Grotere effectiviteit (Griest & Case, 1996) • Meer en betere alternatieven, meer en betere criteria om de alternatieven te beoordelen, meer creativiteit (Collins & Guetzkow, 1964; McLeod & Lobel, 1992) • Hogere kwaliteit van oplossingen (Hoffman, Harburg, & Maier, 1962; Triandis, Hall & Even, 1965; Griest & Case, 1996) • Meer coöperatieve keuzen (Cox, Lobel & McLeod, 1991) • Een bredere reeks van alternatieven in beschouwing genomen tijdens de besluitvormingstaken (Watson, Kumar & Michaelsen, 1993) • Een bredere reeks van perspectieven opgeroepen tijdens de besluitvormingstaken (Watson, Kumar & Michaelsen, 1993; Daily & Steiner, 1998)

Figuur 8.1
Diversiteit in attitudes, waarden en normen kunnen naast positieve ook negatieve gevolgen hebben (bron: Girndt, 2000).

dinatieproblemen. Zo bleek uit verscheidene onderzoeken dat minderheden zich minder thuis voelden in gemengde groepen en bovendien bleek dat leden van heterogene groepen meer negatieve gevoelens tegenover hun groep hadden dan leden van homogene groepen (McLeod e.a., 1996; Levine en Moreland, 1990). De *similarity attraction hypothesis* geeft hiervoor een mogelijke verklaring. Volgens deze theorie is gelijkheid tussen overtuigingen van individuen een belangrijke determinant van de attitudes die zij ten opzichte van elkaar hebben. Men voelt zich aangetrokken tot personen met gelijke overtuigingen en attitudes (Byrne, 1971), omdat deze de eigen overtuigingen valideren. Onenigheid leidt vaak tot negatieve emotionele reacties (Nemeth en Shaw, 1989) ten opzichte van de leden van de groep. Mensen in heterogene groepen voelen zich daarom minder tot elkaar aangetrokken en minder met elkaar verbonden (Tsui e.a., 1992). Met andere woorden, heterogene groepen zijn minder cohesief dan homogene groepen (Wagner e.a., 1984).

Intuïtief gezien lijkt een hoge cohesie een gewenste eigenschap van werkgroepen te zijn en zullen groepen daarnaar streven. Inderdaad blijkt dat gebrek aan cohesie een negatieve invloed kan hebben op onder andere productiviteit, creativiteit, samenwerking en tevredenheid. Hare (1976) vond bijvoorbeeld dat groepen met een sterke cohesie beter produceren. Verschillende studies lieten zien dat mensen minder creatief zijn als ze met mensen moeten samenwerken die ze niet aardig vinden. Uit onderzoek van Sessa en Jackson (1995) bleek dat een sterke cohesie in een groep bevorderlijk is voor een goede samenwerking. Uit onderzoek van Hoffman e.a. (1962) kwam naar voren dat een slechte sfeer in de groep als gevolg van conflicterende ideeën, minder tevredenheid teweegbracht. Ook andere onderzoekers vonden dat mensen uit een cohesieve groep vaak aangaven meer tevreden te zijn dan leden van een niet-cohesieve groep.

Heterogene groepen komen minder snel tot cohesie door de verschillen in denkbeelden en waarden. Toch kunnen heterogene groepen ook voordelen ondervinden van een zwakke cohesie in de groep. Een te sterke cohesie kan de kans op conformisme namelijk vergroten (Festinger e.a., 1950). Een groep kan onder de druk om te conformeren tot inadequate beslissingen komen, temeer daar in een groep toch al de neiging bestaat vast te houden aan de eerst gevonden oplossing. Janis (1972) noemde dit verschijnsel *group think*. Op grond van historische blunders van politici concludeerde hij dat er in groepen met een hoge onderlinge aantrekkingskracht een sterke tendens bestaat om overeenstemming te bereiken zonder dat de groepsleden voldoende informatie zoeken of alternatieve oplossingen overwegen. *Group think* treedt vooral op in groepen met een sterk leiderschap die naar binnen gekeerd raken. Er ontstaat dan ook een druk om afwijkende meningen te onderdrukken en de eigen groep als onkwetsbaar te zien. Het tweede paarse kabinet (Kok-II) begon hieraan te lijden en werd onaangenaam verrast door het verschijnsel Fortuyn.

Heterogene groepen hebben door hun geringere cohesie minder kans op conformisme en daardoor een grotere kans tot betere besluitvorming te komen dan homogene groepen. Het kan dus gebeuren dat de leden van heterogene groepen minder tevreden zijn omdat ze niet een sterke onderlinge cohesie ervaren, maar desondanks daardoor wel betere prestaties leveren. De tegenstrijdige resultaten van onderzoek naar de gevolgen van cohesie maken duidelijk dat het nodig is na te gaan onder welke condities cohesie een positief en onder welke condities cohesie een negatief effect heeft op groepsprocessen en groepsprestaties. Het is goed denkbaar dat de relatie tussen cohesie en tevredenheid lineair is (hoe cohesiever des te tevredener is de groep), terwijl de relatie tussen cohesie en prestaties kromlijnig kan zijn: een zeer lage cohesie schaadt de productiviteit, met een matige cohesie is men wel bereid naar elkaar te luisteren en profiteert men van het naar voren brengen van de verschillende visies, maar wanneer de groepscohesie al te sterk toeneemt is men snel tevreden en houdt men op kritisch naar elkaar te luisteren. Cohesie is dan contraproductief.

8.4 Communicatieproblemen

Een potentieel negatief effect van etnische diversiteit betreft de communicatie. Diversiteit gaat nogal eens gepaard met communicatieproblemen. Hier is in meerdere onderzoeken op gewezen (Maznevski, 1994; Steiner, 1964). Dat is ook niet zo verwonderlijk. Vaak beheersen buitenlanders de nationale taal niet zo goed, waardoor ze zich minder goed duidelijk maken of zich geremd voelen om hun mening naar voren te brengen. In etnisch heterogene groepen spreekt men vaak niet alleen letterlijk, maar ook figuurlijk een andere taal (Kirchmeyer en Cohen, 1992). Zo hebben minderheden van niet-Europese afkomst culturele normen en gewoonten wat betreft communicatie die in veel opzichten verschillen van de normen en gewoonten van Europeanen (Ruben, 1976).

Een voorbeeld: in veel niet-westerse culturen is het uiterst belangrijk gezichtsverlies voor medewerkers of collega's te voorkomen. Als gevolg daarvan heeft de communicatie tussen de groepsleden een minder kritisch en meer verhuld karakter dan wij in het Westen gewend zijn. Een Chinese psycholoog verwoordde de communicatieproblemen die hij had met Nederlanders als volgt:

> 'Je moet je in Nederland heel duidelijk en precies uitdrukken. Je moet niet van Nederlanders verwachten dat ze de betekenis achter de woorden begrijpen, ze nemen de boodschap letterlijk.'

Overigens houdt de westerse medewerker er ook niet van zijn gezicht te verliezen. Effectieve communicatie tussen groepsleden blijkt evenwel een belangrijke voorwaarde te zijn voor creatieve probleemoplossing in groepen. Om de creatieve potentie van diversiteit te realiseren, is het dus belangrijk dat multiculturele groepen communicatieproblemen die met diversiteit kunnen samengaan, overwinnen (Ruhe en Eatman, 1977).

8.5 Culturele kenmerken

Niet alleen de mate van cohesie is van invloed op tevredenheid, ook de culturele achtergrond van de werknemers kan samenhangen met tevredenheid. In een onderzoek naar loopbaanontwikkeling en werkbeleving (Van Gastel e.a., 1993) bleek de algehele tevredenheid van allochtonen van andere factoren afhankelijk te zijn dan de tevredenheid van autochtonen. Uit de resultaten bleek dat tevredenheid van allochtonen voor een groot deel bepaald werd door sociale aspecten van de werkomgeving, zoals het krijgen van respect, terwijl bij autochtonen vooral taakkenmerken, zoals het hebben van verantwoordelijkheid, bepalend waren voor het ervaren van tevredenheid.

Cultuurverschillen kunnen tevens de samenwerking en groepsprestaties beïnvloeden. We hebben al gezien dat cultuurverschillen (Hofstede, 1980, 1991), in het bijzonder individualisme-collectivisme, gerelateerd zijn aan attitudes en gedrag. Het contrast tussen individualisme en collectivisme is een van de gebieden dat zeer uitgebreid is onderzocht (Smith en Bond, 1998; Triandis, 1989, 1990). Bontempo e.a. (1990) vonden bijvoorbeeld dat personen met een collectivistische culturele achtergrond een grotere bereidheid toonden tot persoonlijke opofferingen om anderen te helpen dan mensen uit een individualistische cultuur. Ook ervaren ze er meer voldoening van wanneer ze aan verwachtingen van de groep voldoen. In vergelijking met mensen uit individualistische culturen, leggen mensen uit collectivistische culturen een grotere nadruk op de behoeften en doelen van de groep, sociale normen en plichten, gedeelde overtuigingen en coöperatie met groepsleden (Hofstede, 1991; Wheeler e.a., 1989). In de literatuur wordt vooral de coöperatieve instelling van mensen uit een collectivistische cultuur en de meer competitieve houding van mensen met een individualistische achtergrond benadrukt (Cox e.a., 1991).

Vrijwel al het onderzoek naar culturele diversiteit is in westerse landen verricht, dat wil zeggen, in landen met een individualistische cultuur. Aangezien die landen een individualistische cultuur hebben zullen autochtone respondenten voornamelijk een individualistische instelling hebben, terwijl de allochtonen in die landen voor een groot deel uit meer collectivistische culturen afkomstig zijn en daardoor een meer collectivistische instelling hebben. Dit geldt zeker voor de Latijns-Amerikaanse en Aziatische immigranten in de Verenigde Staten, maar ook voor het overgrote deel van de immigranten in Nederland. Immers, de belangrijkste groepen immigranten in Nederland komen respectievelijk uit Indonesië, Suriname, Turkije en Marokko. De attitudes en gedragingen die met collectivisme geassocieerd worden, in het bijzonder een coöperatieve houding, kunnen een gunstig effect hebben op de samenwerking. Het groepsproduct van heterogene groepen kan, door de collectivistische instelling van allochtonen, creatiever en kwalitatief beter zijn dan het groepsproduct van homogene groepen. Deze gedachten zijn nog wat hypothetisch van aard en dienen getoetst te worden. De aanname achter deze gedachten is namelijk dat immigranten uit een collectivistische cultuur zich ook in een individualistische cultuur collectivistisch zullen gedragen en deze aanname is aanvechtbaar. De allochtoon kan zich collectivistisch in de eigen cultuur gedragen, maar overgaan op een individualistisch gedragspatroon in een individualistische cultuur.

Ten slotte is er nog een andere belangrijke factor waarop mensen met verschillende culturele achtergronden kunnen verschillen: de behoefte invloed uit te oefenen. Dit leiderschapsmotief verwijst naar de behoefte om anderen te beïnvloeden en wordt geassocieerd met hoge niveaus van controle en overtuigingskracht in groepen (Fodor en Smith, 1982; Steer en Braunstein, 1976). Kirchmeyer (1993) veronderstelde dat personen met een sterke leiderschapsbehoefte meer zouden bijdragen aan de groepstaak dan personen met geen of weinig leiderschapsbehoefte. Daarnaast verwachtte zij dat allochtonen minder behoefte hebben om invloed uit te oefenen en daardoor minder zouden bijdragen aan de groepstaak dan autochtonen. Uit haar onderzoek bleek echter dat autochtonen en allochtonen niet wezenlijk verschillen in de behoefte om controle over anderen te hebben. Wel werd gevonden dat autochtonen het meest aan de besluitvorming bijdroegen wanneer zij probeerden beter te presteren dan anderen en probeerden controle over anderen te hebben. Allochtonen daarentegen droegen het meeste bij als zij zich richtten op een goede samenwerking.

Kirchmeyer verklaarde de resultaten door te stellen dat coöperatief gedrag waarschijnlijk een verwachte en geaccepteerde rol van de minderheid is, terwijl goed presteren en controle hebben over anderen waarschijnlijk worden beschouwd als taken van de meerderheidsleden. Deze redenering komt overeen met de resultaten van het onderzoek van De Vries & Radstake (1997), waar deze hypothese eveneens getoetst is. Hieruit bleek dat autochtonen in heterogene groepen meer behoefte aan invloed hadden dan allochtonen en dat minderheidsleden een kleinere bijdrage leverden aan het groepsproduct. De geringere bijdrage van allochtonen kan overigens ook een gevolg zijn van hun geringere status als leden van een minderheidsgroep. De kwaliteit van de probleemoplossing in heterogene groepen was echter niet minder dan in homogene groepen. Een mogelijke verklaring die de onderzoekers hiervoor gaven was dat minderheidsleden zich richtten op een goede samenwerking en op deze manier een bijdrage leverden aan het groepsproduct. Het is dus mogelijk dat autochtonen zich in sterkere mate richten op het bedenken van een goede oplossing, terwijl allochtonen zich wat meer op het zorgen voor een prettige sfeer richten.

8.6 De effecten van diversiteit in tijdsperspectief

Al met al is het moeilijk eenduidig te constateren of etnische diversiteit nu tot hogere of tot lagere productiviteit leidt of dat het niet uitmaakt. Daarvoor zijn er te veel factoren van invloed op die productiviteit en bovendien roept diversiteit zowel negatieve als positieve processen op. De tegenstrijdige tendensen staan geïllustreerd in figuur 8.1. Toch is het een belangrijk gegeven dat in verschillende onderzoeken naar voren kwam dat prestaties van cultureel diverse groepen kwalitatief beter waren dan prestaties van groepen die louter bestaan uit mensen van gelijke afkomst. Deze optimistische conclusie krijgt waarschijnlijk meer ondersteuning wanneer we ons zouden beperken tot groepen die langer bestaan, omdat in die groepen de leden elkaar hebben leren kennen. Daardoor hebben zij de initiële problemen van gebrek aan vertrouwdheid kunnen overwinnen. Dit is ook wat de *contacthypothese* (Allport, 1954) stelt, namelijk dat wanneer mensen met elkaar omgaan en elkaar beter leren kennen, stereotypen worden vervangen door meer accurate kennis van elkaar als individuen, hetgeen weer kan leiden tot een vermindering van vooroordelen en een grotere groepscohesie. Er is helaas niet veel onderzoek waarin groepsprestaties over een langere periode gemeten zijn; het merendeel van de studies betreft laboratoriumonderzoek en langdurig veldonderzoek is moeilijk en kostbaar. Maar uit een longitudinaal onderzoek van Watson e.a. (1993) kwam inderdaad naar voren dat etnisch heterogene groepen na een aantal weken betere resultaten behaalen. Hun verklaring voor de aanvankelijk achterblijvende resultaten was dat in nieuw samengestelde groepen problemen met het hanteren van culturele diversiteit de prestaties nadelig kunnen beïnvloeden. Het is overigens ook een sociaal-psychologische wet dat vertrouwdheid tot aantrekkingskracht leidt. Het gezegde 'onbekend maakt onbemind' kan dus omgedoopt worden tot 'bekend maakt bemind'. Figuur 8.2 laat het productiviteitsverloop zien voor homogene en heterogene groepen.

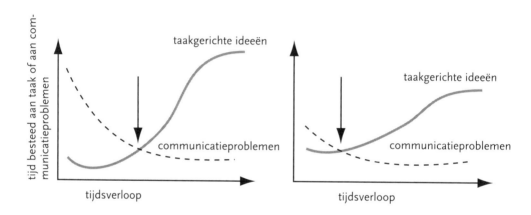

Figuur 8.2

Groepseffecten in heterogene groepen (afbeelding links) en homogene groepen (afbeelding rechts) na verloop van tijd (bron: Girndt, 2000).

Het tijdstip waarop we naar het functioneren van groepen kijken is dus belangrijk, vooral voor cultureel heterogene groepen. Girndt (2000) heeft hier in haar proefschrift op gewezen; zij heeft benadrukt dat niet alleen de samenstelling van de groep maar ook het groepsproces onder de loep genomen moet worden. En terecht, want groepen komen niet uit de lucht vallen, maar ontwikkelen zich geleidelijk en blijven voortdurend aan verandering onderhevig. Groepen zijn dus dynamisch. Zo veranderen vaak de accenten van een groep naarmate deze verschillende stadia doorloopt. En uiteraard vormen conflicten een bron van dynamiek in groepen. Vooral Tuckman en Jensen (1977) hebben erop gewezen dat groepen in verschillende ontwikkelingsfasen verkeren.

Deze auteurs kwamen op grond van de groepsdynamische literatuur over een periode van twintig jaar tot de volgende, zeer veel gehanteerde fase-indeling:

- *Oriëntatiefase* (forming): in deze 'snuffelfase' leren de groepsleden elkaar kennen. Men probeert uit wat kan en niet kan; zo ontstaan geleidelijk aan de regels met betrekking tot de taak en de onderlinge relaties. De groepsleden doen nog geen stellige uitspraken, reageren voorzichtig op elkaar, gaan discussies uit de weg en kijken hoe anderen op hun inbreng reageren. Onzekerheid over de manier van het met elkaar omgaan overheerst en er bestaat nog geen duidelijke structuur. Zodra de individuen zich als leden van een groep gaan beschouwen is de oriëntatiefase afgerond.

- *Conflictfase* (storming): in deze fase gaan de groepsleden zich meer uitspreken en elkaar meer uittesten. Daardoor worden de verschillen in opvattingen en voorkeuren duidelijker en dat leidt tot polarisatie en tot conflicten. De groepsleden beginnen zich te verzetten tegen de leiders van de groep en beginnen zich ook onderling vijandig te gedragen. Als de conflicten niet opgelost worden dan gaan de leden zich terugtrekken en bestaat het gevaar dat de groep uit elkaar valt. Gebeurt dit echter niet en weten de leden hun conflicten op te lossen, dan is de conflictfase beëindigd.

- *Integratiefase* (norming): in deze fase groeit de cohesie en treedt er een sterke identificatie met de groep op. De onderlinge relaties worden hechter, zelfs vriendschappelijk. Er komt meer overeenstemming in denkbeelden en de bereidheid gemeenschappelijke oplossingen te zoeken neemt toe. Er ontstaat zelfs een gemeenschappelijke taal. De normen over wat wel en niet gewenst is, evenals de rollen van de groepsleden, worden duidelijk en geaccepteerd. Daarmee is deze fase afgerond.

- *Uitvoeringsfase* (performing): in deze fase kunnen de groepsleden ongestoord aan de groepstaken werken, omdat hun manier van samenwerken geregeld is. Het is de fase van volwassenheid. Alle energie komt vrij voor het vervullen van de taak. Voorzover er problemen optreden, liggen die niet op het vlak van de onderlinge samenwerking maar hebben ze met de taken zelf te maken.

- *Eindfase* (adjourning): groepen houden op te bestaan, omdat de taak beëindigd is (in het geval van ad-hocgroepen), omdat men langzamerhand op elkaar uitgekeken raakt, omdat belangrijke leden uit de groep treden, enzovoorts. Deze fase vormt in zekere zin ook weer de overgang naar een volgende groep of een volgend project.

In de recente groepsdynamische literatuur keren deze fasen voortdurend terug, soms met andere termen om evenwel dezelfde groepsontwikkeling aan te geven (bijvoorbeeld Wheelan, 1994). Volgens het model van Tuckman en Jensen verloopt het proces van groepsontwikkeling volgens de geschetste fasen. Het is echter de vraag of de fasen elkaar altijd zo keurig opvolgen. Soms blijft een groep steken in een bepaalde fase, of keert weer terug naar een eerdere fase. In de uitvoeringsfase kunnen bijvoorbeeld weer problemen ontstaan die om een oplossing vragen waardoor de groep tijdelijk terugkeert naar de conflictfase. Vandaar dat vele groepstheoretici de voorkeur geven aan cyclische modellen, modellen die ervan uitgaan dat bepaalde kwesties inderdaad de groepsinteractie overheersen gedurende de verschillende fasen van de groepsontwikkeling, maar dat die kwesties later weer terug kunnen komen in de groepsontwikkeling (Forsyth, 1990). Het belang van het model van Tuckman en Jensen is extra groot voor cultureel heterogene teams omdat het model zo expliciet stelt dat groepen moeten omgaan met contrasterende visies en dat is juist het kenmerkende van heterogene teams. Het laat ook zien dat communicatieproblemen zo goed als onvermijdelijk zijn maar niet permanent aanwezig hoeven te zijn.

8.7 De verklaringen samengevat

Zoals we zagen zijn de – positieve – effecten op verschillende wijzen te verklaren. De eerste verklaring hiervoor is dat de aanwezigheid van verschillende invalshoeken en perspectieven in heterogene groepen verantwoordelijk is voor het verschil in creativiteit en kwaliteit. Een andere verklaring heeft te maken met de mate van cohesie in homogene en heterogene groepen. De cohesie in heterogene groepen is naar verwachting minder sterk dan in homogene groepen. De gevolgen van cohesie kunnen in allerlei richtingen gaan, maar een van de mogelijke gevolgen van een sterke cohesie in een groep is het ontstaan van conformisme. Aangezien de cohesie in heterogene groepen naar verwachting minder sterk is dan in homogene groepen, zal de kans op conformisme in heterogene groepen waarschijnlijk ook kleiner zijn dan in homogene groepen. Uit onderzoeken bleek dat conformisme de besluitvorming in groepen nadelig kan beïnvloeden. Een betere besluitvorming in heterogene groepen kan dus ook ten grondslag liggen aan de betere prestaties van deze groepen. Een derde – meer speculatieve – verklaring verwijst naar de verschillende attitudinale inbreng van autochtonen en allochtonen op grond van hun culturele achtergrond. Autochtonen zouden dan competitiever en meer taakgericht zijn en een sterker machtsmotief hebben, terwijl allochtonen wat coöperatiever en meer gericht op relaties zouden zijn en meer behoefte aan respect door hun groepsgenoten zouden ervaren.

In een eigen onderzoek* naar etnisch heterogene en homogene teams van politiefunctionarissen in opleiding zijn enkele van de bovengenoemde aspecten onderzocht. Aan het onderzoek namen 188 cursisten deel, verspreid over 63 groepen. Vrijwel alle groepen bestonden uit drie personen die afkomstig waren uit bestaande schoolklassen. De cursisten kenden elkaar dus al geruime tijd. Zij moesten een brainstormtaak en een besluitvormingstaak verrichten. De brainstormtaak bestond uit het bedenken van zoveel mogelijk ideeën voor een openingsdag van een politiebureau in een multiculturele wijk. 'Hoe meer ideeën hoe beter,' was de instructie. Voor de besluitvormingstaak moesten zij een zo goed mogelijke oplossing bedenken voor het probleem waar een klein winkelcentrum mee kampte: scholieren van een nabijgelegen scholengemeenschap teisterden de winkeliers met diefstallen en vernielingen en de schoolleiding verleende weinig medewerking aan de winkeliers. De oplossingen werden door een jury beoordeeld met een rapportcijfer. De heterogene groepen verschilden niet van de homogene groepen wat creativiteit (aantal oplossingen op de brainstormtaak) betreft, maar wel leverden zij kwalitatief betere oplossingen voor het complexere probleem van het winkelcentrum: volgens de jury waren hun oplossingen inventiever dan die van de homogene groepen. Hoewel de groepen even tevreden waren over de samenwerking, bleken de heterogene groepen minder cohesief te zijn (de groep werd minder gezellig en de mensen minder aardig gevonden). Dit is een bevestiging van de gelijkheidsattractiehypothese: de leden van de groep waren ongelijk en vonden elkaar minder aardig. Hoewel er wel een relatie tussen cohesie en conformisme gevonden werd ($r = 0,55$) waren er geen verschillen tussen de heterogene en homogene groepen in de mate van conformisme.

Wat kan dan de grotere inventiviteit van heterogene groepen in dit onderzoek dan wel verklaren? De meningen van de groepsleden over hun eigen bijdragen aan de groep kan hier uitsluitsel over geven. Allochtonen en autochtonen verschilden niet in de mate waarin zij naar eigen

---

*Dit onderzoek werd uitgevoerd in samenwerking met Sjiera de Vries, Wenda de Jong en Kim van den Heuvel.

zeggen leiding gegeven of controle uitgeoefend hadden. Echter, de allochtonen vonden in veel sterkere mate dan de autochtonen dat zij anderen gemotiveerd hadden en beïnvloed hadden met hun ideeën. Deze bevinding wijst op de mogelijk specifieke bijdragen van allochtonen in groepen: een relatiegerichte, bestaande uit het motiveren van hun groepsgenoten, en een cognitieve bestaande uit het inbrengen van ideeën. Het is een interessante gedachte die de moeite waard is verder getoetst te worden. Daarvoor is onderzoek nodig waar taakgerichte en sociaal-emotionele bijdragen geregistreerd worden.

8.8 Slot

Etnische diversiteit in werkgroepen is in de huidige samenleving nauwelijks te vermijden. Gezien de resultaten van onderzoek hoeven we hier ook niet bang voor te zijn, maar dan moeten we wel de positieve kanten van diversiteit uitbuiten en de negatieve kanten onderdrukken. Etnische diversiteit kan een positieve invloed hebben op groepsprestaties. Welke groepsprocessen precies leiden tot het kwalitatieve voordeel van heterogene groepen is ondanks het vele onderzoek niet eenduidig naar voren gekomen. De belangrijkste potentiële troeven van etnisch heterogene groepen lijken hun cognitieve diversiteit en de geringere neiging van hun leden tot conformisme te zijn. Toch functioneren heterogene teams lang niet altijd beter en vaak zelfs slechter dan homogene teams. Dit is vooral te wijten aan de ongelijkheid tussen de leden. Ongelijkheid van opvattingen en waarden maakt het moeilijker elkaar aardig te vinden en roept communicatieproblemen op. Deze twee soorten problemen worden na verloop van tijd wel in veel gevallen kleiner wanneer de leden vertrouwd met elkaar worden. Dan gaan ze waarschijnlijk overeenkomsten in elkaar ontdekken, elkaar aardiger vinden en zal de communicatie soepeler gaan verlopen. Vanaf dat moment kan de groep gaan profiteren van de verschillende invalshoeken waarover de leden beschikken. Hiervoor is het wel nodig dat de groep al niet eerder wegens de communicatieproblemen uit elkaar gevallen is.

Wat kunnen we nu doen om etnische heterogene groepen niet als een probleem te zien, maar als groepen met een meerwaarde? Op grond van de huidige kennis over de effecten van culturele diversiteit liggen de volgende suggesties voor de hand:

- Wetende dat de beginperiode in heterogene groepen wat moeilijker is door onbekendheid met elkaars gedragingen en opvattingen, is het verstandig om tijd in te ruimen om elkaar informeel beter te leren kennen. Tijd besteed aan kennismaking wordt ruimschoots goedgemaakt door het voorkomen van misverstanden en het versoepelen van de communicatie.

- Diversiteit in culturen biedt voordelen. Het is belangrijk daarvan te profiteren en de nadelen terug te dringen. De nadelen manifesteren zich vooral in het begin. Het komt er dus op neer om acties te ondernemen die het moment versnellen waarop groepen kunnen profiteren van de diversiteit.

- Taalcursussen voor minderheidsgroepen kunnen onnodige communicatieproblemen voorkomen. Dit is een simpel maar effectief advies.

- Velen vinden het moeilijk om met mensen samen te werken die er verschillende visies op na houden. Trainingen kunnen nuttig zijn om minder vatbaar te worden voor de inhiberende effecten van diversiteit en van de cognitieve diversiteit te profiteren. Mensen kunnen leren 'multicultureel effectief' te worden. In hoofdstuk 12 komen enkele methoden aan de orde die mensen leren om multicultureel effectief te zijn.

- Allochtonen hebben wellicht door hun minderheidspositie een meer relatiegerichte instelling. Het is belangrijk condities te scheppen waarin deze instelling tot haar recht kan komen.

- Verder is het belangrijk betrouwbare instrumenten te ontwerpen om verschillende culturele oriëntaties te meten om een completer beeld te krijgen van de aspecten van culturele diversiteit die invloed kunnen uitoefenen op de kwaliteit van groepsprestaties. Deze instrumenten kunnen diagnostisch gebruikt worden, om inzicht te verkrijgen in de eigen groep, maar ook voor verder onderzoek naar de processen die door culturele diversiteit worden opgeroepen.

- Zoals bij zoveel situaties waar sprake is van in-groups en out-groups is het nuttig om gemeenschappelijkheid van doelen te benadrukken of te vergroten. Coöperatie of het instellen van gemeenschappelijke doelen zijn principes die bijna altijd een positieve invloed hebben op intergroepsrelaties.

- Een interessante ontwikkeling in multiculturele samenlevingen is het ontstaan van 'kosmopolitisme'. Kosmopolitisme is de opvatting dat verschillende culturen, waaronder de eigen cultuur, waardevolle elementen bevatten en dat het de moeite is van die positieve elementen gebruik te maken. Kosmopolitisme gaat dus niet gepaard met een exclusieve of sterke identificatie met de eigen cultuur. Allochtonen kunnen kosmopolitisch zijn, maar ook autochtonen.

Nationale culturen

9.1 Inleiding

> 'In matters of commerce the fault of the Dutch
> is offering too little and asking too much.'

Zo typeert George Canning al rijmend de Nederlanders in 1826 in een boodschap naar de Engelse ambassadeur in Den Haag. Het 'op de penning zijn' is een stereotype over de Nederlander dat ook in deze tijd nog opgaat. Dit voorbeeld geeft aan dat er hardnekkige stereotiepe beelden zijn over volkeren. Vaak bevatten zij een flinke kern van waarheid. De opvatting bijvoorbeeld dat Noord-Amerikanen individuele vrijheid en verantwoordelijkheid belangrijk vinden, komt in allerlei aspecten van de Noord-Amerikaanse samenleving naar voren, zoals het recht om wapens te bezitten, de vrije meningsuiting en de relatief lage belastingen. Maar stereotypen over bepaalde nationale culturen wijken ook nogal eens af van de werkelijke cultuur. Hebben naties een cultuur of bestaan nationale culturen slechts als stereotiepe beelden in de hoofden van mensen? Onderzoek naar deze vraag komt in de komende paragrafen aan bod, het hoofdstuk eindigt met een bespreking van het belang van het onderwerp nationale cultuur voor internationale samenwerking.

Het meeste onderzoek naar nationale culturen heeft betrekking op de beschrijving van individuele landen of een kleine steekproef van landen. Twee bekende uitzonderingen daarop zijn het onderzoek van Schwartz naar culturele waarden dat oorspronkelijk in twintig landen plaatsvond en het onderzoek van Hofstede (1980) dat op data van meer dan veertig landen is gebaseerd. Eerst zal Hofstedes onderzoek besproken worden; het werk van Schwartz komt in paragraaf 9.4 aan bod. Hofstede is de grote pionier op het gebied van onderzoek naar nationale culturen. Zijn verdienste is dat zijn beschrijvingen van nationale culturen tot de verbeelding spreken en empirisch zijn onderbouwd.

Wat het laatste betreft steekt zijn werk gunstig af bij de grote hoeveelheid international business literatuur over nationale culturen die op anekdotes of op stereotypen is gebaseerd.

9.2 Hofstedes cultuurdimensies

Hofstede noemt vier dimensies op grond waarvan nationale culturen te onderscheiden zijn. Tot die dimensies kwam hij door middel van een factoranalyse op de gemiddelde scores per land op veertien werkgerelateerde waarden. Dit gebeurde op basis van een gigantisch gegevensbestand. Hij kreeg namelijk de beschikking over meer dan 116.000 vragenlijsten, ingevuld door werknemers van IBM, afkomstig uit veertig landen. De dimensies zijn:

- *Machtsafstand*
Deze dimensie verwijst naar de ongelijkheid van mensen in een bepaalde samenleving. Deze ongelijkheid kan voorkomen op allerlei gebieden, zoals mentale en fysieke kenmerken, status, rijkdom, macht, wetten en regels en komt voor in elke samenleving. Echter, de manier waarop men met deze ongelijkheid omgaat, verschilt van land tot land. In sommige landen bestaat er binnen hiërarchische relaties een grote machtsafstand. Dit zijn de landen die hoog scoren op machtsafstand. Voorbeelden zijn Mexico en Frankrijk. Daartegenover staan de landen waar binnen de samenleving weinig machtsverschil bestaat tussen de diverse groepen. In deze landen streeft men zoveel mogelijk naar gelijkheid en gelijke rechten voor iedereen. Deze landen scoren laag op machtsafstand. Een voorbeeld is Denemarken. In Nederland is een matige machtsafstand.

- *Onzekerheidsvermijding*
Deze dimensie geeft de behoefte aan zekerheid in een bepaalde samenleving weer. In sommige landen is deze behoefte zwak. Men accepteert het leven gemakkelijker zoals het valt. Men waagt zich eerder in onbekende situaties, zoals een nieuwe baan. Verschillende levens- en maatschappijopvattingen kunnen naast elkaar bestaan. Dit zijn de landen die laag scoren op onzekerheidsvermijding. Een voorbeeld is weer Denemarken. Aan de tegenovergestelde pool van deze dimensie, sterke onzekerheidsvermijding, vindt men landen waar de behoefte aan zekerheid het dagelijks leven ingrijpend beïnvloedt. Men houdt zich graag aan de bekende weg, wisselt niet gemakkelijk van baan, staat afwijzend tegenover nieuwe ideeën. Het dagelijkse leven is sterk gereguleerd

door informele of formele wetten en voorschriften. Volgens Hofstede is België zo'n land.

- *Individualisme versus collectivisme*
  In deze dimensie gaat het om de sterkte van de banden tussen het individu en allerhande groepen (familie, bedrijf, buurt, e.d.) in een samenleving. In een individualistische samenleving zijn deze banden erg los. Ieder moet voor zijn eigen belangen en eventueel die van zijn naaste verwanten opkomen. In de werksituatie blijkt dit uit een zakelijke verhouding tussen werknemer en werkgever. De samenleving laat het individu hiertoe een grote vrijheid, omdat individualisme gezien wordt als een bron van welzijn, zoals dat bijvoorbeeld in Nederland het geval is. In collectivistische landen dient het individu op te komen voor de belangen van de groep waartoe het behoort. De groep verwacht loyaliteit van de leden; daartegenover biedt de groep in geval van nood bescherming. Een individualistische houding ziet men daar als vervreemdend. Indonesië heeft volgens Hofstede zo'n collectivistische cultuur.

- *Masculiniteit versus femininiteit*
  Hier gaat het om de sociale rollen die de twee seksen in een samenleving vervullen. Masculien slaat op de traditioneel mannelijke gerichtheid op assertiviteit, prestaties, succes en geld verdienen. Feminien verwijst naar de rol van zorg voor anderen en de leefomstandigheden, naar bescheidenheid, intuïtie en emoties. De mate waarin deze rollen voor mannen en vrouwen verschillen is niet voor alle landen gelijk. In masculiene landen verschillen mannen en vrouwen sterk in de mate waarin ze waarde hechten aan de verschillende rolpatronen. Een voorbeeld is Japan. In feminiene landen verschillen de seksen nauwelijks wat betreft normen, waarden en handelingen en is in het algemeen de zorg voor de (sociale) leefomstandigheden wat groter. Zweden en Nederland zijn voorbeelden van feminiene culturen.

Samengevat gaat het bij de dimensies dus om grondvragen (met betrekking tot man-vrouwverhoudingen, de omgang met autoriteit, de verhouding tussen het individu en de groep, en de aanpak van agressie en conflicten) die de inrichting van elke samenleving beïnvloeden en ook binnen de onderneming, de school, het gezin, de kerk, het leger, enzovoorts, hun weerslag hebben op de manier van denken, voelen en handelen van het individu. Het gaat om fundamentele waarden die veelal vanzelfsprekend zijn, maar waar men zich pas bij confrontatie met een andere cultuur goed bewust van wordt (het 'de vis-uit-het-water-effect'). Hofstede benadrukt dat de scores van toepassing zijn op nationale culturen en dus niets zeggen over individuen in een land. Er kunnen dus individuen zijn met een grote voorkeur voor regels in een land met een lage onzekerheidsvermijding, zoals er ook gokkers zijn in landen met een hoge onzekerheidsvermijding. Een belangrijk gegeven is dat zijn dimensies samenhangen met de economische indicatoren. Individualisme hangt sterk met welvaart samen, een lage machtafstand hangt daar matig mee samen en onzekerheidsvermijding zwak negatief. De enige dimensie die ongecorreleerd is met welvaart is de masculiniteit/femininiteitsdimensie. Dit is volgens Hofstede de enige 'puur culturele' dimensie.

Hofstedes onderzoek heeft een grote bijdrage geleverd aan de hedendaagse cross-culturele psychologie. Hij heeft een empirisch gefundeerde classificatie van culturen geboden en het aantal landen waar die betrekking op heeft is ongeëvenaard. Later heeft hij de steekproef van landen nog eens uitgebreid tot 53 landen (Hofstede, 1991). In tabel 9.1 staat een overzicht van de rangordescores voor de 53 landen per dimensie. Wat opvalt is dat de voormalige communistische landen en zwart-Afrika ontbreken. Daar was IBM niet gevestigd. Ofschoon recenter onderzoek ondersteuning voor zijn conclusies heeft gevonden (Hoppe, 1990; Sondergaard, 1994), hebben andere onderzoeken niet de door Hofstede gevonden patronen gevonden (Schwartz, 1994a) of aanzien-

Tabel 9.1
Rangorde van nationale culturen volgens Hofstede (bron: Hofstede, 1991).

Land	Machtsafstand	Onzekerheidsvermijding	Individualisme	Masculiniteit
Afrika (oost)	22	36	34	39
Afrika (west)	10	34	40	30
Arabische regio	7	27	26	23
Argentinië	35	12	22	20
Australië	41	37	2	16
België	20	5	8	22
Brazilië	14	21	26	27
Canada	39	41	4	24
Chili	24	12	38	46
Colombia	17	20	49	11
Costa Rica	43	12	46	48
Denemarken	51	51	9	50
Duitsland (West)	43	29	15	9
Ecuador	8	28	52	13

Land	Machtsafstand	Onzekerheids-vermijding	Individualisme	Masculiniteit
El Salvador	18	5	42	40
Filippijnen	3	44	31	11
Finland	46	31	17	47
Frankrijk	15	12	10	35
Griekenland	27	1	30	18
Groot-Brittannië	43	47	3	9
Guatamala	3	3	53	43
Hongkong	15	49	37	18
Ierland	49	47	12	7
India	10	45	21	20
Indonesië	8	41	47	30
Iran	29	31	24	35
Israël	52	19	19	29
Italië	34	23	7	4
Jamaica	37	52	25	7
Japan	33	7	22	1
Joegoslavië	12	8	34	48
Korea (Zuid)	27	16	44	41
Maleisië	1	46	36	25
Mexico	6	18	32	6
Nederland	40	35	4	51
Nieuw-Zeeland	50	40	6	17
Noorwegen	47	38	13	52
Oostenrijk	53	24	18	2
Pakistan	32	24	47	25
Panama	2	12	51	34
Peru	22	9	45	37
Portugal	24	2	34	45
Singapore	13	53	40	28
Spanje	31	12	20	37
Taiwan	29	26	43	32
Thailand	22	30	40	44
Turkije	18	16	28	32
Uruguay	26	4	29	42
USA	38	43	1	15
Venezuela	5	21	50	3
Zuid-Afrika	35	39	16	13
Zweden	47	49	10	53
Zwitserland	45	33	14	4

lijke wijzigingen in zijn classificatie gevonden (Fernandez e.a., 1997; Van Oudenhoven, 2001). Onlangs is daar nog een zeer kritisch artikel over de aaname van zijn onderzoek bijgekomen (McSweeney, 2002).

Er zijn verschillende factoren die kunnen verklaren waarom sommige onderzoeken tot afwijkende conclusies gekomen zijn. Een van de problemen is dat Hofstedes conclusies hoofdzakelijk gebaseerd zijn op – de overwegend mannelijke – IBM-employés. Employés die door IBM gerekruteerd zijn kunnen verschillen van de 'gemiddelde vertegenwoordiger van de nationale cultuur' doordat zij van land tot land uit verschillende segmenten van de bevolking afkomstig zijn. Er is dus een selectieprobleem. Ten tweede stammen de gegevens al weer van zo'n 35 jaar terug. Evenals economische en politieke stelsels van landen zijn nationale culturen aan verandering onderhevig. Het is goed om met dergelijke veranderingen rekening te houden. Dat pleit ook voor een geregeld terugkerend onderzoek om eventuele veranderingen in nationale culturen te registreren. Verder is een probleem dat Hofstede onvoldoende duidelijk maakt of het nu gaat om de werkelijke cultuur zoals die waar te nemen is of de cultuur zoals die gewenst wordt. De door hem gebruikte items maken onvoldoende onderscheid tussen de feitelijke en de gewenste cultuur. Sommige items kunnen de cultuur gedeeltelijk weergeven zoals de werknemers ze waarnamen (bijvoorbeeld een item om machtsafstand te meten: 'How frequently, in your experience, does the following problem occur: employees being afraid to express disagreement with their managers?') en gedeeltelijk zoals ze dat graag zouden zien (bijvoorbeeld een item voor onzekerheidsvermijding waarbij de werknemer het eens is met het volgende statement: 'Company rules should not be broken – even when the employee thinks it is in the company's best interest.'). Ofschoon er volgens Hofstede (1991: 27) een sterk verband bestaat tussen de waargenomen en gewenste cultuur kan daar natuurlijk een groot verschil tussen zijn. Tot slot is het belangrijk op te merken dat onze opvattingen over andere culturen vaak gekleurd zijn door hardnekkige stereotypen. Wij zien daardoor grotere verschillen dan er werkelijk zijn en als we ons ernaar gaan gedragen worden ze nog werkelijkheid ook.

9.3 Hofstede revisited in tien landen

Om een aantal van die punten nader uit te zoeken is recentelijk een validatieonderzoek van Hofstedes classificatie uitgevoerd onder meer dan 800 business georiënteerde studenten (Van Oudenhoven, 2001). In dit onderzoek werd een duidelijk onderscheid gemaakt naar de waargenomen en de gewenste cultuur. De studenten waren afkomstig uit tien verschillende landen: België, Canada, Denemarken, Duitsland, Frankrijk, Griekenland, Groot-Brittannië, Nederland, Spanje en de Verenigde Staten. De meesten hadden al enkele jaren werkervaring en velen van hen combineerden werk met hun studie. Hun werkervaring hadden zij opgedaan in de meest uiteenlopende werksectoren: industrie, financiële sector, adviesbureaus, handel, overheid, enzovoorts. Een kleine 40% van hen was vrouw. Natuurlijk is deze groep van respondenten niet representatief voor de bevolking als geheel, maar ze zijn wel van land tot land goed te vergelijken. In een deel van de vragenlijsten moesten de studenten de bedrijven uit hun eigen land voorzover ze die kenden direct scoren op Hofstedes dimensies. Zij gaven hierbij aan hoe zij waarnamen dat het was en hoe zij wensten dat het was. De resultaten uit deze vraag zijn zeer interessant (zie figuren 9.1-9.4). Zoals te zien valt zijn er grote verschillen tussen de waargenomen cultuur en de gewenste cultuur. In alle landen was de waargenomen machtsafstand duidelijk groter dan de gewenste afstand. Hetzelfde geldt, zij het in iets minder sterke mate, voor het waargenomen en het gewenste niveau van onzekerheidsvermijding. Machtsafstand verwijst naar hiërarchische verhoudingen en onzekerheidsvermijding naar regelgeving. Kortom, de organisaties zijn in alle landen veel bureaucratischer dan gewenst. Verder worden de bedrijven vrijwel overal ook meer individualistisch en masculien gevonden dan gewenst.

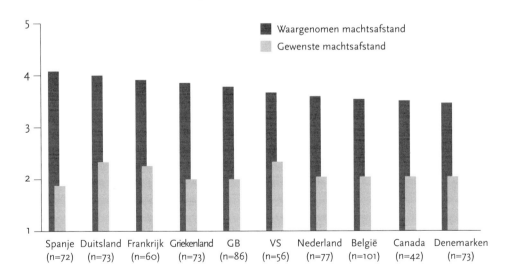

Figuur 9.1
Waargenomen en gewenste machtsafstand (bron: Van Oudenhoven, 2001).

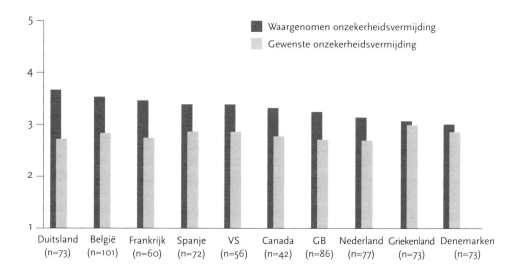

Figuur 9.2
Gemiddelde scores op waargenomen en gewenste onzekerheidsvermijding van 10 landen (1= lage onzekerheidsvermijding; 5= hoge onzekerheidsvermijding) (bron: Van Oudenhoven, 2001).

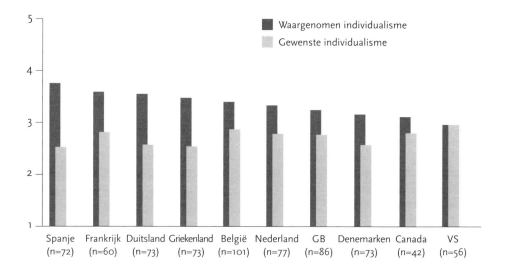

Figuur 9.3
Gemiddelde scores op waargenomen en gewenst individualisme van 10 landen (1= laag individualisme; 5= hoog individualisme) (bron: Van Oudenhoven, 2001).

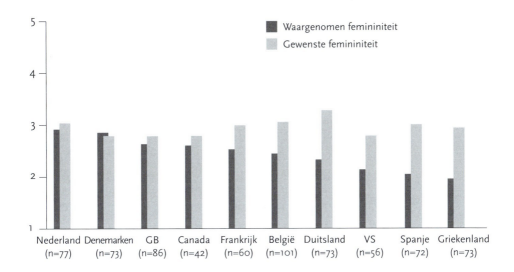

Figuur 9.4
Gemiddelde scores op waargenomen en gewenste femininiteit van 10 landen (1= lage femininiteit; 5= hoge femininiteit) (bron: Van Oudenhoven, 2001).

Wat verder opvalt is dat de scores van land tot land een vergelijkbaar patroon vertonen. De overeenkomsten tussen de landen zijn indrukwekkender dan de verschillen. Toch zijn er verschillen tussen de landen. Bovendien, als we de landen uit dit onderzoek indelen naar Hofstedes vier dimensies, dan vinden we voor alle vier dimensies zoals deze worden waargenomen een verband met de rangorden uit Hofstedes onderzoek. De overeenkomst is het grootst met betrekking tot de masculiniteitdimensie ($r = 0,68$). Wat individualisme betreft gaat dat alleen op voor de gewenste mate van individualisme ($r = 0,59$). We vinden daar dat, hoe individualistischer men het zou willen hebben, hoe minder individualistisch men de bedrijven waarneemt. Al met al bieden de resultaten van dit onderzoek ondersteuning van Hofstedes cultuurdimensies. De verschillen tussen de landen in dit onderzoek komen in grote lijnen overeen met de verschillen zoals Hofstede die vond.

Er is echter een opmerkelijk verschil met Hofstedes onderzoek. Terwijl hij de verschillen tussen de landen benadrukt, komt uit dit onderzoek juist naar voren dat landen niet zoveel verschillen. Een interessante vraag is of nationale culturen meer op elkaar gaan lijken (convergeren) of verder uiteen gaan lopen. Wanneer ze meer op elkaar gaan lijken is dat een ondersteuning voor de *convergentiehypothese*. Deze zogenoemde convergentiehypothese houdt in dat de nationale culturen langzamerhand naar elkaar toegroeien door de toenemende internationalisering. De redenering hierachter is dat de op mondiaal niveau parallel verlopende (informatie)technologische en organisatieontwikkelingen culturen naar elkaar toe doen groeien (Levitt, 1983). Anderen daarentegen, zoals Hofstede (1993) en Laurent (1983) stellen dat organisaties cultuurgebonden zijn en dat de effectiviteit van managementmethoden afhankelijk is van de betreffende cultuur. Hoewel de convergentiehypothese in dit onderzoek niet getoetst is, want daarvoor is longitudinaal onderzoek gewenst, zijn zowel de scores op de gewenste als op de waargenomen cultuur te interpreteren als ondersteuning van de convergentiehypothese: de overeenkomsten tussen de verschillende nationale groepen zijn overtuigender dan de verschillen. Wereldwijde integratie van markten en internationalisering (veramerikanisering) van de managementliteratuur leiden tot een verkleining van nationale verschillen in organisatieculturen. Op andere belangrijke levensgebieden (het gezin of het religieuze domein) hoeft de convergentie dan niet op te treden of vindt deze veel langzamer plaats.

Interessant is dat vooral de Spaanse, Griekse en Duitse nationale groepen grote verschillen laten zien tussen de gewenste en de waargenomen niveaus van machtafstand en masculiniteit. Al deze drie naties hadden in de afgelopen eeuw autoritaire politieke systemen. Autoritaire systemen worden gekarakteriseerd door hoge machtafstand en masculiniteit. Figuren 9.1 en 9.4 geven aan dat de respondenten uit die drie landen zich van dat patroon willen distantiëren. We kunnen speculatief stellen dat grote verschillen tussen de gewenste en de waargenomen cultuur aangeven dat de cultuur in een transformatiefase verkeert.

9.4 De classificatie volgens Schwartz

Terwijl Hofstede gebruikmaakte van een bestaande set data en op grond daarvan zijn indeling in nationale culturen ontwierp, bouwde Schwartz (Schwartz en Bilsky, 1987, 1994a; Schwartz, 1992, 1994b) zijn waardenconfiguratie systematisch op. Inmiddels beschikt hij over gegevens uit meer dan vijftig landen en het aantal deelnemende landen blijft groeien. Schwartz ging uit van drie basale behoeften, biologische behoeften, behoeften aan sociale coördinatie en de behoeften van groepen om te overleven en een zekere mate van welvaart te hebben. Daarmee identificeerde hij 56 waarden waarover respondenten moesten aangeven in hoeverre zij zich in hun leven door die waarden lieten leiden. Respondenten zijn vrijwel overal studenten en leraren. Er was Schwartz veel aan gelegen dat de metingen van de waarden van land tot land equivalent waren. Zo moet een waarde als 'eerlijkheid' in Nederland en China dezelfde betekenis hebben. Vervolgens paste hij de *kleinste-ruimteanalyse* toe, een statistische procedure om per land de psychologische afstand tussen de verschillende waarden te bepalen. In feite verrichtte hij – of zijn collega's – een reeks van parallelle emic-onderzoeken. Van de 56 waarden bleken er 45 van land tot land een vrij consistent patroon te vertonen, hetgeen betekent dat de waardestructuur in de verschillende landen in hoge mate vergelijkbaar is, maar het wil niet zeggen dat in die landen die waarden even belangrijk zijn. De hele set van waarden was terug te brengen tot tien categorieën (zie figuur 9.5).

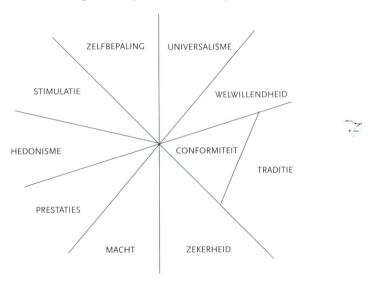

Figuur 9.5
Waardenconfiguratie van Schwartz op basis van individuele gegevens
(bron: Schwartz, 1992).

De tien waarden in figuur 9.5 zijn afkomstig van een analyse op individueel niveau. Een volgende stap was de *kleinste-ruimteanalyse* te herhalen voor de gemiddelde scores per land (Schwartz, 1994). Dit leidde tot een verdere reductie van de waarden tot een zevental, zoals in figuur 9.6 te zien valt.

Het is interessant om deze configuratie te vergelijken met de classificatie van Hofstede. De tegenstelling affectieve autonomie versus conservatisme komt sterk overeen met de dimensie individualisme-collectivisme, hiërarchie versus egalitaire betrokkenheid met hoge en lage machtsafstand, en feminiteit met harmonie, terwijl 'mastery' volgens Hofstede (2000) sterk gecorreleerd is met masculiniteit. Intellectuele

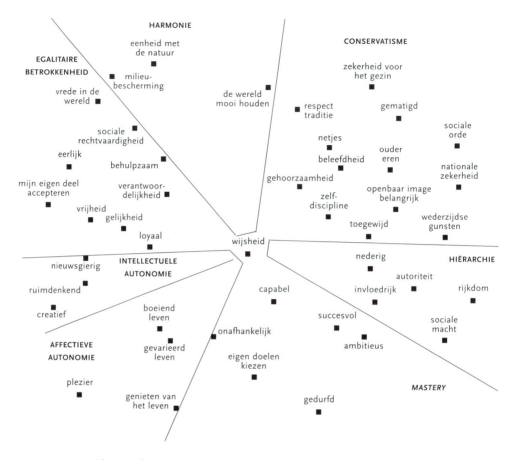

Figuur 9.6
Waardenconfiguratie van Schwartz op basis van landengegevens (bron: Schwartz).

autonomie ten slotte is te vergelijken met een geringe mate van onzekerheidsvermijding. Toekomstig onderzoek zal moeten uitwijzen in hoeverre deze twee op verschillende wijzen tot stand gekomen systemen van nationale culturen niet alleen conceptuele maar ook empirische overeenkomsten laten zien.

Hofstede en Schwartz zijn niet de enige onderzoekers die zich gericht hebben op nationale culturen. Andere auteurs met gedeeltelijk overlappende classificaties zijn Trompenaars (1993) die ook de dimensie collectivisme-individualisme hanteert en Fiske (1992) wiens vier dimensies nog de meeste overeenkomst vertonen met de classificatie van Hofstede. Fiske onderscheidt *low and high communal sharing* die ongeveer met individualisme en collectivisme overeenkomen; ook noemt hij nog *high and low authority ranking* die natuurlijk sterk op hoge en lage machtsafstand lijken. Verder spreekt hij van *market and equality pricing*. Deze laatste concepten verwijzen naar relaties die respectievelijk op het competitieve marktmechanisme of op het principe van gelijke verdeling gebaseerd zijn. Met enige moeite herkennen we hier Hofstedes dimensie femininiteit versus masculiniteit in. Hofstede (2000) zelf vermeldt dat zijn classificatie opvallend overeenkomt met de standaardonderwerpen voor vergelijkend onderzoek die Inkeles en Levinson noemen (Inkeles en Levinson, 1954; Inkeles, 1997). Deze auteurs spraken van 'verhouding tot autoriteiten' dat natuurlijk met machtafstand overeenkomt en verder van 'elementaire dilemma's of conflicten en de manieren om die aan te pakken, inclusief de beheersing van agressie en het uiten versus het inhouden van affectie', wat door Hofstede gelijkgesteld werd met onzekerheidsvermijding. Tot slot spreken Inkeles en Levinson ook van *conceptions of self*, bestaande uit twee componenten die respectievelijk verwijzen naar de dimensies masculiniteit-femininiteit en individualisme-collectivisme.

9.5 Collectivisme en individualisme: een populaire maar zwakke dimensie

Verreweg de meest gebruikte dimensie om nationale culturen te onderscheiden is de dimensie collectivisme versus individualisme. Vooral het onderscheid tussen collectivistische en individualistische culturen zoals Triandis (1994) dat heeft uitgewerkt is bekend. Volgens hem zien collectivisten zichzelf als aanhangsel of aspecten van een groep, zoals een familie, stam, organisatie, of land; zij voelen dat zij en de groep onderling afhankelijk zijn en zijn bereid hun persoonlijke belangen ondergeschikt te maken aan de doelen van de groep. Individualisten daarentegen zien zichzelf als autonoom, onafhankelijk van de groep en vinden het best wat ze doen, ongeacht wat de groepen waartoe ze behoren ervan vinden. Ook maakt Triandis onderscheid tussen collectivisme/individualisme op individueel en op samenlevingsniveau om analyses op beide niveaus uit elkaar te houden. Een individualistische houding van een individu noemt hij *idiocentrisch* en een collectivistische houding van een individu noemt hij *allocentrisch*.

De indeling in collectivistisch-individualistisch heeft tot talloze onderzoeken geleid, waarin de onderzoekers bevestiging van de op dit onderscheid geformuleerde hypothesen gevonden hebben. Enkele van die onderzoeken zijn in dit boek besproken of zullen nog aan bod komen. Zo komen in individualistische landen vaker romantische relaties voor dan in collectivistische landen; er treedt ook in sterkere mate *social loafing* (dit is het fenomeen dat mensen in groepsverband minder hard werken dan zij als individu zouden doen) op en minder samenwerking. Triandis (1990) spreekt zelf over individualisme/collectivisme als: *'The most important world view that differentiates cultures.'* Triandis staat niet alleen in zijn enthousiasme voor het concept, want Gudykunst (1994) noemt het: *'The major dimension of cultural variability used to explain cross-cultural differences in behavior.'* Inderdaad heeft het concept veel te bieden:

- Het is een eenvoudig concept dat iedereen meteen snapt; het heeft *face validity*.
- Het is ook duidelijk een theoretisch concept. Zo toont het onder meer verwantschap met het onderscheid *Gemeinschaft* versus *Gesellschaft* van Tönnies (1887). *Gemeinschaft* is het type maatschappij dat gekenmerkt wordt door persoonlijke relaties, offervaardigheid en solidariteit in de menselijke verhoudingen. *Gesellschaft* is het type maatschappij dat gekenmerkt wordt door onpersoonlijke (zakelijke) relaties, egoïsme en individualisme in menselijke verhoudingen.
- De tweedeling kan talloze verschillen in cognities en gedragingen verklaren, zoals attributies, liefde, waargenomen rechtvaardigheid, economisch gedrag, enzovoorts.
- De belangrijkste theoretici, Triandis en Hofstede, komen respectievelijk uit het vooroorlogse collectivistische Griekenland en het individualistische Nederland. Ze komen bovendien eens niet uit de Verenigde Staten, hetgeen de acceptatie van hun ideeën in een multiculturele wereld vergroot.
- Zowel collectivisme als individualisme hebben positieve en negatieve connotaties. Vertegenwoordigers uit beide culturele kampen kunnen zich dus met hun eigen culturele achtergrond identificeren.

> Dit kwam mooi naar voren in een recent interview met een 27-jarige Japanse conservatoriumstudente (*Volkskrant Magazine*, 1 juni 2002) die verklaarde de cultuurverschillen tussen Nederland en Japan te groot te vinden en daarom op haar 30e weer terug te willen naar Japan: 'Japanners leren van huis uit beter rekening te houden met anderen, we leren onszelf weg te cijferen voor het collectief.' En niet zonder bewondering voor het individualistische Nederland: 'In Nederland heeft een leraar respect en waardering voor ieders potentieel en identiteit. Niet iedereen hoeft precies hetzelfde te zijn. In Japan moet je miljoenen keren hetzelfde spelen. Dat is economisch en productief, maar fnuikend voor je creativiteit.'

- De termen individualisme en collectivisme zijn politiek correcte, vervangende termen voor modernisme en traditionalisme.

- Het is mogelijk de Verenigde Staten te vergelijken met enkele van zijn belangrijke politieke en/of economische concurrenten, zoals Japan en China.

Toch zijn er flinke conceptuele en methodologische problemen met het iets te veel bejubelde onderscheid tussen collectivistische en individualistische culturen. Ik noem enkele bezwaren:
- Verschillen in individualisme/collectivisme tussen verschillende landen worden nogal eens voor waar aangenomen, zonder dat men daadwerkelijk nagaat of ze wel bestaan.
- Veel vergelijkingen vinden plaats tussen slechts twee landen, zodat er een confounding optreedt met vele andere factoren die eveneens invloed kunnen hebben op de afhankelijke variabelen.
- Samenlevingen waarin economische groei plaatsheeft, kunnen zich soms binnen één generatie van collectivistisch naar individualistisch ontwikkelen.
- Individualisme is sterk gerelateerd aan welvaart. De vraag rijst dan of het wellicht niet beter een economisch concept dan een cultureel concept te noemen is.
- Japan geldt in vele onderzoeken als een collectivistische samenleving. Toch is er nauwelijks empirisch onderzoek dat deze aanname rechtvaardigt (Matsumoto, 2000; Ryan 1998). Zelfs bij Hofstede (1991) krijgt Japan van de 53 landen een rangorde van 22, hetgeen betekent dat het tot de individualistische helft van landen behoort. In een niet-gepubliceerd onderzoek onder managers uit Denemarken, Japan, Spanje, Hongkong, de Verenigde Staten en Nederland vonden wij* dat Japan zowel op organisatieniveau als op gezinsniveau eerder individualistisch dan collectivistisch scoort (zie figuur 9.7).

Al met al moeten we concluderen dat het concept individualisme versus collectivisme een zeer interessant theoretisch concept is dat echter te veel en te vaak op een te weinig kritische wijze toegeschreven wordt aan bepaalde landen of gemeenschappen. Daardoor loopt het concept het risico als stereotype te gaan fungeren.

---

* Dit onderzoek gebeurde in samenwerking met Titia Sietsma.

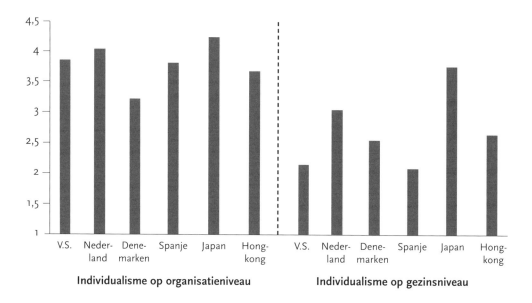

Figuur 9.7
Individualisme in zes landen, met betrekking tot de organisatie waar men werkt en het gezin waartoe men behoort (1=laag; 5=hoog).

9.6 Internationale samenwerking

Het is gemakkelijker gebleken nationale samenwerkingsvormen aan te gaan dan internationale. Er zijn talrijke voorbeelden te noemen van mislukte internationale samenwerkingspogingen. Veel gefuseerde bedrijven ervaren teruglopende productiviteit, een stijging in het verloop en ziekteverzuim en een verlaging van de winst (Marks en Mirvis, 1985). Men schat het succes van internationale fusies op 50% (Cartwright en Cooper, 1993; Kogut, 1988). In een onderzoek naar driehonderd fusies die plaatshadden in de periode 1986-1996 (Economist, 1997) werden 57% mislukkingen gerapporteerd in de eerste drie jaar, een percentage dat over een langere periode alleen maar gestegen kan zijn. Vaak wordt een culturele misfit als oorzaak van de mislukking genoemd (Cartwright en Cooper, 1993, 1996; Olie, 1994). Managers hebben inderdaad een voorkeur voor samenwerkingspartners die qua cultuur op hen lijken, vooral als het om een hechte samenwerking gaat (Van Ouden-hoven en De Boer, 1995). Cultuurverschillen blijken zeer vaak een obstakel te zijn voor een succesvolle samenwerking. Zo melden Coopers en Lybrand (1989) dat verschillen in cultuur de belangrijkste reden is voor het mislukken van een fusie of overname. Ook andere auteurs wijzen op het belang van compatibiliteit van bedrijfsculturen voor het slagen van fusies (De Noble e.a., 1988; Marks en Mirvis, 1985). Bij grensoverschrijdende samenwerking is de kans op een cultuurbotsing groter dan bij een binnenlandse samenwerking omdat de verschillen in nationale culturen nog eens toegevoegd moeten worden aan de gebruikelijke variëteit aan organisatieculturen. Vandaar de term 'double layered acculturation', hetgeen een aanpassing aan zowel een vreemde organisatiecultuur als aan een vreemde nationale cultuur is. Kennis van nationale culturen is daarom nuttig zodat wanneer de culturele verschillen erg groot zijn daarbij passende vormen van samenwerking gezocht kunnen worden (Olie, 1994). Bovendien helpt het zich bewust zijn van internationale verschillen in culturele systemen om mislukkingen van expatriates te verkleinen (Tung, 1987).

Waarom is culturele gelijkheid zo belangrijk voor een succesvolle samenwerking? Intercultureel contact roept een proces van acculturatie op tussen twee of meer culturele systemen, dat doorgaans gepaard gaat met conflicten tussen de verschillende interacterende culturen, want sociale groepen geven niet graag aspecten op van de cultuur waar ze waarde aan hechten (Berry, 1980). Hoe groter de culturele verschillen, des te groter is de kans op misverstanden (Weber en Schweiger, 1992). Bedrijven die dezelfde waarden, attitudes en normen delen, werken soepeler samen dan bedrijven met een ongelijke cultuur (zie bijvoorbeeld Buono e.a., 1985). Communicatie verloopt gemakkelijker wanneer anderen belangrijke kwesties vanuit hetzelfde gezichtspunt bekijken; en gelijke gezichtspunten zijn, zoals we al eerder zagen, ook belonender omdat zij de juistheid van het eigen standpunt onderschrijven (Byrne en Clore, 1970; Newcomb, 1961).

In een onderzoek naar 78 Nederlandse bedrijven die een of andere vorm van internationale samenwerking waren aangegaan, bleek dat gelijkheid van zowel bedrijfscultuur als nationale cultuur tot succes leidde (Van Oudenhoven en Van der Zee, 2002). Een bemoedigend en belangrijk resultaat was verder dat culturele ongelijkheid vooral een probleem vormde voor bedrijven die nog niet eerder in het betreffende land hadden samengewerkt. Voor bedrijven die al eerder in het betreffende land ervaring hadden opgedaan met samenwerken was er nauwelijks meer een verband tussen de mate van gelijkheid wat nationale cultuur betreft en succes. Kennelijk draagt de ervaring in het land bij aan een beter begrip van elkaars cultuur hetgeen de partners wat toleranter en flexibeler maakt.

9.7 Slot

Het onderwerp in de cross-culturele psychologie dat de laatste twintig jaar waarschijnlijk de meeste aandacht heeft gekregen is het begrip nationale cultuur. De interesse is vooral gewekt doordat Hofstede en verschillende onderzoekers na hem, met name Schwartz, een deel van de wereld cultureel in kaart gebracht hebben. We beschikken inmiddels over een culturele atlas gebaseerd op empirische gegevens. Bovendien zijn de verschillende onderzoekers tot betrekkelijk overlappende classificaties gekomen. Hiermee is een empirisch en theoretisch alternatief gekomen voor de vele literatuur over landen en hun culturen die een sterk anekdotisch en impressionistisch karakter heeft. De schema's zijn zeer populair bij onderzoekers, want die beschikken nu over een instrument om de vele culturen in dezelfde termen te beschrijven, waarmee de toetsbaarheid en repliceerbaarheid van hun onderzoek vergroot is. Ook vormt de indeling van landen een bron van inspiratie voor business georiënteerde onderzoekers en practici. Internationale samenwerking en fusieperikelen tussen bedrijven uit verschillende landen zijn nu beter te begrijpen en kunnen beschreven worden. Toch is er nog een aantal problemen:

- De verschillende classificaties dienen beter op elkaar afgestemd te worden. Wie van de modellenbouwers heeft nu het meeste gelijk?
- De vraag is hoe stabiel nationale culturen zijn. Is het mogelijk dat sommige dimensies in één enkele generatie drastisch veranderen? Vooral individualisme schijnt een dimensie te zijn die sterk onderhevig is aan verandering onder invloed van economische omstandigheden.
- Er moet meer duidelijkheid komen of de nationale cultuur nu de gewenste cultuur van een land is of de cultuur zoals men die in een land aantreft.
- Het zeer populaire concept collectivisme versus individualisme wordt te pas en te onpas gebruikt.
- Ook al zou de culturele wereldatlas geperfectioneerd zijn, dan nog is de vraag hoeveel variantie in het gedrag van de leden van een gemeenschap we kunnen verklaren. Te gemakkelijk worden vele gedragingen binnen een land aan de nationale cultuur toegeschreven.

10

Intergroepsrelaties

10.1 Inleiding

> Aangezet door het tragische nieuws van de moord op Martin Luther King op 4 april 1968, besloot een leerkracht van een derde klas in de Verenigde Staten haar leerlingen duidelijk te maken wat discriminatie betekent. Daartoe verdeelde ze haar klas in kinderen met bruine en met blauwe ogen. Ze vertelde de leerlingen dat voor die dag de leerlingen met blauwe ogen superieur en intelligenter waren en daarom meer voorrechten verdienden dan de kinderen met bruine ogen. De nieuwe rollen werden onmiddellijk aangeleerd. Een slim meisje, een van de populairste leerlingen van de klas raakte geheel van streek. Ze ging slomer lopen, werd lastig en ging haar werk slecht doen. In de pauze werd ze opzettelijk geslagen door een meisje met een andere kleur ogen, dat de vorige dag nog haar beste vriendin was. De leerkracht merkte dat alle kinderen die als superieur bestempeld waren daar zichtbaar van genoten. Ze werden er duidelijk door aangespoord beter werk te leveren. De leerkracht werd echter sterk verrast door de onbarmhartige manier waarop sommige 'superieure' kinderen er genoegen in schepten hun 'minderwaardige' klasgenoten op hun plaats te houden.
> De volgende dag werden de rollen omgedraaid. Ze zei dat ze zich vergist had: dat bruinogige kinderen beter waren. Gretig accepteerden de bruinogige de nieuwe rollen en namen wraak op de blauwogigen. De derde dag legde de leerkracht de kinderen uit dat ze hun wilde laten zien wat vooroordelen en discriminatie zijn en wat het betekent om in hun maatschappij een andere huidskleur te hebben. Interessant is dat de leerlingen zich deze ervaring ook na twintig jaar nog levendig herinnerden. Zij gaven aan minder bevooroordeeld tegenover anderen te zijn dankzij deze jeugdervaring.

Dit onderwijsexperiment leert ons hoe snel en gemakkelijk men tot discriminatie aan te zetten is. Een op zich triviaal groepskenmerk, zoals de kleur van de ogen, de kleur van de huid, of culturele kenmerken, zoals de religie, de taal of zelfs de uitspraak daarvan is al voldoende om negatieve reacties jegens anderen op te roepen. Als het om negatieve reacties tussen groepen gaat, worden meestal begrippen als stereotype, vooroordeel en discriminatie gebruikt. Veelal maakt men nauwelijks onderscheid tussen de begrippen. Toch zijn er belangrijke verschillen. Het is goed het onderscheid tussen die begrippen aan te geven omdat dat ons helpt bij het begrijpen hoe zulke misverstanden en vaak ernstige conflicten tussen groepen mensen kunnen ontstaan. Eerst zullen deze begrippen aan bod komen. Daarna gaan we in op het belangrijke onderwerp van dit hoofdstuk, het ontstaan van negatieve reacties tussen (culturele) groepen. Het is natuurlijk ook belangrijk om te weten hoe die te veranderen zijn. Daarover handelt het laatste gedeelte van dit hoofdstuk.

10.2 Definities

Een *vooroordeel* is een attitude die men heeft ten opzichte van een bepaalde groep of ten opzichte van de individuele leden van die groep. Zoiets als: 'Ik mag die mensen niet; ze zijn mij te fanatiek.' Attitudes zijn complexe zaken. Ze bestaan namelijk uit een zogenoemde cognitieve component, een emotionele component en een gedragscomponent. De cognitieve component verwijst naar allerlei zaken waaraan men *denkt* bij de groep in kwestie of dingen die men weet van de groep. De emotionele component heeft te maken met de gevoelens van afkeer, boosheid of juist genegenheid die (een individueel lid van) de groep bij ons oproept. Het gedragsaspect slaat op onze *handelingen*; we hebben niet alleen gedachten en gevoelens ten opzichte van de groep, maar ook de neiging om op een bepaalde manier te reageren. Wij willen de groep bijvoorbeeld niet zien, of er alleen afstandelijk mee omgaan, of we willen er juist wel mee omgaan. Strikt genomen hoeven vooroordelen dus niet negatief te zijn. Zo bestaan er in de zorgsector positieve vooroordelen ten opzichte van Filippijnse verpleegkundigen; en in bedrijven zijn veel Nederlanders op een positieve manier vooringenomen ten opzichte van samenwerking met Engelsen. Toch wordt de term vooroordeel vooral gereserveerd voor die gevallen waarin er van een negatieve attitude sprake is.

Het begrip *stereotype* is eigenlijk nog belangrijker. Er is geen vooroordeel denkbaar zonder stereotypen. Hoewel het begrip een negatieve klank heeft, is het strikt genomen een neutraal begrip. Een stereotype is een opvatting over een groep die geldt voor – vrijwel – alle leden van die groep. Het is dus een generalisatie van een groep mensen. Alle personen worden op grond van hun groepslidmaatschap verondersteld bepaalde kenmerken te hebben, ongeacht de feitelijke variatie in de groep. Mensen kunnen individuele stereotypen hebben; dat wil zeggen, ideeën hebben over een groep die niet gedeeld worden door anderen, maar meestal bestaat er binnen een samenleving of (sub)cultuur een opmerkelijke overeenstemming over dergelijke 'groepsbeelden'. Ze heten daarom ook culturele stereotypen. Zo vinden veel mensen in Nederland, en in andere landen trouwens ook, dat Duitsers grondig werk afleveren. En in het bedrijfsleven bestaat bijvoorbeeld het beeld dat marketingafdelingen bestaan uit snelle, gejaagde en creatieve figuren. Die beelden worden permanent doorgegeven en bekrachtigd door de media en via socialisatie (in het gezin, de school, de werkkring) binnen de gegeven cultuur. Vandaar dat er moppen over Nederlanders in België en omgekeerd gemaakt kunnen worden. Men weet meteen wat de moppentapper bedoelt, want men behoort tot dezelfde cultuur. Door middel van die moppen worden de stereotypen overigens weer versterkt.

> Een van de Belgische stereotypen over Nederlanders betreft onze zuinigheid. Een van de zogenoemde Hollandermoppen luidt als volgt: 'Waaraan kunt ge Hollanders herkennen?' Antwoord: 'Aan de grote neusgaten, want de lucht is gratis.'

Stereotypen versimpelen de wereld. We staan gereed om te handelen, want we hebben al een schema van de werkelijkheid paraat. Ze zijn extra handig als we de stereotypen delen met andere personen in onze cultuur. Stereotypen zijn dus op zich niet slecht. Ze zijn zelfs onmisbaar en zeker wanneer ze een groot waarheidsgehalte hebben zijn ze zeer functioneel. Dan kunnen we snel en adequaat handelen.

Terwijl vooroordelen en stereotypen voornamelijk 'in ons hoofd zitten' betreft *discriminatie* ons handelen. Discriminatie is een niet gerechtvaardigd negatief of schadelijk handelen tegenover de leden van een groep, eenvoudigweg vanwege hun lidmaatschap van die groep. Bijvoorbeeld het niet toelaten in een nachtclub van personen met een donkere huidskleur. Het eisen van een stropdas is geen discriminatie omdat ieder lid van elke groep zich een stropdas kan aanschaffen. Ook discriminatie hoeft niet altijd negatief te zijn, dat wil zeggen negatieve gevolgen te hebben voor de gediscrimineerde. Wanneer dat niet het geval is spreken wij echter expliciet van positieve discriminatie, zoals wanneer 'bij gebleken geschiktheid voor een baan de voorkeur aan kandidaten van etnische minderheden gegeven wordt'.

Zoals hierboven al gezegd, worden de drie termen veelal door elkaar gebruikt. Dat is ook niet zo gek, want ze zijn alledrie gebaseerd op een proces van *sociale categorisatie*. Daarmee wordt bedoeld dat wij mensen groeperen op grond van een gemeenschappelijk kenmerk en dan vervolgens ons denken, voelen en handelen door die groepering laten leiden. Dat gemeenschappelijk kenmerk kan elk kenmerk zijn. Veel van die categorisaties vinden plaats op grond van opleiding, leeftijd, huidskleur, godsdienst, culturele achtergrond, taal of zelfs het accent waarmee die taal gesproken wordt. De termen vooroordeel, stereotype en discriminatie worden ook nogal eens verward omdat men snel denkt dat wie stereotypeert bevooroordeeld is en ook wel zal discrimineren. Nu is het inderdaad zo dat iemand die bevooroordeeld is er stereotypen op na houdt, maar omgekeerd hoeft dat niet zo te zijn. Persoonlijk heb ik de stereotype opvatting dat Argentijnen van tango houden; en dat Eskimo's beter tegen de kou kunnen dan Tamils. Maar ben ik daardoor bevooroordeeld? Nog zwakker is de relatie tussen vooroordeel en discriminatie. Men kan sterk bevooroordeeld zijn, maar toch niet discrimineren, bijvoorbeeld omdat het verboden is, omdat men bang is dat te doen, omdat men geen slechte indruk wil maken in zijn sociale omgeving, of omdat men geen klanten wil verliezen. Soms ook komt het voor dat men discrimineert zonder dat men bevooroordeeld is. In het voormalige apartheidssysteem in Zuid-Afrika werden vele blanken sociaal onder druk gezet zwarten te discrimineren op straffe van uitstoting uit de blanke gemeenschap.

10.3 Theorieën over vooroordelen

Een maatschappij zonder bevooroordeelde burgers is een utopie. Zoals de etymologie van het woord aangeeft, een utopische maatschappij bestaat niet (*ou topos* = geen plaats; dat wil zeggen: nergens plaatshebbend). Het is evenwel belangrijk ervoor te zorgen dat vooroordelen in de echte maatschappij geen destructieve gevolgen heeft. Zeker als de emotionele component van vooroordelen te sterk wordt, gaat het mis. Een andere cultuur 'achterlijk' noemen is daar een voorbeeld van. Dan kan bijvoorbeeld een vooroordeel jegens andere bevolkingsgroepen leiden tot vreemdelingenhaat of burgeroorlog. De bestrijding van vooroordeel en discriminatie hoort daarom een reden tot zorg te vormen voor de samenleving en haar overheid. Bestrijding is niet goed mogelijk zonder te begrijpen waar stereotypen en vooroordelen vandaan komen. We zullen nu de belangrijkste verklaringen uit de sociale psychologie weergeven.

Veel van ons gedrag wordt bepaald door twee motivationele principes: het *hedonistisch motief* en het *cognitieve ordeningsmotief*. Met het eerste principe wordt bedoeld dat we graag gedrag vertonen of ervaringen hebben die prettig zijn. We eten liever lekkere dingen dan vieze dingen, we zijn liever lui dan moe, we winnen liever dan dat we verliezen, we kunnen beter tegen complimentjes dan tegen kritiek, we zijn liever gezond dan ziek, we hebben het gras graag groener dan dat van de buurman en we vinden het prettig beter te zijn dan anderen. Om die prettige ervaringen te bereiken hebben we behoorlijk wat over. Vaak gaat dat ten koste van anderen. Bedrog, ruzie, chantage, bedelen, roddelen, sabotage behoren allemaal tot het gedragspatroon. Daarnaast nemen we vaak vertekend waar, op zo'n manier dat we er zelf beter vanaf komen. Klachten over de partijdigheid van scheidsrechters betreffen vrijwel altijd de bevoordeling van de andere partij. En als wij iets fout doen dan hebben we sneller een excuus dan wanneer anderen een fout begaan. Deze hedonistische neigingen, het voor zichzelf opkomen en het zichzelf wat gunstiger zien dan objectief beschouwd gerechtvaardigd is, zijn onontbeerlijk voor een geestelijk gezond individu. Menige depressieve patiënt zou er bij gebaat zijn wat meer voor zichzelf op te komen en de eigen verdiensten wat rooskleuriger te beoordelen.

Het tweede motivationele principe is de behoefte aan cognitieve ordening. De fysieke en sociale omgeving confronteert ons met talloze prikkels die geordend moeten worden, willen we niet compleet in de war raken door al de informatie die op ons afkomt. Zonder cognitieve ordening kunnen we niet handelen. Het is van belang, soms zelfs van levensbelang direct het onderscheid te weten tussen een motor en een brommer, tussen vuur en licht, maar ook tussen een eerlijke verkoper en een afzetter, tussen een inbreker en een politieagent, tussen een kind en een volwassene, tussen man en vrouw, of wanneer we in Israël zijn tussen een Israëliër of een Palestijn. Dat betekent dat we de objecten uit onze sociale en fysieke omgeving snel moeten kunnen thuisbrengen, dat wil zeggen kunnen classificeren of categoriseren. Dat gebeurt meestal aan de hand van een of een paar kenmerken, bijvoorbeeld het gele plaatje bij de brommer, de lengte van het kind, of het uniform van de postbode. Die categorisatie is dus uiterst functioneel. Ons cognitief systeem is er dan ook op gericht die categorisatie snel te laten plaatsvinden. Zo nemen wij (sociale) objecten als een groep waar als die objecten dichter bijeen zijn dan andere, of als ze gelijkenis vertonen. Interessant is dat we omwille van de cognitieve ordening de werkelijkheid nogal eens vertekend waarnemen. Een voorbeeld hiervan is het zogenoemde *assimilatie-contrastprincipe*. Dit principe houdt in dat verschillen binnen een groep worden onderschat (geassimileerd) en tussen groepen worden overschat (gecontrasteerd). Probeert u maar eens snel te schatten hoe veel keer groter de gemiddelde moeder is dan het gemiddelde meisje van vier jaar.*

De zojuist genoemde principes tezamen kunnen verklaren waarom mensen geneigd zijn vooroordelen te hebben: de verschillen tussen categorieën, groepen en dus ook tussen ons en de anderen worden vergroot waargenomen en dan bovendien op een gekleurde manier zodat wij zelf er altijd iets beter van worden. De twee principes spelen dan ook een rol bij de volgende drie theorieën over intergroepsrelaties.

In de *sociale identiteitstheorie* of *sociale categorisatietheorie* van Tajfel (1978) en Tajfel & Turner (1986) komen de twee principes zeer duidelijk naar voren. Tajfel stelt dat individuen een positief zelfbeeld nastreven. Verder stelt hij dat mensen de neiging hebben de sociale omgeving in categorieën in te delen, waarbij de eigen groep als tamelijk gedifferentieerd en de andere groep als tamelijk homogeen wordt waargenomen. De sociale categorieën (groepen) waartoe men behoort bepalen iemands sociale identiteit en daarmee gedeeltelijk iemands zelfbeeld. Mensen zullen dan ook proberen de eigen categorie gunstig af te laten steken bij andere relevante categorieën. Het individu vergelijkt de eigen groep steeds op zo'n manier met andere groepen dat de eigen groep zich gunstig van die andere groepen onderscheidt. Op zo'n manier wordt een positieve sociale identiteit verkregen, hetgeen in veel gevallen gepaard gaat met bevoordeling van de eigen groep. De idee dat men zich vergelijkt met andere individuen of groepen om te weten wat men waard is heeft Tajfel grotendeels ontleend aan Festinger (1954). Festinger stelt in zijn sociale vergelijkingstheorie dat men zichzelf of de eigen groep vergelijkt met iemand of een andere groep die sterke gelijkenis vertoont, maar net iets beter is. Iets beter omdat we nu eenmaal de neiging hebben liever opwaarts te gaan. Doordat op elkaar lijkende groepen (zoals bijvoorbeeld Nederlanders en Duitsers, of verschillende afdelingen in een bedrijf, of elftallen binnen een competitie) zich onderling positief van elkaar willen onderscheiden, ontstaat concurrentie tussen de groepen. Dit proces treedt vooral in werking als de afzonderlijke groepen saillant worden (bij-

---

*Als een willekeurige groep volwassenen gevraagd wordt te schatten hoe veel keer groter de gemiddelde moeder is dan het gemiddelde meisje van vier jaar, dan lopen de schattingen meestal uiteen van 2 tot 5 keer. In feite is de moeder gemiddeld genomen slechts 1,65 keer zo groot als het meisje.

voorbeeld tijdens een interlandwedstrijd tussen Duitsland en Nederland, of wanneer de terreuraanslag van 11 september 2001 ter sprake komt tussen moslims en christenen). Er vindt dan een sterke sociale categorisatie plaats die een 'wij-tegen-zij'-gevoel teweegbrengt.

Tajfel is tot de formulering van zijn theorie gekomen op grond van enkele opmerkelijke bevindingen uit experimenteel onderzoek. Experimenteel onderzoek verwijst naar een type onderzoek waarin men een of meer factoren systematisch varieert om vervolgens na te gaan welke invloed die variaties hebben op allerlei aspecten. De onderzoeker kan aldus situaties zo 'manipuleren' dat er duidelijke conclusies te trekken zijn. Dit in tegenstelling tot veel onderzoek in werkelijke situaties waar allerlei invloeden werkzaam zijn en alles met alles samenhangt. Tajfel creëerde zogenoemde 'minimale' groepen. Dit zijn groepen die willekeurig op grond van een triviaal kenmerk worden ingedeeld, bijvoorbeeld de letters A en B, de kleur van een sticker die de individuen ontvangen, of de valse informatie op grond van een test dat men tot de groep overschatters dan wel onderschatters van het aantal stippen op een plaat behoort. Het fascinerende van dit onderzoek was dat, hoe onbenullig de indeling ook was, er altijd een identificatie met de eigen groep optrad die tot gevolg had dat men de eigen groep beter vond en zelfs financieel bevoordeelde. De resultaten uit deze laboratoriumexperimenten bracht Tajfel tot de formulering van zijn stellingen over de menselijke neiging tot sociale categorisatie, over de behoefte zich positief van anderen te onderscheiden en over het optreden van een 'positiviteitsvertekening'. Met het laatste wordt bedoeld dat mensen de neiging hebben de eigen groep gunstiger te beoordelen en ook daadwerkelijk te bevoordelen. Tajfel, die als jood tijdens de Tweede Wereldoorlog Polen was ontvlucht, was zich er terdege van bewust dat al deze processen zich niet los van de sociale en maatschappelijke context afspelen. Hij besefte meer dan wie ook dat sociale categorisatie veelal op grond van raciale, etnische of culturele criteria plaatsvindt. De uiteenlopende waarderingen die er binnen een bepaalde cultuur voor de verschillende groeperingen bestaan en de bestaande machtsverhoudingen kleuren daarbij het sociale categorisatieproces.

Een meer cognitieve verklaring van intergroepsproblemen biedt de *sociale attributietheorie*. De sociale attributietheorie gaat ervan uit dat mensen graag weten waar ze aan toe zijn in de interactie met andere personen, met andere woorden dat mensen willen weten waar ze het gedrag van andere personen aan toe moeten schrijven (attribueren). De belangrijkste vraag daarbij is of het gedrag dispositioneel of situationeel bepaald is. Simpeler gezegd: ligt het aan de persoon of aan de situatie? Als iemand ons erg onvriendelijk bejegent dan is het belangrijk te weten of dat aan de situatie lag – de persoon had toen erge hoofdpijn als gevolg van de slechte ventilatie – of dat die persoon van nature zo handelde. Nu treden systematisch enkele vertekeningen op in het zoekproces naar de mogelijke oorzaken van het menselijk gedrag. De eerste vertekening, de zogenoemde 'fundamentele attributiefout', betreft de menselijke neiging het gedrag van anderen in het algemeen in te sterke mate als het gevolg van een persoonskenmerk of een dispositie te zien (Ross, 1977). Waarom dit gebeurt is nog niet helemaal doorgrond, maar een mogelijke verklaring is dat het ons een groter gevoel van zekerheid geeft. Immers, als we het gedrag van anderen aan hun disposities toeschrijven weten we waar we aan toe zijn en kunnen we dienovereenkomstig handelen; we hebben dan controle over onze sociale omgeving.

Een andere vertekening, de zogenoemde 'self-serving bias' is dat we ons eigen positieve gedrag, meer dan het positieve gedrag van anderen, aan persoonlijke factoren toeschrijven en ons negatieve gedrag meer aan externe, situationele factoren. Als het goed gaat ligt het aan ons; als het fout gaat ligt het aan de situatie. Bij anderen zijn we veel minder geneigd daar zo over te denken. Deze self-serving bias is ook van toepassing op intergroepsattributies. Goede resultaten of gedragingen van de eigen groep worden intern, dat wil zeggen naar de eigen groep, geattribueerd, bijvoorbeeld het opleidingsniveau. Maar slechte resultaten of gedragingen schrijven we toe aan situationele factoren of aan instabiele interne factoren, zoals moeheid, een ziekte of het slechte weer. Wat de andere groep betreft, de 'outgroup', is het attributiepatroon precies omgekeerd. Daar worden de goede prestaties of gedragingen aan de situatie of aan geluk toegeschreven, terwijl de slechte gedragingen of prestaties aan stabiele eigenschappen van de leden van de outgroup worden toegeschreven. In de sociaal psychologische literatuur staat dit fenomeen bekend als de 'ultieme attributiefout' (Pettigrew, 1979).

Toepassing van de attributietheoretische inzichten op intergroepsconflicten maakt duidelijk waarom deze conflicten zo hardnekkig zijn. In figuur 10.1, dat ontleend is aan Hewstone (1989), valt te zien hoe vele intergroepscontacten tot voortduring van het conflict leiden. In het figuur wordt ervan uitgegaan dat er bij intergroepsconflicten negatieve verwachtingen tussen de groepen bestaan, wat niet zo'n vreemde veronderstelling is. De negatieve verwachtingen kunnen via verschillende routes bevestigd worden:
- het gedrag van de outgroup bevestigt de verwachtingen van de ingroup; het intergroepsconflict blijft dus bestaan;
- de negatieve verwachtingen brengen de eigen groep, de 'ingroup', ertoe zich anders te gedragen ten opzichte van de outgroup.

De outgroup gaat zich ernaar gedragen waardoor er een bevestiging van de verwachtingen optreedt. Stel bijvoorbeeld dat de – niet terechte – verwachting bestaat dat de outgroup uit meedogenloze onderhandelaars bestaat. Als gevolg van die verwachting stellen leden van de ingroup zich in de onderhandelingen met opzet stroef en vijandig op. De animo van de tegenpartij om daar coöperatief op te reageren verdwijnt dan snel. Er is dan sprake van een proces van self-fulfilling prophecy. Ook in dit geval blijft het conflict voortduren.

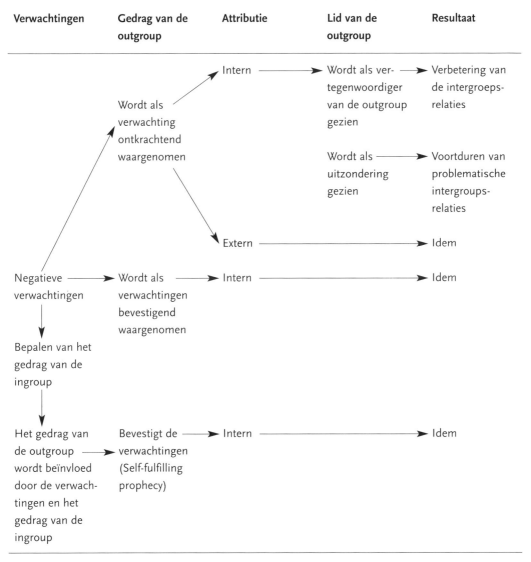

Figuur 10.1 Attributies van het gedrag van de outgroup en het verloop van intergroepsconflicten (bron: Hewstone, 1989).

Maar wat gebeurt er nu met gedrag van de outgroup dat strijdig is met de negatieve verwachtingen? Zulk onverwacht gedrag van de outgroup is op verschillende manieren te verklaren:
- het kan toegeschreven worden aan externe factoren: het outgrouplid handelde zo omdat het niet anders kon in die situatie – zo'n attributie verandert evenmin iets aan het intergroepsconflict;
- het niet verwachte positieve gedrag kan ook aan de persoon toegeschreven worden, maar dan nog bestaat de mogelijkheid dat er niets verandert aan de intergroepsrelaties – men kan de persoon die het positieve gedrag vertoont namelijk als een uitzondering zien, bijvoorbeeld als 'een van de weinige geëmancipeerde Saudi's' of als 'een ongewoon sportieve tegenstander';
- alleen als het gedrag dat in strijd is met de negatieve verwachtingen toegeschreven kan worden aan persoonlijke eigenschappen van een typisch outgrouplid, treedt er verandering op in de relaties tussen de groepen – dan kan er een attitudeverandering optreden die voor de hele outgroup geldt.

Zoals het figuur laat zien, blijft het conflict in vier van de vijf gevallen bestaan. Zelfs al is het gedrag van de outgroup in strijd met de verwachtingen, dan is er nog een flinke kans op het voortduren van de moeizame intergroepsrelaties.

De derde bekende theorie, de *contacthypothese* stamt direct uit de praktijk. Het is dan ook eerder een theorie die gericht is op de bestrijding van vooroordelen en discriminatie dan een theorie om het ontstaan ervan te verklaren. De contacthypothese is vooral door Allports klassieke boek *The Nature of Prejudice* bekend geworden. De kern van de theorie is, zoals het woord contacthypothese al suggereert, dat er contact tot stand moet komen tussen groepen met problematische onderlinge verhoudingen. Niet elke vorm van contact is daarvoor geschikt. Het moet, zoals Allport al in 1954 stelde, aan enkele voorwaarden voldoen. Die voorwaarden zijn:
- er moet een coöperatieve onderlinge afhankelijkheid zijn, dat wil zeggen dat de groepen gemeenschappelijke doelen nastreven;
- het contact moet gebaseerd zijn op een gelijke status, dus geen baasknechtverhouding;
- er dient voldoende ruimte te zijn om elkaar ook persoonlijk te leren kennen;
- het is belangrijk dat het contact de steun of sanctionering ondervindt van autoriteiten; dat kan de wet zijn, of de directeur van de school, of de leiding van een sportcentrum.

De theorie is niet voor niets in de periode geformuleerd dat de vermaarde processen over desegregatie van zwart en blank in de Verenigde Staten speelden. De voorstanders van desegregatie betoogden dat veel van de problemen tussen zwart en blank veroorzaakt werden door het gebrek aan contact. Als de beide groepen elkaar maar zouden ontmoeten dan zouden onwetendheid en onbegrip over elkaar verdwijnen en onwerkelijke percepties bijgesteld kunnen worden. Bovendien zou het samen naar school gaan van blanke en zwarte kinderen een gunstig effect hebben op de zelfwaardering en de schoolprestaties van de zwarte leerlingen. Ondanks veel weerstand werd in 1954 door het Hooggerechtshof een wet aangenomen waardoor de desegregatie werkelijkheid werd. Uit die tijd stammen de 'busingprojecten' waarmee leerlingen uit de zwarte wijken vervoerd werden naar de scholen in de blanke wijken. De hoge verwachtingen ten spijt wezen longitudinale onderzoeken uit dat als gevolg van de desegregatieprojecten de onderwijsprestaties van de zwarte leerlingen niet of nauwelijks verbeterden, dat hun zelfwaardering eerder afnam dan toenam en dat raciale spanningen en wederzijdse vooroordelen vaak toenamen (Oskamp, 1984). De aanname dat de relatie tussen zwart en blank wel zou verbeteren door ze alleen maar bij elkaar in de klas te zetten bleek wat naïef geweest te zijn. Veel van de problemen zouden vermeden zijn als men met de vier door Allport genoemde voorwaarden rekening gehouden had. In Nederland begint de contacthypothese weer relevant te worden nu het aantal zwarte scholen toeneemt.

We hebben nu drie belangrijke theorieën besproken. De theorieën zijn zo geformuleerd dat ze gelden voor elke maatschappelijke, culturele of organisatorische context. Vanzelfsprekend zijn de aard, de inhoud en de intensiteit van de intergroepsconflicten sterk afhankelijk van de maatschappelijke, culturele of organisatorische setting waarin de verschillende groepen verkeren. In de volgende paragraaf worden enkele suggesties genoemd om moeizame intergroepsrelaties te verbeteren.

10.4 De bestrijding van vooroordeel en discriminatie

De gebruikelijke, maar waarschijnlijk minst effectieve, manier om vooroordeel en discriminatie tegen te gaan is de verspreiding van informatie. We kennen allemaal de televisiespotjes, de brochures, de moderne maatschappijleer- of geschiedenisboeken waarin getracht wordt vooroordeelvrije informatie over de diverse etnische groepen te geven. Maar mensen hebben, zoals uiteengezet, de neiging de werkelijkheid vertekend waar te nemen. Dat geldt natuurlijk ook voor deze vormen van informatie. Als die al de aandacht van de bevooroordeelde persoon weet op te wekken, dan is de kans groot dat vooral informatie verwerkt wordt die consistent is met de stereotypen en vooroordelen van die persoon. Zo is er ondanks alle informatie over de Tweede Wereldoorlog een niet onbelangrijk percentage mensen die van mening is dat de vernietiging van de joden in de Tweede Wereldoorlog een verzinsel is of in ieder geval een zwaar overtrokken weergave van wat werkelijk plaatsgevonden heeft.

Een tweede probleem van acties gericht op de verandering van cognities is dat, ook al treden de gewenste veranderingen op, deze nog geen garantie bieden dat het feitelijk gedrag verandert. Sleur of conformisme kunnen mensen ervan weerhouden hun veranderde ideeën over andere groepen om te zetten in positiever gedrag of het verminderen van discriminatie. Er moet wat meer gebeuren om het gedrag te veranderen. Een combinatie van voorlichting en rollenspelen blijkt al meer effect te hebben dan voorlichting alleen (Schmitt, 1979). Het is nog effectiever de acties te concentreren op een verandering van de situatie of op een verandering van het gedrag. Maatregelen als positieve discriminatie, strengere wetgeving ten aanzien van discriminerende uitlatingen, of het verbieden van discriminatie zijn dus zinvoller dan voorlichtingsprogramma's. Er verandert dan feitelijk iets in de omgeving of in het gedrag. Bovendien zijn mensen eerder geneigd hun cognities aan te passen aan hun gedrag dan omgekeerd. Mensen die zien dat ze op een niet-discriminerende manier omgaan met leden van andere groepen blijken die leden ook vaak positiever te gaan waarnemen.

Afgezien van deze algemene opmerkingen over de relatief geringe effectiviteit van het verspreiden van informatie om vooroordelen tegen te gaan, is er een aantal specifieke suggesties te formuleren die direct voortvloeien uit de drie hierboven besproken theorieën. De theorieën geven namelijk niet alleen inzicht in hoe het niet moet, maar geven ook aanknopingspunten voor hoe het wel zou moeten. Deze effectieve strategieën om vooroordelen tegen te gaan komen nu respectievelijk aan bod.

Volgens de *sociale identiteitstheorie* of *sociale categorisatietheorie* roept het saillant worden van groepen en groepsgrenzen sociale categorisatieprocessen op met de daarmee gepaard gaande neiging de eigen groep gunstiger af te beelden en te bevoordelen (de 'positiviteitsbias'). Een logische gevolgtrekking uit de theorie is dat het raadzaam is, teneinde die bias te voorkomen, het saillant worden van sociale categorieën tegen te gaan. Dat kan op verschillende manieren gebeuren. Ten eerste door persoonlijke contacten te stimuleren. Als men strikt persoonlijk met elkaar omgaat en men van elkaar leert dat ieder persoonlijke en vaak gedeelde interesses heeft, dan vergeet men de sociale categorieën waartoe de ander behoort. Een tweede manier is de verschillende groepen als leden van een overkoepelende categorie te beschouwen. Bijvoorbeeld Turkse en autochtone bewoners van een wijk gaan over zichzelf als wijkbewoners spreken, waardoor de oorspronkelijke categorieën verdwijnen. De derde mogelijkheid is het kruisen of het laten overlappen van categorieën. Denk aan een politieke groepering van Turkse en autochtone vrouwen die zich beijvert voor de opvang van kinderen. Zij maken dan deel uit van een elkaar onderscheidende categorie (etniciteit), maar tegelijk van een gedeelde categorie (geslacht). Of denk aan een werkgroep van socialisten of liberalen uit het europarlement. Weer is er dan een bindende of overlappende categorie die de andere categorie (nationaliteit) afzwakt. Multidisciplinaire werkgroepen vormen ook een voorbeeld van overlappende categorieën.

Volgens de *sociale attributietheorie* is het belangrijk dat positieve resultaten of gedragingen van de andere partij aan interne factoren worden toegeschreven, dat wil zeggen aan de persoon zelf en niet aan toevallige omstandigheden. Maar dan bestaat er nog het risico dat degene die een positieve indruk maakt als een uitzondering gezien wordt, want mensen geven hun stereotypen niet graag op. Daarom is het nodig dat die persoon als een vertegenwoordiger van diens groep, als een typisch groepslid gezien wordt. Dit betekent dat het groepslidmaatschap duidelijk waarneembaar moet zijn.

> In een eigen onderzoek (Van Oudenhoven e.a., 1996a) lieten we middelbare scholieren van ongeveer 15 jaar oud in drietallen samenwerken aan de oplossing van twee puzzeltaken. De taken waren zo opgezet dat ieders inbreng noodzakelijk was om de taak te kunnen oplossen. Telkens was één van het drietal een Turkse jongen die door de onderzoekers geïnstrueerd was zich altijd op dezelfde constructieve manier te gedragen. Wij hadden een jongen met een Turkse achtergrond genomen, omdat veel autochtone Nederlanders sterke vooroordelen ten opzichte van Turken hebben. De onderzoeker sprak in de ene helft van de gevallen met geen woord over de Turkse achtergrond van de jongen; in de andere helft van de gevallen deed hij dat zeer expliciet wel. Het goede resultaat was dat na twee uur op een prettige persoonlijke manier samengewerkt te hebben in beide gevallen de Turkse jongen positief beoordeeld werd. Maar in het geval waarin met geen woord over de Turkse achtergrond van de jongen gesproken werd, bleef de waardering voor Turken in het algemeen ongewijzigd.

> Die was niet hoger of lager dan de waardering die vergelijkbare leerlingen van dezelfde scholen die niet met de Turkse jongen samengewerkt hadden over Turken hadden. Opvallend was dat in het andere geval, waarin expliciet over de Turkse achtergrond van de jongen gesproken werd, de waardering voor Turken in het algemeen wel aanzienlijk positiever was.

De aanbevelingen op grond van de sociale identiteitstheorie (om de sociale categorisatie terug te dringen) en de attributietheorie (om de groepsachtergrond expliciet te maken) lijken met elkaar in tegenspraak. Waarschijnlijk hangt het van de fase van het contact af, of het verstandig is de sociale categorisatie terug te dringen of juist naar de voorgrond te halen. Als de relaties erg problematisch zijn of de contacten tussen de vertegenwoordigers van beide groepen nog stroef verlopen, is het aan te raden de sociale categorisatie terug te dringen, maar zodra de contacten soepel verlopen is het mogelijk om geleidelijk aan als vertegenwoordigers van de eigen groep op te treden. Zoiets lijkt gebeurd te zijn toen Palestijnse en Israëlische onderhandelaars hun eerste succesvolle vredesbesprekingen begonnen ten huize van de Noorse minister van Buitenlandse Zaken. Het dochtertje van de minister heeft toen een belangrijke rol gespeeld bij het losweken van de categorisaties bij de delegatieleden. Zij konden zich ten opzichte van het meisje niet als Palestijn of Israëliër gedragen maar werden gedwongen hun rol als vader, moeder, oom of tante te laten zien. Toen het ijs eenmaal gebroken was konden zij hun onderhandelingen – uiteraard als leden van twee verschillende delegaties – beginnen.

De aanbevelingen op grond van de contacthypothese laten zich niet moeilijk raden: Laat de groepen met elkaar in contact treden, maar zorg ervoor dat aan de vier voorwaarden van Allport (gemeenschappelijke doelen, mogelijkheden tot persoonlijk contact, gelijke status en steun van hogerhand voor het tot stand komen van het contact) wordt voldaan. Sommige auteurs vermelden additionele voorwaarden, bijvoorbeeld dat de samenwerking – in ieder geval in het begin – succesvol moet verlopen (Worchel e.a., 1977), maar er bestaat geen enkele twijfel dat Allports voorwaarden belangrijk zijn.

Inmiddels heeft men lering getrokken uit de weinig positieve resultaten van de desegregatieprocessen in de Verenigde Staten. De vier voorwaarden van Allport ter harte nemend is er vooral in de Verenigde Staten en in Israël – allebei landen met etnisch sterk heterogene bevolkingen – gezocht naar effectievere methoden om de interetnische relaties te verbeteren. Van die pogingen zijn de coöperatieve leervormen ongetwijfeld de meest succesvolle methoden gebleken. Uit een groeiend aantal onderzoeken kwam naar voren dat intergroepsrelaties verbeteren als gevolg van samenwerkend leren (voor overzichten zie o.a. Johnson e.a., 1984; Sharan, 1980; Van Oudenhoven, 1989; Slavin en Cooper, 1999).

Aronson geldt min of meer als de pionier van het coöperatieve onderwijs. Zijn methode, de zogenoemde *'jigsaw' techniek*, wordt nog steeds veel gebruikt en dient als basis voor vele andere technieken. Daarom zullen we deze methode hier in het kort beschrijven. Voor een uitgebreide beschrijving verwijzen we naar Aronson e.a. (1978).

Jigsaw is het Engelse woord voor legpuzzel. Ieder lid van de groep krijgt een deel van de informatie die nodig is om een opdracht uit te voeren. Allen krijgen als het ware een stukje van de legpuzzel, zodat het onmogelijk wordt zonder ieders inbreng de opdracht uit te voeren. Dat is de kern van de methode. De werkwijze is als volgt: per klas worden teams gevormd van vijf à zes leden die een paar keer per week gedurende verschillende weken een bepaalde hoeveelheid leerstof moeten bestuderen. De leerstof kan in principe betrekking hebben op elk vak, maar vooral vakken als aardrijkskunde, biologie en geschiedenis lenen zich er goed voor omdat de stof gemakkelijk in porties is op te delen. Bij aardrijkskunde bijvoorbeeld kan men bij de bespreking van een land onderscheid maken tussen de fysische, demografische, economische aspecten, enzovoorts. Iedere leerling ontvangt dan informatie over zo'n deelaspect, bestudeert het grondig en moet zijn of haar groepsgenoten over het eigen deel informeren en wordt op zijn of haar beurt op dezelfde wijze door anderen ingelicht over de rest van de stof. Aldus draagt ieder een deel bij aan het beeld van een land, net zoals dat bij het gezamenlijk maken van een legpuzzel gebeurt.

Na verschillende lessen worden de leerlingen getoetst en krijgt ieder individueel een cijfer. Op deze wijze leren de leerlingen elkaar te helpen en te stimuleren in plaats van met elkaar te wedijveren; tegelijkertijd echter worden ze individueel beoordeeld zodat ze er niet de dupe van worden als anderen minder goed hun best gedaan hebben. Wanneer leerlingen moeite hebben met de bestudering van de stof kunnen zij iemand van een ander team raadplegen die dezelfde portie heeft gekregen. Een ander voordeel van de methode is dat buitenlandse leerlingen die de standaardtaal nog niet zo goed beheersen genoodzaakt worden zich hierin uit te drukken, wat gestimuleerd wordt door het feit dat de anderen er belang bij hebben zo goed mogelijk naar ze te luisteren. Bij sommige vakken, zoals aardrijkskunde of muziek, kunnen buitenlandse leerlingen een extra inbreng hebben wanneer het onderwerpen betreft waar zij van huis uit meer van afweten. In een kleine groep zullen zij daar gemakkelijker over gaan praten. Vanzelfsprekend verloopt niet alles even gesmeerd; het duurt enige tijd voordat kinderen aan een andere manier van werken gewend zijn, zeker wanneer ze altijd individueel onderwijs genoten hebben. De leerkracht zal dan ook aandacht moeten besteden aan het samenwerkingsproces. Die heeft daar aan de andere kant ook meer gelegenheid voor gekregen, doordat de leerlingen een gedeelte van zijn taak hebben overgenomen.

De coöperatieve leervormen zijn ontwikkeld in het onderwijs. Maar vele principes ervan zijn natuurlijk ook buiten school te gebruiken. Evenals op scholen zou er in organisaties meer samengewerkt kunnen worden. Van alle methoden om intergroepsproblemen te verkleinen zijn methoden die uitgaan van samenwerking of van het aangeven van gemeenschappelijke doelen het meest effectief gebleken. Dat blijkt uit onderzoek naar de effecten ervan, maar ook op grond van de theorieën is het heel aannemelijk dat samenwerking intergroepsrelaties verbetert. De contacthypothese noemt gemeenschappelijke doelen als een van de voorwaarden. En het is aannemelijk dat gemeenschappelijke doelen de groepsgrenzen wat minder scherp maken zodat de methode ook volgens de sociale identiteitstheorie effectief moet zijn. Door de toename van persoonlijk contact tijdens de meeste coöperatieve ondernemingen ontstaat de mogelijkheid het positieve gedrag van de ander gemakkelijker aan diens positieve intentie toe te schrijven. Coöperatie kan dus ook de gewenste attributieprocessen oproepen. Het is dan wel belangrijk dat generalisatie van die positieve attributies optreden.

10.5 Slot

Dit hoofdstuk heeft laten zien dat de sociale psychologie inzicht kan verschaffen in het ontstaan en de functies van stereotypen, vooroordelen en discriminatie. Stereotypen zijn cognities, vooroordelen attitudes en discriminatie gedrag jegens andere groepen. Alle drie komen zij tegemoet aan onze behoefte 'ons prettig te voelen' en onze behoefte om de grote hoeveelheid informatie die op ons afkomt te ordenen en snel te verwerken. Drie relevante theorieën kwamen aan bod: de sociale identiteitstheorie, de sociale attributietheorie en de contacthypothese. Helaas laten deze theorieën zien dat het moeilijk is verbeteringen tot stand te brengen in problematische intergroepsrelaties. Toch bieden alle drie de theorieën ook concrete aanwijzingen om problematische relaties tussen groepen te verbeteren. In het bijzonder coöperatieve strategieën blijken effectief te zijn.

11

Adaptatiestrategieën

11.1 Inleiding

Vrijwel dagelijks verschijnen er berichten in de kranten over asielzoekers en immigranten. Daardoor ontstaat wel eens de indruk dat de aanwezigheid van grote groepen immigranten in Nederland een nieuw verschijnsel is. Dat is niet het geval. Al sinds de zestiende eeuw komen met tussenpozen stromen vreemdelingen ons land binnen (Lucassen en Penninx, 1994). Zo trokken in het begin van de Tachtigjarige Oorlog zo'n 150.000 personen uit de Zuidelijke Nederlanden naar het Noorden en vormden daarmee 10% van de bevolking van de Republiek. In de zeventiende eeuw vluchtten 50.000 à 75.000 Hugenoten uit Frankrijk naar Nederland. Een stad als Leiden bestond toen zelfs voor twee derde uit immigranten. In de negentiende eeuw nam Nederland zo'n 140.000 Belgen en Duitsers op. En tussen de beide wereldoorlogen vroegen vele politieke vluchtelingen uit Duitsland asiel aan in ons land (Ellemers, 1987).

Na de Tweede Wereldoorlog zwol de immigrantenstroom echter sterk aan. Honderdduizenden kwamen als gevolg van het dekolonisatieproces uit Nederlands-Indië (onafhankelijk in 1949) en uit Suriname (onafhankelijk in 1975). In de jaren zestig voegden zich daarbij nog eens grote groepen arbeidsmigranten uit de mediterrane landen: Spanjaarden, Portugezen, Italianen, Grieken, Turken, Marokkanen, Tunesiërs en Joegoslaven. Anders dan verwacht gingen deze arbeidsmigranten niet terug, maar lieten hun partners en gezinnen overkomen. De arbeidsmigranten waren echte immigranten geworden. Met de recente instroom van asielzoekers daar nog eens aan toegevoegd is Nederland de afgelopen halve eeuw demografisch ingrijpend veranderd. De aandacht van de overheid en de media voor de positie van de diverse etnische groepen is dan ook sterk toegenomen. Deze aandacht richt zich vooral op de manier waarop minderheidsgroepen in relatie kunnen staan tot de Nederlandse samenleving. De overheid heeft gekozen voor het multiculturalisme, dat wil zeggen dat de minderheidsgroepen aangemoedigd worden hun eigen cultuur te behouden en tot uitdrukking te brengen. Dit beleid is echter niet onomstreden. Vanuit de politieke partijen komen steeds sterkere geluiden dat allochtonen beter Nederlands moeten leren en Nederlandse normen en waarden moeten overnemen. Anderzijds komt er ook vanuit de minderheden zelf de kritiek dat het Nederlandse multiculturalisme goed bedoeld is, maar de allochtonen in het keurslijf van hun groepsidentiteit houdt of zelfs 'doodknuffelt'. In de landelijke discussie rond multiculturalisme (hier verder integratie genoemd) en assimilatie komen de opinies van de politieke en intellectuele elite in Nederland ruimschoots aan bod. Wat de gewone allochtoon en de gewone autochtoon er zelf van vinden is minder bekend. In dit hoofdstuk zal daarom besproken worden wat immigranten en meerderheid van hun onderlinge relatie vinden.

Contacten tussen immigranten en meerderheid verlopen meestal minder soepel. Mensen vinden het kennelijk vaak moeilijk om om te gaan met mensen die van hen verschillen en geven de voorkeur aan contacten met mensen die op hen lijken. Wij vinden anderen aardig die wat attitudes, waarden en veel andere aspecten op ons lijken. Dit is een bekend verschijnsel in de sociale psychologie.

11.2 Relaties tussen immigranten en gastland

Bij contacten tussen verschillende culturen zal men vooral denken aan contacten tussen immigranten en de dominante groep in het gastland. Het contact tussen groepen of individuen met een verschillende culturele achtergrond waarbij veranderingen optreden in oorspronkelijke cultuurpatronen in een van beide of beide groepen staat in de literatuur bekend als acculturatie (Segall e.a., 1999). In de praktijk zal vrijwel altijd de grootste verandering optreden bij de niet-dominante groep. De meerderheidsgroep voelt door haar dominante positie in de samenleving doorgaans niet zo sterk de druk om de eigen cultuur te veranderen.

Hoe staat de meerderheidsgroep tegenover immigranten? De meerderheid waardeert immigranten meer naarmate die meer overeenkomsten met haar hebben. Dit kwam heel duidelijk naar voren in een onderzoek onder een representatieve steekproef van bijna 2400 proefpersonen (Van Oudenhoven e.a., 2000). De respondenten, behorend tot een vaste steekproef die per modem door het onderzoeksinstituut Telepanel benaderd werd, kregen de volgende korte schets te zien:

> Stel u krijgt nieuwe buren. U heeft kort met de man en vrouw kennisgemaakt. U weet niet of zij getrouwd zijn, maar u weet wel dat het Nederlanders (of: Turken) zijn, dat de man werk heeft (of: werkloos is) en dat zij islamiet zijn (of: dat zij niet veel aan hun geloof doen, maar wel Kerstmis, Pasen en Sinterklaas vieren).

Vervolgens moesten de proefpersonen aangeven in hoeverre ze op die personen leken en in hoeverre ze die personen als buren zouden willen. Uitgangspunt was dat de buren het meest op de meerderheidsgroep zouden lijken wanneer zij Nederlands waren, werk hadden en 'christelijk' waren, hetgeen hier betekende dat ze niet veel aan hun geloof deden maar wel Kerstmis, Pasen en Sinterklaas vierden. Deze aanname bleek juist te zijn zoals figuur 11.1 laat zien. De figuur laat tevens zien dat de buren sympathieker gevonden worden naarmate zij op meer categorieën overlap vertonen met de meerderheidsgroep. Elke categorie waarop de potentiële buren overlap vertoonden met de meerderheidsgroep had een additief positief effect op de waardering van hen als buren.

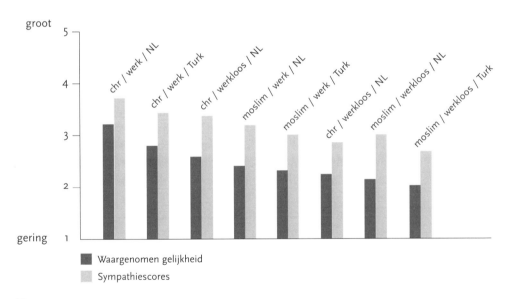

Figuur 11.1
Waargenomen gelijkheid van en mate van sympathie voor potentiële buren die op drie categorieën (geloof, arbeidspositie en nationaliteit) kunnen verschillen van de meerderheidsgroep (1 = gering, 5 = groot) (bron: Van Oudenhoven e.a. 2000).

Leden van de meerderheidsgroep hebben dus een voorkeur voor immigranten die op hen lijken. Overigens hoeven zij niet zo na te denken over hun positie ten opzichte van immigranten, want zij worden grotendeels omgeven door gelijkgestemden. Het zijn vooral immigranten die hun positie in de samenleving moeten bepalen. Er zijn verschillende manieren waarop minderheidsgroepen hun positie tot de meerderheidsgroep kunnen bepalen. Van belang hierbij zijn de mate waarin een individu zijn of haar etnische cultuur wil behouden en de mate waarin een individu contact wil hebben met leden van de meerderheidsgroep (Berry, 1997). Zo zijn vier typen strategieën te onderscheiden: integratie, assimilatie, separatie en marginalisering (zie tabel 11.1).

Tabel 11.1
Adaptatiestrategieën (bron: Berry, 1997).

		Eigen cultuur handhaven	
		Ja	Nee
Behoefte aan contact met gastland	Ja	Integratie	Assimilatie
	Nee	Separatie	Marginalisatie

Integratie is de strategie, waarbij het individu de eigen cultuur en identiteit wil behouden, maar tegelijkertijd contact met de meerderheidsgroep belangrijk vindt. Veel Italianen in Nederland laten zo'n adaptatiestrategie zien (Lindo, 1994). Bij assimilatie vindt het individu eveneens contact met de meerderheidsgroep belangrijk, maar heeft geen behoefte de eigen cultuur en etnische identiteit te behouden. Een voorbeeld van een groep immigranten die zich met de autochtone Nederlanders heeft geïdentificeerd zijn de Indische Nederlanders (Ellemers en Vaillant, 1985). Indien het individu de eigen cultuur en identiteit wil behouden en tegelijkertijd contact met de meerderheidsgroep afwijst, is er sprake van separatie. Een voorbeeld van zo'n groep zijn de zigeuners (Penninx, 1988). Bij marginalisering geeft het individu de eigen etnische cultuur en identiteit op, maar heeft ook geen behoefte aan contact met de meerderheidsgroep. Een voorbeeld van zo'n zwakke identificatie met de meerderheidsgroep én met de eigen cultuur wordt geleverd door groepen van tweede-generatie Marokkaanse jongeren van wie het leven zich afspeelt in de marge van de Nederlandse maatschappij (Roelandt en Veenman, 1991). Eigenlijk is marginalisatie niet altijd een strategie, maar vaak ook een positie waar de immigrant tegen wil en dank in terechtkomt. Vooral wanneer de meerderheid bevooroordeeld is ten opzichte van immigranten en zich terughoudend opstelt in de interactie met immigranten kunnen ze tot marginalisatie gedwongen worden. Er kan ook een groep zijn die vanuit een open opstelling naar verschillende groepen en culturen ongebondenheid uitstraalt. Deze immigranten zou ik eerder 'kosmopolitisch' dan gemarginaliseerd willen noemen.

Vanzelfsprekend is de scheiding tussen deze vier vormen van adaptatie niet zo strikt als de tabel suggereert. Er zijn dus allerlei overgangen mogelijk. Bovendien hangt het van het domein af hoe de immigrant zich opstelt. Zo is het goed denkbaar dat vele immigranten op het werk hun eigen cultuur wat naar de achtergrond plaatsen maar in hun privé-leven daar juist veel aandacht aan besteden. Vooral bij de keuze voor een levenspartner komt de voorkeur voor iemand uit de eigen culturele groep vaak sterk naar voren. Ook kan de strategie veranderen wanneer de immigrant langer in een land verblijft. Integratie en assimilatie zijn mijns inziens verreweg de meest realistische strategieën en zullen dientengevolge ook de voorkeur van immigranten genieten boven separatie en marginalisatie. Bij zowel integratie als assimilatie bestaat de mogelijkheid tot geregeld contact met de meerderheidsgroep. Het voordeel van het hebben van contact met de meerderheidsgroep is dat de minderheidsgroep ruim gebruik kan maken van de vele faciliteiten (onderwijs, sport, cultuur en dergelijke) die de maatschappij biedt en daardoor kan participeren in de samenleving. Contact met de meerderheid heeft instrumentele waarde.

Overigens roepen de twee strategieën verschillende processen op. Immigranten zijn er sociaal-economisch gewoonlijk slechter aan toe dan de meerderheidsgroep. Zij hebben doorgaans een lager opleidingsniveau en zijn vaker zonder werk. Volgens de sociale identiteitstheorie (Tajfel, 1978) streven benadeelde groepen ernaar – indien mogelijk – op te gaan in de meerderheidsgroep om een positieve identiteit te verkrijgen. Als gevolg daarvan zullen zij hun culturele kenmerken veranderen teneinde door te kunnen gaan als leden van de bevoordeelde groep. Het kan echter zijn dat deze assimilatie niet mogelijk is omdat de meerderheidsgroep, ook al oefent die gewoonlijk enige druk tot assimilatie uit, de geassimileerde toch nog niet helemaal accepteert, bijvoorbeeld vanwege uiterlijke of linguïstische kenmerken die herinneren aan de oorspronkelijke etnische achtergrond. Het opgegeven hebben van de culturele achtergrond in combinatie met het niet volledig geaccepteerd worden kan leiden tot gevoelens van minderwaardigheid bij assimilerende individuen (Bochner, 1982). Zij lopen dan het risico 'tussen de wal en het schip te vallen', ofwel tegen wil en dank voor marginalisatie te moeten 'kiezen'. Assimilatie kan dus een bevredigende strategie zijn, maar de immigrant moet dan wel door de dominante groep geaccepteerd worden.

Individuen die integreren hebben daarentegen als voordeel dat zij hun cultuur en identiteit daadwerkelijk kunnen behouden (Bochner, 1982). Maatschappelijke groepen blijken bovendien minder snel bereid hun identiteit op te geven en hun eigen groep te verlaten om bij de hogere-statusgroepen aansluiting te zoeken dan de experimentele groepen waarop Tajfel zijn conclusies baseerde. Dat is ook niet verwonderlijk omdat het bij maatschappelijke groepen om een diep verankerd groepslidmaatschap gaat terwijl het bij experimentele groepen slechts om een indeling in groepen gaat die ophouden te bestaan zodra het experiment is afgelopen. Taylor en Moghaddam (1994) vermelden dan ook dat etnische groepen vaak eerder geneigd zijn (delen van) hun cultuur te behouden dan om te assimileren. Het individu kan immers bij integratie de gewenste kenmerken uit verschillende sociale systemen selecteren en combineren, zonder de eigen culturele achtergrond te verliezen. Integratie heeft dan een gunstige invloed op de persoonlijke groei van het individu, terwijl het de verstandhouding tussen maatschappelijke groepen bevordert. Op basis hiervan is het aannemelijk dat immigranten eerder voor integratie dan voor assimilatie zullen kiezen.

Ook de keuze voor integratie door de immigrant wordt natuurlijk beïnvloed door hoe de meerderheidsgroep hierover denkt. Het is bijvoorbeeld mogelijk dat immigranten willen integreren maar dat de meerderheidsgroep hen alleen accepteert wanneer ze willen assimileren. Er is op theoretische gronden te verwachten dat de meerderheidsgroep vooral een voorkeur heeft voor assimilatie. Wanneer immigranten willen assimileren geven zij daarmee aan de opvattingen van de meerderheid te (willen) delen. In het algemeen blijken mensen zich meer aangetrokken te voelen tot anderen die op hen lijken, zoals we in de inleiding al zagen. Wanneer anderen gelijke opvattingen hebben betekent dat een ondersteuning van de eigen overtuigingen. Gelijkheid verkleint op die manier de onzekerheid in intergroepsrelaties. Dat mensen zich aangetrokken voelen tot gelijken is in de sociale psychologie vastgelegd in de gelijkheidsattractiehypothese (Byrne, 1971). Deze gelijkheidsattractiehypothese is keer op keer bevestigd (Baron en Byrne, 2002). Er is nog een tweede reden. Assimilatie houdt tevens de wens in om contact te hebben met de meerderheid. Dit moet door de meerderheid eveneens als een geruststelling gezien worden. In het interpersoonlijke contact is het immers mogelijk elkaars opvattingen te leren kennen en – in de meeste gevallen – tot de ontdekking te komen dat de verschillen kleiner zijn dan gedacht.

11.3 Opvattingen van immigranten en de meerderheidsgroep over adaptatiestrategieën

Hiervoor heb ik uiteengezet dat integratie en assimilatie adequate acculturatiestrategieën zijn, waarbij de voorkeur van immigranten vooral naar integratie zal uitgaan en die van de dominante groep naar assimilatie. In een onderzoek zijn we nagegaan of dat inderdaad het geval is (Van Oudenhoven e.a., 1998). Als immigranten kozen wij Turken en Marokkanen. Deze twee onderzoeksgroepen zijn – na de Surinamers – numeriek gezien de belangrijkste minderheidsgroepen: de aantallen Turken en Marokkanen bedragen respectievelijk ongeveer 280.000 en 230.000. Omdat zij tezamen de grootste groep immigranten in Nederland vormen en zowel qua taal als cultuur sterk van de Nederlandse meerderheidsgroep verschillen, vormen zij een belangrijke onderzoeksgroep. Het onderzoek richtte zich op hun gevoelens jegens en hun mate van identificatie met de verschillende strategieën. Eerst bespreek ik de reacties van de Turken en Marokkanen. Daarna komen ook de reacties van de meerderheidsgroep aan bod.

De immigrantenonderzoeksgroep bestond bij elkaar uit zo'n 300 Marokkanen en Turken uit diverse regio's van Nederland. De gemiddelde leeftijd van de Marokkanen en de Turken was ongeveer 30 jaar en hun gemiddelde verblijfsduur ongeveer 13 jaar. De respondenten waren via Marokkaanse en Turkse verenigingen en via buurthuizen benaderd. We lieten de respondent een artikel zien, zogenaamd uit een krant, waarin een immigrant (een Turkse of Marokkaanse man of vrouw, afhankelijk van de etnische achtergrond en geslacht van de respondent) de centrale figuur was. Er waren vier versies van het artikel. De beweringen en het gedrag van de persoon weerspiegelden één van de vier adaptatiestrategieën: integratie, assimilatie, separatie of marginalisatie. Hieronder staat als voorbeeld een scenario van een integrerende Turkse man.

Ömer is van Turkse afkomst en woont nu een jaar of tien in Nederland. Toen hij hier kwam vroeg hij zich wel af hoe het zou gaan. Nederland verschilt erg van Turkije. Hij zegt: 'Mijn vrouw en ik vormen een progressieve minderheid in de Turkse gemeenschap. We zijn wel zeer gelovig en houden alle Turkse gebruiken in ere, maar we sluiten ons niet af voor onze omgeving. Mede door deze soepele houding waarderen ze me op het werk volkomen en accepteren ze dat ik mijn eigen cultuur behoud. Op islamitische feestdagen kan ik altijd vrij krijgen en tijdens de ramadan letten mijn collega's altijd goed op dat ze bijvoorbeeld geen koffie voor mijn neus gaan zitten drinken of gebakjes gaan eten.' Ömer heeft er wel eens aan gedacht om Nederlander te worden, maar ziet de voordelen daar eigenlijk niet zo van in. Ondanks zijn goede contacten met Nederlanders voelt hij zich namelijk toch in de eerste plaats Turk.

Na het lezen van het verhaaltje gaven de respondenten aan in hoeverre zij zich identificeerden met de persoon van het verhaal en wat hun gevoelens jegens die persoon waren. Zowel Marokkanen als Turken herkenden zich het meest in de persoon die de eigen cultuur behoudt en tegelijkertijd ook veel contact heeft met Nederlanders: iemand die integreert. Bovendien dacht men het meest positief over die persoon (zie figuur 11.2).

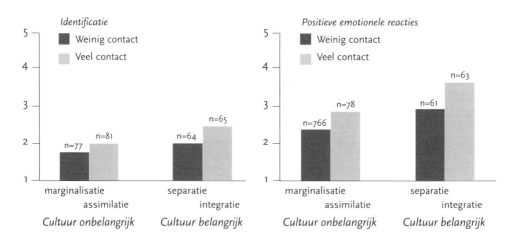

Figuur 11.2
Identificatie en emotionele reacties van Marokkanen en Turken met betrekking tot een scenario waarin de persoon de eigen cultuur niet of wel belangrijk vond en intensief of geen contact met Nederlanders had (1 = laag, 5 = hoog) (bron: Van Oudenhoven e.a., 1998).

De meerderheidsgroep bestond uit een representatieve steekproef van 1844 Nederlanders, eveneens benaderd via Telepanel. Zij kregen dezelfde scenario's voorgelegd als de Turken en Marokkanen. De Nederlanders werd gevraagd hun oordeel over de persoon uit de schets te geven en een schatting te geven van het percentage Turken/Marokkanen dat zich net als die persoon gedraagt. Zoals figuur 11.3 laat zien, zijn de Nederlanders het meest positief over de persoon die voor assimilatie of integratie kiest, dat wil zeggen iemand die contact met de meerderheid op prijs stelt. Nederlanders denken positief over integratie, maar ze denken nog net iets positiever over assimilatie, dat wil zeggen dat ze liever hebben dat Marokkanen en Turken hun cultuur opgeven en zich aanpassen aan de Nederlandse samenleving. Opvallend is dat Nederlanders het idee hebben dat Turken en Marokkanen het meest gericht zijn op separatie en het minst op assimilatie. Nederlanders denken dus positief over assimilatie en integratie, maar schatten het percentage Marokkanen en Turken dat een van deze twee strategieën hanteert erg laag.

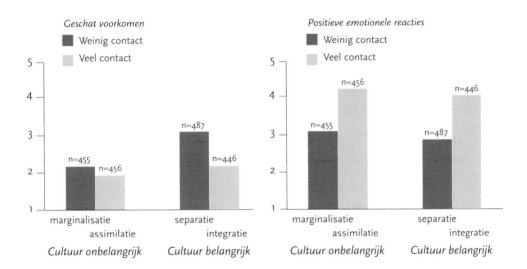

Figuur 11.3
Hoe Nederlanders het voorkomen van adaptatiestrategieën door Turken/Marokkanen inschatten en hun emotionele reacties daarop (1 = laag, 5 = hoog) (bron: Van Oudenhoven e.a., 1998).

Marokkanen en Turken beoordelen vooral integratie positief. Dat Marokkanen en Turken voor integratie kiezen is een veilige en pragmatische keuze. De zekerheid van de vertrouwde cultuur blijft behouden, tegelijkertijd worden contacten met Nederlanders niet vermeden.

Daarmee geven ze de voorkeur aan een strategie die ook Nederlanders aanspreekt. Het is opmerkelijk dat, terwijl Nederlanders van mening zijn dat Marokkanen en Turken vooral separeren, Turken en Marokkanen zichzelf het meest herkennen in een integrerende persoon. Marokkanen en Turken willen graag (een deel van) hun cultuur behouden. Daarover bestaan geen verschillende percepties tussen allochtone Nederlanders, maar wat betreft de mate van contact tussen de beide groepen lopen de waarnemingen sterk uiteen.

Hoe kunnen we deze verschillen in waarneming tussen Marokkanen en Turken enerzijds en Nederlanders anderzijds verklaren? Allereerst dient men zich te realiseren dat er veel meer autochtone Nederlanders zijn dan Marokkanen en Turken in Nederland (tezamen ongeveer 3,5% van de Nederlandse bevolking) waardoor de kans voor Nederlanders om met Turken en Marokkanen in contact te komen veel geringer is dan omgekeerd. Dit kan de reden zijn dat Marokkanen en Turken van mening zijn dat ze veel contact hebben met Nederlanders, terwijl de meeste Nederlanders dat anders ervaren. De verschillen in waarneming kunnen vervolgens versterkt worden door de neiging van de meerderheidsgroep om het gedrag van Turken en Marokkanen te interpreteren overeenkomstig de lage verwachtingen die zij van hen hebben (Hewstone, 1989; Pettigrew, 1979). Vanuit dit vooroordeel kunnen ze denken dat Turken en Marokkanen 'geen boodschap hebben aan de Nederlanders en zich het liefst willen afzonderen'. Dit betekent dat, zelfs wanneer leden van de meerderheidsgroep constateren dat Turken of Marokkanen de wens uiten contact met hen te willen hebben, zij dit – onverwachte – gedrag als een uitzondering zien. Ook al schrijven zij dus in zo'n geval het gedrag toe aan de bewuste wens contact te hebben, dan kunnen zij nog altijd bij hun mening blijven dat Turken en Marokkanen in het algemeen de neiging hebben zich van de Nederlanders af te zonderen. Vooral in gebieden waar veel Turken en Marokkanen wonen zijn de contacten om praktische redenen vaak beperkt tot de eigen etnische groep, hetgeen nog eens de indruk kan versterken dat Turken en Marokkanen zich van de Nederlanders willen afzonderen.

Een andere verklaring zou kunnen zijn dat de aangegeven voorkeur voor integratie van Turken en Marokkanen voortkomt uit de neiging sociaal wenselijke antwoorden op de vragen te geven. Om de Nederlandse onderzoeker een plezier te doen zouden de respondenten aangeven contact met Nederlanders op prijs te stellen en om hun eigen groep te behagen zouden ze dan aangeven de eigen cultuur te willen behouden. Om die kans op sociaal wenselijke antwoorden zo klein mogelijk te maken hebben we juist gekozen voor het voorleggen van concrete scenario's. Het is gemakkelijker om bij een globale vraag over wat men zou willen sociaal wenselijk te antwoorden dan bij de vraag of men zichzelf herkent in een concreet scenario. Bovendien hebben we telkens maar één scenario voorgelegd zodat de respondenten de vier strategieën niet hebben kunnen vergelijken.

Integratie is de favoriete adaptatiestrategie voor Turken en Marokkanen in Nederland. Dit gegeven is in overeenstemming met onderzoek naar de identificatie van Turkse en Marokkaanse jongeren in Nederland (Feddema, 1992) die aangaven een biculturele oriëntatie ontwikkeld te hebben. In Canada kwamen Berry e.a. (1989) ook tot de conclusie dat de meeste immigranten de voorkeur geven aan integratie. Een recent onderzoek naar Friese emigranten (Van Oudenhoven e.a., 2002) die zich grotendeels gevestigd hebben in Canada, de Verenigde Staten, Australië en Nieuw-Zeeland wijst ook in die richting. De voorkeur voor integratie is ook niet zo verwonderlijk, want integratie impliceert een positieve houding ten opzichte van de eigen cultuur en een constructieve houding tegenover de meerderheidsgroep. Canada en Nederland – voor Nederland geldt dit in mindere mate – hebben beide een multicultureel beleid, hetgeen een gunstig klimaat schept voor integratie. Wat dat betreft passen beide landen in de algemene trend in westerse samenlevingen om zich multicultureel sensitief op te stellen en de maatschappij pluralistisch in te richten.* Toch zijn er van land tot land verschillen in beleid die consequenties kunnen hebben voor de adaptatiestrategieën van de immigranten. In Duitsland bijvoorbeeld is het moeilijk voor Turken en Marokkanen om de Duitse nationaliteit te verkrijgen. Het gevolg daarvan kan zijn, zoals Peralva (1994) suggereert, dat Turken in Duitsland, die oorspronkelijk voor integratie waren, langzamerhand naar separatie neigen als gevolg van het Duitse segregatiebeleid. Recent onderzoek (Piontkowski e.a., 2000) laat zien dat bijna 50% van de in dat onderzoek ondervraagde Turken positief ten opzichte van separatie staat.

De resultaten van empirisch onderzoek wijzen meestal ook in de richting van integratie als de meest effectieve adaptatiestrategie. Liebkind (1996) constateerde bijvoorbeeld dat immigranten in Finland die integreerden er psychologisch het beste aan toe waren. Van Selm e.a. (1997) vonden dat zowel een integratie- als een assimilatiestrategie van Bosniërs in Noorwegen gepaard ging met gevoelens van competentie, maar dat verband was het sterkst met betrekking tot integratie. Segall e.a. (1999) concluderen zelfs dat integratie in vrijwel elk onderzoek als

---

* Het recent gevormde kabinet Balkenende lijkt evenwel assimilatie van immigranten te willen bevorderen.

de meest adequate adaptatiestrategie naar voren komt. Hoewel integratie de favoriete adaptatiestrategie van Turken en Marokkanen in Nederland is, geven niet alle immigranten de voorkeur aan integratie. Andere groepen bijvoorbeeld die cultureel gezien meer lijken op de Nederlanders, zoals immigranten uit het voormalige Nederlands-Indië, hebben grotendeels de voorkeur gegeven aan assimilatie (Ellemers en Vaillant, 1985). Hetzelfde geldt voor een aanzienlijk deel van de Surinamers (Van Oudenhoven e.a., 1996b). Het is overigens interessant dat assimilerende Surinamers geen lagere zelfwaardering hebben dan integrerende Surinamers. Assimilatie is ook gemakkelijker voor Surinamers omdat zij in veel sterkere mate geconfronteerd zijn geweest met de Nederlandse cultuur. Assimilerende immigranten kunnen ook op meer acceptatie van de meerderheid rekenen, zoals we hierboven zagen. De keuze van immigranten voor een bepaalde adaptatiestrategie wordt dus niet alleen door de immigranten beïnvloed, maar ook door de houding van de meerderheid, het minderhedenbeleid van een regering en de culturele afstand tussen de immigrant en de meerderheidsgroep. In het onderzoek onder Friese emigranten bleek dat Friezen die assimileren zeker niet lager scoren op tevredenheid met het leven dan de Friezen die voor integratie kiezen (zie figuur 11.4).

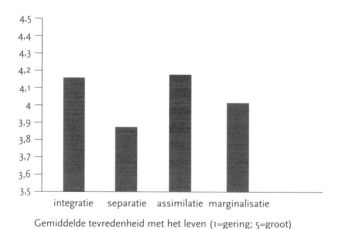

Gemiddelde tevredenheid met het leven (1=gering; 5=groot)

Figuur 11.4
De relatie tussen adaptatiestrategie en tevredenheid met het leven bij Friese emigranten (N=1156) (bron: Van Oudenhoven e.a., 2002).

Zowel integratie als assimilatie zijn effectieve adaptatiestrategieën. Integratie komt tegemoet aan de wens van de immigrant om de eigen waarden te behouden en contact met de meerderheidsgroep te hebben. Door te integreren heeft de immigrant toegang tot twee bronnen van sociale steun. Bovendien vormt deze strategie geen aantasting van de waarden van de dominante cultuurgroep, zodat er een zekere mate van acceptatie door de dominante groep kan optreden. Assimilatie komt ook tegemoet aan de wens van de immigrant om contact te hebben met de meerderheid en levert – zelfs een grotere – waardering op door de meerderheid, maar is in strijd met de behoefte aan culturele identiteit. Wanneer die identiteit dicht bij die van de dominante groep ligt kan de behoefte aan culturele identiteit bevredigd worden door zich cultureel te identificeren met de dominante groep. Separatie garandeert behoud van identiteit, maar betekent dat er geen of nauwelijks contact tussen de groepen bestaat. Bovendien is de waardering door de meerderheidsgroep voor separatie minimaal. Marginalisatie tenslotte scoort op geen enkel aspect positief: de immigrant heeft de band met de eigen groep verbroken maar heeft evenmin aansluiting bij de meerderheidsgroep. De laatste twee strategieën zijn dan ook zelden effectief.

De keuze van immigranten voor een bepaalde adaptatiestrategie wordt niet alleen door de immigranten beïnvloed, maar ook door de houding van de meerderheid, het minderhedenbeleid van een regering en de culturele afstand tussen de immigrant en de meerderheidsgroep. Inzichten in de dynamiek van de relatie minderheid-meerderheid is dan ook erg belangrijk. In het genoemde onderzoek hebben we laten zien hoe sterk waarnemingen over de adaptatiestrategieën uiteen kunnen lopen afhankelijk van of men de vraag aan de minderheid of de meerderheid stelt. Hierna bespreken we in het kort de relatie minderheid-meerderheid met betrekking tot een min of meer vergelijkbare groep immigranten in twee verschillende maatschappijen. (Voor een uitgebreide bespreking van dit onderzoek zie Van Oudenhoven en Eisses, 1998.)

11.4 Integratie en assimilatie van Marokkanen in Israël en Nederland

Ter verkrijging van verder inzicht in de relatie minderheid-meerderheid zijn de reacties van meerderheid en minderheid op assimilatie en integratie van Marokkanen in Israël en Nederland in kaart gebracht. Israël en Nederland zijn duidelijk verschillende maatschappijen, qua politieke stabiliteit, inwoneraantal, culturele geschiedenis en vele andere aspecten. Toch zijn beide maatschappijen kleine westerse democratieën met een vergelijkbare levensstandaard waarin regeringen altijd op coalities gebaseerd zijn. In beide landen zijn de afgelopen decennia enkele honderdduizenden Marokkanen geïmmigreerd. In Israël vormen zij 9% van de bevolking, in Nederland 1,5%. In beide landen hadden zij op het moment van immigratie een vergelijkbare sociaal-economische status en vormden zij linguïstisch gezien een outgroup. Er was echter één groot verschil: Terwijl de Marokkanen in Nederland ook op religieus gebied afweken van de meerderheidsgroep, omdat de meesten hier moslim zijn, deelden zij in Israël de religieuze achtergrond met de meerderheidsgroep. Dat komt doordat de Israëlische immigratiepolitiek toestaat dat iedereen ter wereld die aan kan tonen dat hij of zij jood is het Israëlisch staatsburgerschap kan krijgen.

In Israël namen 97, in Nederland 94 Marokkanen aan het onderzoek deel. Aan hen werd gevraagd een lijst in te vullen met vragen over hun adaptatiestrategie (assimilatie of integratie), de waargenomen vooroordelen jegens hen, hun mening over de mate waarin zij door de meerderheid gerespecteerd worden en de waardering van hun eigen etniciteit. De meerderheidsgroepen in beide landen werden vertegenwoordigd door respectievelijk 78 en 85 middelbare scholieren (gemiddelde leeftijd ruim 16 jaar) afkomstig van verschillende scholen. Zij vulden een vragenlijst in met behulp waarvan vooroordelen jegens Marokkanen werden gemeten en hun gevoelens jegens een assimilerende dan wel een integrerende Marokkaan(se). Voor de meting van deze gevoelens gebruikten we de eerder beschreven scenariobenadering.

Resultaten

Van de Marokkanen in Nederland gaf 20% aan te assimileren; in Israël was dat bijna 56%. De overige respondenten gaven aan te integreren. De belangrijkste uitkomsten waren: Marokkanen in Nederland ervaren aanzienlijk meer vooroordelen dan Marokkanen in Israël. Dit blijkt overeen te komen met wat de meerderheid ook daadwerkelijk aan vooroordelen te kennen geeft. De Nederlandse scholieren zijn sterker bevooroordeeld jegens Marokkanen dan hun Israëlische leeftijdgenoten. In beide landen geven immigranten die assimileren aan minder vooroordelen van de meerderheidsgroep te ondervinden. Vooral in Nederland voelen assimileerders zich meer gerespecteerd door de meerderheid; in Israël maakt het voor het gevoel gerespecteerd te worden niet uit of men integreert of assimileert. In Nederland kunnen assimilerende immigranten op de sympathie van de meerderheid (in dit geval waren dat scholieren) rekenen, maar als zij hun cultuur willen behouden daalt de sympathie aanzienlijk. In Israël maakt het niet zoveel uit of de Marokkaanse immigrant de eigen cultuur koestert of niet. Immigranten die voor integratie als adaptatiestrategie kiezen, waarderen hun eigen etnische groep positiever. Het feit dat de waardering voor hun eigen etnische groep een aanzienlijke correlatie vertoont ($r = 0{,}54$) met de mate waarin zij vooroordelen jegens zichzelf ervaren, maakt het aannemelijk dat zij met 'ingroup favoritism' reageren op het ervaren vooroordeel. De gegevens vallen goed te interpreteren met Tajfels sociale identiteitstheorie; integratie maakt etnische categorieën saillanter, hetgeen tot ongunstiger attitudes van de meerderheid leidt. Deze bedreiging van de sociale identiteit van de minderheidsgroep wordt opgevangen door positiever over de eigen groep te gaan denken.

De resultaten suggereren dat het belangrijk is een kenmerk met de meerderheid gemeen te hebben: een Marokkaan in Israël deelt het joodzijn met zijn of haar landgenoten. De meerderheid in Israël is minder bevooroordeeld tegenover de Marokkaanse immigranten dan de Nederlandse meerderheid. Bovendien geven Marokkanen in Israël aan minder vooroordeel te ervaren dan hun landgenoten in Nederland. De algemene attitude van de Nederlanders lijkt conditioneel te zijn: immigranten ervaren minder vooroordeel en meer respect wanneer zij hun eigen identiteit opgeven, dat wil zeggen, wanneer zij assimileren. Bovendien worden zij dan aardiger gevonden. Kennelijk geven Nederlanders de voorkeur aan minderheden die op hen lijken. De resultaten ondersteunen de gelijkheidsattractiehypothese: we voelen ons aangetrokken tot anderen die op ons lijken.

11.5 Adaptatiestrategieën: conclusies

De hier besproken onderzoeken hebben laten zien dat zowel integratie als assimilatie levensvatbare adaptatiestrategieën zijn. Het hangt van de etnische groep af én van het individu binnen die groep, welke strategie het meest wenselijk is. Het zou daarom verstandig zijn als het overheidsbeleid erop gericht zou zijn leden van de minderheidsgroep niet de ene dan wel de andere vorm op te dringen. De Nederlandse meerderheidsgroep heeft een sterke voorkeur voor assimilatie van minderheden. Deze houding wordt ook wel de 'kleurenblinde benadering' genoemd. De benadering houdt in dat men elkaar zoveel mogelijk als individuen ziet en de etnische en culturele achtergrond van iemand zomin mogelijk een rol laat spelen. De gedachte dat ras of etnische afkomst geen rol zou moeten spelen doet sympathiek aan, maar betekent een ontkenning van de sociale werkelijkheid van de minderheidsgroep. Uiteraard overheerst in een kleurenblinde interactie de meerderheidscultuur omdat die impliciet de gedragscode bepaalt. Daarmee doet deze benadering de vele immigranten tekort die contact met de meerderheid op prijs stellen maar niet hun eigen cultuur willen opgeven. Wat de overheid in ieder geval zou moeten doen, is het grote publiek ontvankelijker maken voor een multiculturele samenleving; dat wil zeggen, voor het naast elkaar bestaan van verschillende waardestelsels, want de meerderheid van de autochtone Nederlanders is te sterk gericht op assimilatie. Sinds de politieke verschuiving in Nederland in 2002 is de druk op immigranten om te assimileren alleen nog maar sterker geworden.

De door de dominante groep geprefereerde adaptatiestrategieën vertalen zich op overheidsniveau in vergelijkbare benaderingen jegens de immigranten (zie ook Bourhis e.a., 1997). De met integratie overeenkomende houding van de overheid is multiculturalisme: het bestaan van verschillende culturele groepen wordt erkend en gerespecteerd. De met assimilatie corresponderende houding van de overheid is de 'melting pot'-ideologie: immigranten dienen te versmelten met de dominante groep. Deze strategie kan effectief zijn wanneer de immigrant cultureel al dicht bij het gastland staat of zich er sterk mee identificeert, want dan kan er ook geen sprake zijn van een groot verlies van identiteit. De met separatie overeenkomende houding van de overheid is segregatie: immigranten leven gescheiden van de dominante groep, hetgeen in de meeste gevallen tot gettovorming leidt. De met marginalisatie corresponderende houding van de overheid wordt gekenmerkt door onverschilligheid of verwaarlozing. Multiculturalisme en de 'melting pot'-benadering lijken de meest levensvatbare benaderingen. Segregatie en 'onverschilligheid' creëren op den duur problemen omdat immigranten geïsoleerd of gemarginaliseerd raken. Het zijn daarom benaderingen die grote kosten voor de maatschappij inhouden.

Tot nu toe hebben we de adaptatie besproken van immigranten die hun land voorgoed verlaten hebben op zoek naar werk of een veilig bestaan. Zij vormen niet de enige migranten. Daarnaast zijn er de buitenlandse studenten en de mensen die voor enkele jaren uitgezonden worden om in een buitenlands bedrijf werkzaam te zijn, de zogenoemde expatriates. Ten slotte kent elk land immigranten die hun partner gevolgd zijn. Hieronder volgt een beschrijving* van twee typen immigranten waar nog weinig onderzoek naar gedaan is: vrouwen van expatriates en vrouwen met Nederlandse partners.

---

*Deze beschrijving is een verkorte weergave van Jones-Corley en Van Oudenhoven (2002).

11.6 Onderzoek naar Amerikaanse vrouwen in Nederland

Nederland behoort tot de top-tien bestemmingslanden voor Amerikaanse expatriates. Er zijn meer dan 1600 Amerikaanse bedrijven in Nederland die daarmee nagenoeg een kwart van alle buitenlandse bedrijven in Nederland vormen (US Embassy, 1999). Nederland en de Verenigde Staten verschillen cultureel gezien niet zo sterk. Wanneer we naar Hofstedes dimensies van nationale culturen kijken dan blijkt er slechts op één dimensie een duidelijk verschil te zijn: Nederland is een veel minder masculiene samenleving dan de Verenigde Staten. Daarnaast is er een linguïstisch verschil tussen Amerikanen en Nederlanders. De meeste Nederlanders spreken – hoewel niet altijd even perfect – Engels en doen dat bovendien graag. Weinig Amerikanen daarentegen spreken Nederlands; ze vinden Nederlands een moeilijke taal. Een derde belangrijk verschil betreft de grootte van de landen en de daarmee samenhangende verschillen in economische en politieke invloed. De laatste twee verschillen creëren een asymmetrische relatie: Nederlanders spreken Engels en weten veel over de Amerikaanse politiek en cultuur, terwijl Amerikanen vrijwel niets over de Nederlandse samenleving en cultuur weten en nauwelijks Nederlands spreken.

Er is betrekkelijk veel bekend over de evaringen van uitgezonden werknemers (Adler, 1991; Black en Gregersen, 1999; Harvey, 1997), maar heel weinig over die van hun partners (vrijwel altijd vrouwen). Zij regelen doorgaans de verhuizing naar het buitenland, zijn verantwoordelijk voor de opvang van de kinderen, het op orde brengen van de woning en het regelen van bureaucratische zaken, maar ze ontberen de identiteit die de expatriate werknemers door hun werk wel hebben (Adler, 1991; De Cieri e.a., 1991; De Verthelyi, 1995). De expatriate werknemers leiden op hun werk een leven dat veel minder verschilt van wat zij thuis gewend waren. Het is belangrijk om aan de 'vergeten groep' van expatriate vrouwen aandacht te besteden. Behalve de partners van naar Nederland uitgezonden werknemers hebben we in het te bespreken onderzoek ook vrouwen met Nederlandse partners (VMNP) betrokken. Ook deze vrouwen laten hun baan, vrienden en familie achter om een nieuw leven te beginnen. Zij zien hun vertrek vaak als blijvend en zijn eerder immigrant dan expatriate, zij noemen zichzelf *love immigrants*. Beide groepen vrouwen worden echter geconfronteerd met de vraag hoe ze zich aan moeten passen aan de nieuwe cultuur.

Omdat er zo weinig bekend is over de ervaringen van expatriate vrouwen en nog minder over die van VMNP hebben we gekozen voor een kwalitatieve benadering: we laten de vrouwen zelf de kernthema's bepalen in plaats van die als onderzoekers op te leggen. De ervaringen van de vrouwen worden dan door middel van de framingmethode verder onderzocht. Deze methode (Goffman, 1974; Tannen, 1979) maakt het mogelijk ervaringen van individuen te begrijpen vanuit hun eigen frame (perspectief). Het concept is vooral belangrijk in de context van interculturele interacties (Torbiörn, 1982) omdat individuen uit verschillende culturen uiteenlopende frames ontwikkeld hebben. Een expatriate vrouw bijvoorbeeld heeft geleerd situaties te kunnen duiden op grond van ervaringen en herinneringen in de Verenigde Staten. Wanneer zij nauwelijks een gemeenschappelijke achtergrond heeft met Nederlanders, dan zal het haar moeite kosten haar frames aan te passen aan de Nederlandse situatie, of ze zal nieuwe frames moeten creëren om met het leven in het gastland om te kunnen gaan.

Met een framingbenadering zijn we in staat gedachten en gevoelens naar voren te krijgen die niet gemakkelijk met kwantitatieve methoden te vatten zijn. In dit onderzoek zijn diepte-interviews gebruikt. Diepte-interviews bieden een gedetailleerde en systematische manier om gegevens te verschaffen voor theorievorming die niet uitsluitend door de onderzoeker bepaald wordt, maar in interactie met degenen waar de theorie betrekking op heeft (Lincoln en Guba, 1985).

Deelnemers waren 55 Amerikaanse vrouwen uit Groningen, Amsterdam en omstreken, Den Haag en enkele kleinere plaatsen; 18 vrouwen waren met een Nederlander getrouwd en 37 met expatriate medewerkers. De vrouwen waren tussen de 26 en 56 jaar oud. De tijd die zij op het moment van onderzoek al in Nederland waren liep uiteen van één maand tot 19 jaar; de VMNP waren gemiddeld langer in Nederland terwijl de meeste expatriate vrouwen hier minder dan vijf jaar waren; 26 van hen hadden eerder in het buitenland gewoond. Alle respondenten hadden ten minste enige tijd universitair onderwijs genoten. Zestien vrouwen hadden betaald werk, sommigen waren op zoek naar werk en veel vrouwen deden vrijwilligerswerk. Van de respondenten hadden er 38 een gezin met kinderen onder de 18 jaar, de overige vrouwen hadden geen kinderen of hun kinderen woonden elders. Voor de werving van de respondenten werden in eerste instantie Engelssprekende vrouwenverenigingen benaderd, zoals American Women's Clubs. Vervolgens verkregen we via daar gelegde contacten weer nieuwe respondenten, de zogenoemde sneeuwbalmethode (Lincoln en Guba, 1985).

De framingmethode hield in dat een aantal algemene onderwerpen altijd aan bod kwam, maar dat er tevens bij elke geïnterviewde enkele specifieke vervolgvragen gesteld konden worden (May, 1990). De algemene vragen waren gebaseerd op de literatuur over culturele adaptatie en ervaringen van expatriate vrouwen (Black en Gregersen, 1991; Black en Stephens, 1989; Church, 1982; De Cieri e.a., 1991), en op grond van eigen inzichten in de problemen die op kunnen treden als gevolg van culturele verschillen.

11.7 Resultaten

Welke frames kwamen naar voren? Het belangrijkste onderscheid dat binnen de groep ondervraagden aan te brengen was betrof de tweedeling tussen expatriate vrouwen en VMNP en het daarmee samenhangende verschil in verblijfsduur in Nederland. In figuur 11.5 staan de frames schematisch weergegeven, met links de door de expatriate vrouwen en rechts de door de VMNP gehanteerde frames.

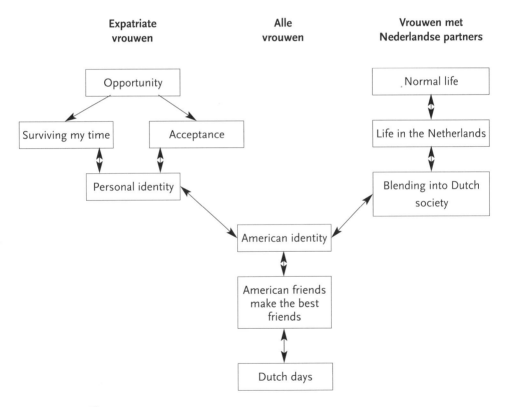

Figuur 11.5
Frames gebruikt door Amerikaanse vrouwen in Nederland (bron: Jones-Corley en Van Oudenhoven, 2002).

In het midden staan de frames die beide groepen vrouwen hanteren. De pijlen geven aan dat de meeste frames elkaar beïnvloeden. Vrijwel alle expatriate vrouwen zagen hun verblijf in Nederland als een *opportunity*, terwijl de VMNP hun leven hier als *normal life* beschouwden. Op de vraag waarom ze hier gekomen waren kwamen de expatriate vrouwen met verhalen waarin ze positieve en negatieve aspecten tegenover elkaar plaatsten en dan tot de conclusie kwamen dat de positieve kanten, zoals het reizen en de blootstelling aan een andere cultuur, de negatieve aspecten overtroffen. Een algemeen gevoel onder expatriate vrouwen werd als volgt verwoord:

> 'But we pretty much knew that unless it was just horrible here that we would accept [the expatriate assignment]. Because we didn't want to turn down that kind of opportunity. For his career and for traveling and just experience.' Cindy (30) expatriate vrouw sinds tweeënhalve maand.

De VMNP hadden een ander frame. Zij zeiden dat ze hier een normaal leven leidden van werken, kinderen opvoeden, enzovoorts, precies zoals ze dat in de VS zouden doen. Zij waren hier vanwege hun relatie, hun kinderen en hun werk. Het is, zoals Alicia (33), die getrouwd is met een Nederlander, zegt een heel gewoon leven hier:

> 'And Americans all think, "Oh, you're married to a doctor." They think, "Gosh she lives in Europe, she's married to a doctor". So they have the wrong view. I mean, same shit, different country.'

De verblijfsduur in Nederland is bepalend voor de belangrijkste frames, die evenwel voor beide groepen geheel verschillend uitpakken. Expatriate vrouwen (ES) denken dat ze hier betrekkelijk kort zullen blijven (gemiddeld zo'n twee jaar) en bereiden zich psychisch voor op die tijdsduur. Of, zoals verscheidene vrouwen zeiden: 'For a year or two I can survive anything.' Vaak komt dit *surviving my time*-frame tot uitdrukking in de manier waarop de expatriate vrouwen hun leven inrichten: ofschoon velen de Nederlandse cultuur waarderen, nemen zij er niet actief aan deel. Ze behouden zelfs een duidelijk Amerikaanse instelling; de meesten spreken geen Nederlands; hun kinderen gaan naar internationale of Amerikaanse scholen; hechte vriendschappen sluiten ze bijna alleen met mede-Amerikanen terwijl de omgang met Nederlanders grotendeels beperkt blijft tot winkelen en verwante activiteiten. Vrouwen die hier wat langer (vier jaar of meer) zijn, blijken een minder sterke behoefte te hebben om de Amerikaanse cultuur te behouden en tonen meer belangstelling voor typisch Nederlandse zaken en voor deelname aan de Nederlandse gemeenschap. Zij hebben meer een *acceptance*-frame, dat begint te lijken op het *life in the Netherlands*-frame van de vrouwen met Nederlandse partners. Toch was geen van deze vrouwen zo cultureel aangepast aan de Nederlandse samenleving als de VMNP, zij spraken slechts een beetje Nederlands en ze zochten nog steeds meer contact met Amerikanen. De VMNP daarentegen hebben besloten in Nederland te blijven en door dit *life in the Netherlands-frame* voelen zij dat ze Nederlandse gewoonten moeten overnemen en wat van hun Amerikaanse cultuur moeten laten vallen.

Centraal in dit frame is het *blending into Dutch society*-perspectief. Dit komt tot uitdrukking in het gedrag van veel VMNP: de meesten spreken Nederlands, hun kinderen gaan naar Nederlandse scholen en ze hebben meer contacten met Nederlanders, zijn actief in hun buurt en velen werken voor Nederlandse bedrijven. Verschillende vrouwen zeiden dat ze hun best deden in hun taal en gedrag niet te veel aandacht te willen vestigen op hun Amerikaanse achtergrond. Dit frame hield ook verband met een belangrijke stressor, de Nederlandse schoonfamilie, die bepaalde verwachtingen heeft over hun taalgebruik en hun houding ten opzichte van de Nederlandse cultuur, iets waar de expatriate vrouwen geen last van hadden.

Naast de frames die te maken hadden met de duur van het verblijf kwam er een ander belangrijk frame naar voren dat te maken had met de vraag: 'Wie ben ik?' Dit *personal identity*-frame kwam vooral naar voren bij vrouwen van midden 20 tot vroeg in de 30 zonder kinderen. De groep jonge kinderloze vrouwen worstelt met carrièreproblemen. De meesten van hen hadden voor hun uitzending werk in de Verenigde Staten en hebben verlof gekregen of ontslag genomen om naar Nederland te verhuizen. Veel van deze vrouwen hebben er moeite mee niet te werken. Werk bepaalt voor Amerikanen vaak wie ze zijn. Een van de eerste vragen is dan ook vaak: 'What do you do for a living?' Ofschoon verscheidene van hen aangaven dat er geen druk op hen rust om een baan te krijgen, hebben ze toch het gevoel dat ze moeten werken, zoals Andrea (29) expatriate vrouw sinds twee maanden verwoordde:

> 'I don't miss my family that much. It's more like the comfort things, I miss my life back home, living in my house, going to work everyday, having a meaningful job, having a purpose, bringing home money, which is another big difference. I never, I don't remember the last time I didn't have my own money, and I guess that might be more of a marriage issue, too, but if we were at home, I'd have my own job, so I'd feel like I was contributing. But now I feel like I have to do all the wash, I have to clean everything, I always have to cook because that's my job here, because I don't bring in any money. I have a small part-time job, but oh, my God, it's nothing.'

De vrouwen tussen de 30 en de 40 met kinderen thuis verschilden duidelijk van de vorige groep. Hoewel enkelen van hen hun carrière hadden opgegeven om expatriates te worden, waren de meesten al voor hun vertrek naar Nederland opgehouden met werken en voelden zich voltijdmoeders. Zij hadden dan ook vrijwel geen identiteitsproblemen, want ze waren moeder en vaak vrijwilliger bij buitenschoolse activiteiten van hun kinderen. De vrouwen in de 50 met volwassen kinderen of zonder kinderen hadden weer andere ervaringen. Slechts één van hen werkte hier; verscheidenen van hen hadden wel in de VS gewerkt, maar vinden het prettig wat vrije tijd te hebben en noemen hun verblijf hier een vakantie. Deze vrouwen weten ook beter waar ze aan toe zijn, hetzij doordat ze vaker uitgezonden zijn, hetzij door de levensfase waarin ze verkeren. In het algemeen zijn deze vrouwen erg actief in clubs en reizen ze veel. Interessant is dat die preoccupatie met de persoonlijke identiteit niet naar voren kwam in de gesprekken met de VMNP. Het kan zijn dat zij dit probleem opgelost hadden omdat ze al in Nederland woonden. Een andere mogelijkheid is dat zij zich door hun *life in the Netherlands*-frame beter op een baan hebben voorbereid.

Hoewel het *personal identity*-frame wisselt per leeftijdsgroep van de expatriate vrouwen en nauwelijks optreedt bij de VMNP, delen de beide groepen een *American identity*-frame. Alle respondenten voelen zich cultureel gezien Amerikaan. Dit perspectief werkt door in alles: hoe ze andere mensen groeten, in hun kleding en in hun verwachtingen ten aanzien van sociale interacties. Ze zijn niet bereid en ook niet in staat hun Amerikaanse cultuur en tradities op te geven. Vooral expatriate vrouwen die hier maar korte tijd verblijven zien geen reden om hun Amerikaanse identiteit op te geven. Ze vinden het leuk om aan bepaalde aspecten van de Nederlandse cultuur deel te nemen (koffie-uurtjes en Sinterklaas) en zien de waarde van deze tradities in, maar zullen hiermee ophouden zodra ze weer uit Nederland vertrekken.

Soms werd men zich door het verblijf in Nederland juist meer bewust van de Amerikaanse identiteit.

> 'I love Americans. And the more I meet other people the more I like Americans. I love that Americans are loud. I like that the Americans are honest. ...People love to make comments about Americans. I had a problem with that when I first got here. People meet you and they like you and you're American [yet] they feel like it's totally fine to put down Americans because you're not like that. I've gotten a lot of American pride this year. I am still American. Everything about me is American... and I'm comfortable with that. I'm not embarrassed like I used to be embarrassed, I think, to be American.' Kate (29), expatriate vrouw sinds zes maanden.

Het handhaven van de Amerikaanse identiteit is problematischer voor de vrouwen met Nederlandse partners die in een neteliger positie verkeren: aan de ene kant vinden ze dat ze op moeten gaan in de Nederlandse maatschappij, terwijl ze aan de andere kant hun 'Amerikaanzijn' niet op willen geven. De druk om zich als Nederlanders te gedragen komt vooral van de Nederlandse schoonfamilie die te snel te veel van hen verwacht, zoals Claire (36) na tweeënhalf jaar in Nederland aangeeft:

> 'I learned some hard lessons when I put out food the first few times, and was told that I was "Typical American, wasting food" and "Look at all this food". [I presented food] with the concept of: you put out some little different things and people help themselves... And all they were expecting was a cup of coffee and one cookie in a tin handed to them... But I was corrected when I did it otherwise. And there was a part of me that [felt]: "You're in my home. I find it fascinating to understand how you guys do it. Why don't you want to reciprocate and find it interesting how I do it." That was hard. That was difficult. You know my expectations were that they would... at least be curious. But I quickly learned that they weren't going to play if I wasn't going to do it properly.'

Wonen in het buitenland schept goede gelegenheden, maar ook moeilijkheden om vriendschappen te ontwikkelen. Het is niet altijd gemakkelijk bevriend te raken met de lokale bevolking, en vriendschappen met andere Amerikanen zijn vaak moeilijk of oppervlakkig vanwege het tijdelijke karakter van het verblijf. Toch vindt een belangrijk deel van de vrouwen dat Amerikanen hun beste vrienden zijn. Dit *American friends make the best friends*-frame is in veel gevallen ontstaan doordat Amerikanen ervaren dat het moeilijk is om Nederlanders te leren kennen. Een steeds terugkerende opmerking is dat het moeilijk is 'to break into the Dutch circle'. Bovendien zijn hier andere gewoonten om contacten te leggen. In de VS bijvoorbeeld worden nieuwe bewoners in de buurt verwelkomd door de buren die al in de wijk wonen, terwijl in Nederland de nieuwe bewoner het initiatief moet nemen om de buren uit te nodigen. Bovendien vinden ze het lastig de vervolgcontacten te regelen. Maar ook het handhaven van de vriendschappen in de VS is een probleem. Het was duidelijk dat zijzelf het initiatief moesten nemen om de vriendschappen te handhaven. Andere vrouwen vertelden dat hun vrienden van thuis niet echt geïnteresseerd waren in hun expatriate bestaan en het ook niet echt begrepen of gewoon jaloers waren op het reizen en de glamour van het expatriate bestaan. Waar alle vrouwen mee worstelen is het tijdelijke karakter van de vriendschappen, vooral de jonge vrouwen hebben daar last van. Vrouwen met kinderen komen meteen in een sociaal netwerk terecht via de school en de vele activiteiten die daaromheen plaatshebben. De jonge vrouwen kiezen er daarom vaak voor zich aan te sluiten bij de American clubs. Het volgende citaat vertolkt het standpunt van de meeste Amerikaanse vrouwen in Nederland:

> 'Your friends are expats, that's the only thing, and they leave. And you make new friends. And they leave. And you think: "I can't stand this any longer." And I have one friend and teasingly she'll say: "How long are you going to be here?" And you tell her. And she'll say: "If you're not going to be here more than six months I can't be your friend." You just get so tired. It takes an effort to have a good friend and you begin by... by sharing things, little things. The things that don't matter and then you get into the friendship more deeply and you share more of yourself. You have to have a good friend. And then you become like family, and then they're gone. So it's hard. Most of my friends are leaving in June. We had a big swarm, I guess there were maybe 45 families I'm not [sure] exactly... And now there are maybe, maybe five, six.' Ellen (50), meervoudig expatriate vrouw, vijf jaar in Nederland.

De VMNP vinden het ook moeilijk vriendschappen met Nederlanders te ontwikkelen. Aan de andere kant willen veel van de VMNP ook geen tijd en energie steken in het ontwikkelen van vriendschappen met expatriates, want ze weten dat die binnen afzienbare tijd weer vertrekken:

> 'I made a few friends but most of them were foreigners. Dutch women are very difficult to make friends with, to break into. I've been here for nine years and I have maybe three. And I'm a pretty social person. ...And you tend to make friends with people you normally wouldn't make friends with, just because they're from the same situation you are and I don't do that as much as I used to anymore... I still am weary of just the "two year expat." ...I've had too many friends leave on me, so that's also hard. ...I have made a few good friends and they've left and that's not so nice always. I mean you start feeling comfortable here and then you've got to go start over again.' Alicia (33), sinds negen jaar in Nederland.

Ongeacht of het nu expatriate vrouwen of vrouwen met Nederlandse partners zijn en ongeacht hoe lang ze hier zijn, ervaren de meeste vrouwen *Dutch days*. Dit frame verwijst naar dagen dat de vrouwen problemen hebben die het gevolg zijn van het contact met de Nederlandse cultuur. *Dutch days* schijnen een frequente bron van frustratie over de Nederlandse cultuur te zijn:

> 'Well... it's just one of those days when everything goes wrong. You're fighting the weather. You fell off your bike. I mean, I remember one day my daughter was going to go on a Brownie sleepover. She needed a flashlight. And I thought this is not going to be that hard. I walked to the Albert Heijn. Well, Albert Heijn doesn't sell flashlights. I went to my local like hardware store. They don't sell flashlights. I went to the drugstore. They don't have flashlights. Seven stores and four hours later I find myself in the Kalverstraat walking in every single store I can and I finally walked in to this Xenos... And I walk in and there's a flashlight. And I buy it. And it works once for the one thing and then it breaks. It doesn't matter. You know, its like, geez, this cannot be this hard... But just things like that, where it's like the country is killing you.' Leigh Ann (32), expatriate vrouw sinds een jaar.

Wat zo'n *Dutch day* oproept zijn vaak kleine probleempjes die de vrouwen gemakkelijk zouden kunnen oplossen als ze in de VS waren. Echter, omdat het in de Nederlandse cultuur zo anders gaat, beginnen ogenschijnlijk kleine probleempjes zich op te hopen tot een grote overweldigende last. Sommigen vermelden deze ervaring wanneer ze hier nog maar net zijn, maar het interessante is dat het Dutch days-frame evenzeer genoemd wordt door vrouwen die al ruim over de fase van de culture shock (Church, 1982) heen zijn. Hun verwijt is duidelijk op de Nederlandse cultuur gericht en niet op henzelf of op de manier waarop ze zijn grootgebracht. Het frame is het symbool voor het conflict tussen de Amerikaanse en Nederlandse tradities.

11.8 Amerikaanse vrouwen in Nederland: conclusies

Amerikaanse vrouwen in Nederland staan voor een aantal problemen, zoals gebrek aan sociale steun, identiteitskwesties, carrièreperikelen, cultuurbotsingen, en andere. Uit dit onderzoek blijkt dat ze een aantal frames creëren om deze problemen te benoemen. Sommige van deze frames worden door vrijwel alle vrouwen gedeeld, terwijl andere duidelijk verschillen voor expatriate vrouwen en de vrouwen met Nederlandse partners. De expatriate vrouwen zien hun verblijf hier als een buitenkans (hoewel dat bij nader inzien wel eens wat tegenvalt), terwijl de VMNP hun verblijf hier als gewoon zien.

De verblijfsduur is vervolgens van grote invloed op de frames van de Amerikaanse vrouwen. De expatriate vrouwen ontwikkelen een frame van *surviving my time* wanneer zij hier voor korte tijd verblijven, of van acceptatie wanneer het verblijf wat langer duurt. De VMNP daarentegen hebben het frame dat hun leven zich in Nederland zal afspelen. Deze frames zijn zeer belangrijk voor hun strategieën om met de Nederlandse samenleving om te gaan. Vooral vrouwen met Nederlandse partners proberen sterker dan de expatriate vrouwen in de Nederlandse cultuur op te gaan en ervaren ook een sterkere druk om dat te doen. Volgens de classificatie van Berry (1997) kiezen zij voor integratie. Integratie stelt deze vrouwen in staat hun oorspronkelijke cultuur te behouden en tegelijkertijd contacten met Nederlanders te hebben zodat ze zich hier thuis kunnen voelen. De druk echter tot assimilatie, die vooral vanuit hun schoonfamilie lijkt te komen, leidt bij hen tot enige stress. De expatriate vrouwen daarentegen, kiezen door hun korte verblijfsduur overwegend voor een separatiestrategie: zij handhaven hun Amerikaanse cultuur en hebben weinig contact met Nederlanders.

Sommigen willen wel contact met Nederlanders maar stuiten op de geslotenheid van de Nederlanders.

Expatriate vrouwen en VMNP hebben ook enkele belangrijke frames gemeen. Beide groepen vrouwen delen duidelijk een Amerikaanse identiteit die zij niet willen opgeven. Dat ze dit frame hebben is niet erg verrassend. Verschillende onderzoekers hebben er al op gewezen dat de culturele identiteit saillant wordt voor mensen die in een multiculturele omgeving wonen (Kosmitzki, 1996). Beide groepen ervaren enige spanning tussen hun Amerikaanse identiteit en die van het gastland. De expatriate vrouwen die door hun *surviving my time*-frame een nagenoeg gesepareerd bestaan in Nederland leiden, en de VMNP die de druk tot assimilatie van hun Nederlandse netwerk voelen, maar hun Amerikaanse identiteit niet willen opgeven en blijven bekrachtigen door naar Amerikaanse clubs te gaan en sommige Amerikaanse tradities bij hen thuis in te voeren.

Wat het *personal-identity*-frame betreft vonden we in dit onderzoek, in overeenstemming met recent onderzoek naar *dual career couples* (Harvey, 1996, 1997) dat jonge, hoog opgeleide vrouwen het meest te lijden hebben van de uitzending. Dit betekent dat een van de grootste problemen van expatriates, de afnemende bereidheid van jonge vrouwen om hun echtgenoten te vergezellen naar het buitenland, waarschijnlijk steeds groter wordt, aangezien vrouwen niet op hun dertigste al 'met pensioen willen gaan'.

Een manier om de Amerikaanse identiteit te bekrachtigen is vriendschappen te sluiten met andere Amerikanen. Dit *Americans make the best friends*-frame geldt voor alle vrouwen. Door andere Amerikanen in vergelijkbare situaties op te zoeken leren de vrouwen hoe ze om moeten gaan met de Nederlandse cultuur; ze leren wat werkt en wat niet werkt voor personen zoals zij. Deze frames zijn dan ook goed verklaarbaar vanuit de behoefte aan sociale validatie zoals die in de sociale vergelijkingstheorie geformuleerd is (Festinger, 1954; Wills, 1981). Dat behoefte aan zekerheid en sociale steun een belangrijk motief is om vriendschappen te sluiten komt ook in de interviews naar voren. Verschillende vrouwen zeiden dat ze toen ze hier net waren vriendschappen sloten met vrouwen met wie ze in de VS nooit bevriend zouden zijn. Bovendien, toen aan de behoefte aan sociale validatie en sociale steun voorbij was, sloten de vrouwen alleen nog maar vriendschap met vrouwen met wie ze werkelijk bevriend wilden zijn. In de gesprekken werd duidelijk dat het *Americans make the best friends*-frame in Nederland saillant naar voren komt: de Nederlandse cultuur maakt het voor mensen die hier tijdelijk verblijven niet gemakkelijk om vriendschappen te ontwikkelen. Dit zet hen extra aan om met mede-Amerikanen vriendschappen te sluiten. Dit onderzoeksresultaat is niet in de literatuur terug te vinden, vermoedelijk ook omdat het niet zo snel in kwantitatief onderzoek naar voren komt.

Uiteraard zijn er individuele verschillen in het gemak waarmee de vrouwen omgaan met de Nederlandse cultuur. Toch hanteren alle vrouwen in enige mate het *Dutch days*-frame. Dit frame lijkt nog het meest op typische verhalen over frustraties met betrekking tot het gastland. Het frame wordt gebruikt, ongeacht hoe lang iemand al in Nederland verblijft. Het frame biedt de vrouwen een verklaring waarom sommige dagen frustrerend zijn. Door ze een naam te geven hebben de vrouwen het mogelijk – en waarschijnlijk gemakkelijker – gemaakt met deze ervaringen om te gaan. Uit reacties op eerdere presentaties van dit onderzoek kwam overigens naar voren dat ook in andere landen soortgelijke frames gehanteerd worden.

Dit onderzoek betrof uitsluitend Amerikaanse vrouwen in Nederland, daardoor kunnen we de conclusies niet naar andere groepen of andere landen generaliseren. Door de beperkingen van dit onderzoek (de gerichtheid op één groep in één land) en het kwalitatieve karakter ervan zijn we aan de andere kant ook tot waardevolle diepere inzichten gekomen, zoals de functies van vriendschappen, de verschillende identiteitsproblemen, en de symbolische betekenis van een frame als *Dutch days*. Het is nu tijd om na te gaan of deze inzichten ook bij andere groepen opgaan en om de onderlinge relaties tussen de frames te toetsen. Onze resultaten leveren ook enkele aanbevelingen voor de Nederlandse samenleving. Nederlandse en buitenlandse ondernemingen in Nederland zouden ruimere mogelijkheden moeten bieden voor vrouwen van expatriates om zinvol werk te kunnen doen of actiever bij het zoeken naar werk moeten bemiddelen. Nederland zal, wil het interessant zijn als vestigingsplaats voor internationale bedrijven, ook meer gelegenheid moeten scheppen om vriendschappen tussen Nederlanders en buitenlanders te kunnen laten ontstaan. De resultaten van dit onderzoek houden ons ook een spiegel voor: Nederlanders vormen een tamelijk gesloten gemeenschap, we nemen niet gemakkelijk buitenlanders op.

11.9 Slot

In dit hoofdstuk passeerden verschillende soorten buitenlanders de revue: Turken en Marokkanen in Nederland, waarvan de eerste generatie als 'gastarbeiders' naar Nederland kwam; joodse Marokkanen in Israël, Friezen in de bekende Engelstalige emigratielanden en vrouwen van Amerikaanse expatriates en Amerikaanse love immigrants in

Nederland. Ondanks de grote verschillen in culturele afstand tussen gastland en thuisland en de grote verschillen in sociaal-economische status blijkt er een grote overeenkomst te zijn tussen alle groepen: geen van de groepen doet gemakkelijk afstand van hun oorspronkelijke cultuur. Zelfs de Amerikaanse *love immigrants* die qua cultuur niet zo ver van de Nederlandse cultuur afstaan en door hun huwelijk met een Nederlander het gemakkelijkst zouden kunnen assimileren, blijven hun Amerikaanse identiteit koesteren.

Wat verder opvalt is de grote druk tot assimilatie die vanuit de Nederlandse meerderheid uitgaat. Dit bleek uit de reacties van de autochtone Nederlanders op de scenario's, maar het bleek ook uit de commentaren van de love immigrants die de druk van de schoonfamilie voelden om 'maar gewoon te doen', hetgeen betekent: 'Doe maar als de Nederlanders.' Dat deze indruk niet een oppervlakkig onderzoeksresultaat is komt ook nog eens naar voren in de huidige politieke agenda, waarin het leren van Nederlands, inburgeringscursussen en het screenen van islamitische praktijken belangrijke topics zijn. Deze voorkeur voor assimilatie vanuit de autochtone meerderheid is des te opmerkelijker omdat de meeste Nederlanders niet overlopen van trots over hun eigen cultuur en in internationale contacten uiterst snel overgaan op het spreken van Engels.

12
Trainen van multiculturele effectiviteit

12.1 Inleiding

De laatste decennia zijn de contacten tussen verschillende culturen exponentieel gestegen door toerisme, migratie en internationale samenwerking. Dagelijks melden de kranten joint ventures, internationale fusies en overnames. Samenwerking tussen mensen uit verschillende landen en culturen verlopen lang niet altijd soepel. De internationalisering en de drastisch gewijzigde demografische samenstelling van de bevolking vragen om nieuwe communicatieve vaardigheden. Mensen vinden, zoals eerder gezegd, het vaak moeilijk om te gaan met mensen die cultureel van hen verschillen. Sommigen zijn echter 'multicultureel effectiever', dat wil zeggen dat ze beter met die verschillen kunnen omgaan dan anderen. Het is de bedoeling in dit hoofdstuk uiteen te zetten wat multiculturele effectiviteit inhoudt en hoe het te trainen is. De nadruk zal liggen op expatriates, dat zijn mensen die niet voor goed maar wel voor enkele jaren in het buitenland verblijven, omdat voor hen multiculturele effectiviteit vaak een kwestie van professioneel overleven is. Het gaat hier om diplomaten, zakenmensen en – in toenemende mate – om internationale studenten. Maar multiculturele effectiviteit is uiteraard een wenselijke eigenschap voor iedereen die met mensen uit verschillende culturen in contact treedt.

Werknemers die naar het buitenland worden uitgezonden zijn vrijwel altijd zeker van een goed betaalde baan in het nieuwe land en hun verblijf daar is doorgaans van beperkte duur. Toch vraagt het veel van werknemers de vertrouwde leefomgeving te verlaten om in een andere cultuur een nieuw leven te beginnen en in een werkomgeving met afwijkende regels en gewoonten effectief te functioneren. Deze confrontatie met een nieuwe cultuur wordt daarom vaak 'cultuurschok' genoemd (Oberg, 1960). Een Chinees (30) die vier jaar als onderzoeker in Nederland verbleef, beschrijft de cultuurschok als volgt:

- Ik was gechoqueerd dat veel meisjes in dit land erg onafhankelijk zijn. Veel van hen repareren hun fiets en hun meubels zelf.
- Ik was onder de indruk van de sterke kaasgeur op straat.
- De mensen op het werk zijn erg onafhankelijk en ze communiceren niet zoveel met elkaar als in China.
- De werksfeer is erg relaxed, soms te relaxed.
- De Nederlanders zijn geobsedeerd met eerlijkheid en rechtvaardigheid.
- Vakantie is een luxe in China, maar een noodzaak in Holland.
- Sommige Nederlanders houden niet van Chinees eten, andere wel. Maar ik had altijd gedacht dat het Chinese eten het beste was en dat iedereen er gek op zou zijn.
- De mensen nodigen niet vaak mensen bij hen thuis uit.
- Het weer was verschrikkelijk.

Gezien de vele moeilijkheden die de expatriate zowel op de werkplek als in de sociale omgeving moet zien te overwinnen, is het begrijpelijk dat niet alle expatriates daarin slagen. In het vorige hoofdstuk zagen we welke problemen de vrouwen van Amerikaanse expatriates in Nederland ervaren. Deskundigen schatten dat bijna de helft van de expatriates niet of onvoldoende functioneren. Bedrijven lijden daardoor verliezen, maar een mislukte uitzending is ook slecht voor de relaties van het betrokken bedrijf in het buitenland. Verder vormt een mislukte uitzending een verspilling van human resources omdat expatriates doorgaans de betere werknemers zijn. Vaak hebben ze hun leven drastisch omgegooid om naar het buitenland te gaan. Het is daardoor ook een persoonlijke tragedie voor de expatriate en – voorzover van toepassing – voor diens partner of gezin.

In hoofdstuk 5 zagen we al dat multiculturele effectiviteit niet alleen verwijst naar het kunnen bereiken van een gevoel van psychisch welbevinden in een nieuwe culturele omgeving maar ook naar het succesvol functioneren binnen die omgeving. Een groot aantal in de literatuur relevant geachte factoren voor multiculturele effectiviteit kon tot de volgende vijf samengevat worden: culturele empathie, openmindedness, sociaal initiatief, emotionele stabiliteit en flexibiliteit (Van der Zee & Van Oudenhoven, 2000, 2001). Deze factoren zijn gedeeltelijk trainbaar, zoals we straks zullen zien. Maar hoe kan de expatriate in spe in het algemeen zijn of haar effectiviteit in het buitenland vergroten?

12.2 Manieren om multiculturele effectiviteit te verhogen

Een zeer voor de hand liggende manier om effectiever te communiceren in het gastland is de taal van het land te leren. Afgezien van het vanzelfsprekende voordeel dat kennis van de taal het mogelijk maakt direct met de lokale mensen te praten, verschaft het ook toegang tot de vele geschreven bronnen uit de lokale cultuur. Daarnaast stelt vrijwel iedereen het op prijs wanneer een buitenlandse gast zijn best doet om de taal van het gastland te leren. Met het leren van een andere taal leert men ook zich een beetje te gedragen volgens het culturele patroon van het betreffende land. Tijdens een conversatiecursus Engels leerde ik hoe ontzettend beleefd Britten zich uitdrukken wanneer zij duidelijk willen maken dat zij het niet met je eens zijn: 'I couldn't agree more, but...' Of wanneer zij je een simpel verzoek doen, zoals je vragen de suiker aan te geven: 'I am terribly sorry to bother you. Could you please pass me the sugar?' Het leren van een vreemde taal is tevens een introductie tot het desbetreffende land. De Serviër Borislav Cicovacki, schrijver en musicus, beschrijft dit op treffende wijze:

> 'Ik begon de Nederlandse taal te spreken uit noodzaak, toen ik zat te wachten op een collegaatje met wie ik die zomer van 1992 op straat musiceerde. Haar ouders boden mij koffie en een gesprek aan, maar uitsluitend in het Nederlands. Misschien uit kwaadheid dat ze erop aandrongen, maar misschien ook uit behoefte om te bewijzen dat ik het kon, durfde ik de eerste woorden uit te spreken. Die vielen meteen in goede aarde. Sindsdien heb ik Nederlands geleerd door te luisteren, te spreken en fouten te maken. En met ieder nieuw woord veranderde het beeld van Nederland steeds meer: toen ik de taal verstond, begon ik de Nederlandse mentaliteit te begrijpen. Ik voelde me toen dus niet thuis, maar ik kreeg de gelegenheid te zien in welk milieu ik eigenlijk leefde. Verrast door de snelheid en de vastbeslotenheid waarmee ik me hun taal eigen maakte, moedigden mijn Nederlandse vrienden me van ganser harte aan en toonden een consideratie die mij goed deed' *(de Volkskrant*, 18 mei 2002).

Kennis van de lokale taal vermindert de angst om met mensen van het nieuwe land in contact te treden. Het is bovendien aannemelijk dat men door het leren van vreemde talen zich spelenderwijs traint in cognitieve en interculturele vaardigheden. Volgens Lambert (1992) verhoogt het leren van talen de algemene intelligentie. Verschillende keren hebben we positieve correlaties gevonden tussen de dimensies openmindedness, flexibiliteit, culturele empathie en sociaal initiatief van de Multiculturele PersoonlijkheidsVragenlijst en kennis van vreemde talen. De gevonden verbanden geven echter geen uitsluitsel over de causaliteit. De multiculturele vaardigheden kunnen mensen er gemakkelijker toe brengen talen te leren, maar het leren van andere talen kan mensen ook multicultureel effectiever maken. Er zijn uiteraard grote individuele verschillen in de vaardigheid om een vreemde taal te leren, maar een investering van een uur per dag gedurende een halfjaar moet voldoende zijn om in het nieuwe land een conversatie te kunnen houden.

Een tweede manier om zich beter te kunnen redden in het buitenland is ervoor te zorgen geïnformeerd te zijn over het land van uitzending. Ongetwijfeld het meest gebruikte medium is de *Lonely Planet*, een serie reisgidsen die nagenoeg alle landen van de wereld behandelt. Het aardige van deze serie is dat ze op pragmatische wijze beschrijft hoe men om moet gaan met de lokale bevolking. Uiteraard zijn reisgidsen bedoeld voor een kortdurend en wat oppervlakkig contact en dus niet de geëigende voorbereiding voor degene die voor langere tijd in het buitenland gaat wonen. Daarvoor, vooral voor de internationale manager, bestaan inmiddels vele boeken. White & Boucke (1991) bijvoorbeeld, twee Britten die jarenlang in Nederland gewoond hebben, geven op geestige maar niet vleiende wijze de volgende informatie over de Nederlanders:

> The Dutch appear a friendly lot: kind, polite and helpful to tourists. They love to talk about their country and to provide any directions or information you may require. Their fascination with things foreign – products, attitudes, ideas, customs, languages, etc. – is impressive and ego boosting. The Dutch reputation for tolerance is all too apparent to the foreign visitor. But do not let this image fool you – it changes drastically if you stay long enough to be regarded as 'part of the scene'.
>
> The longer you stay, the deeper you sink into it. The dark cloud of disapproval descends as your comrades of the 'lowlands' constantly criticise what they consider to be unfavourable situations beyond their borders. There is no relief from this moralising, despite the fact that similar or even worse situations often exist within their own kingdom.

Soms zijn de beschrijvingen akelig oppervlakkig, gedateerd, of gebaseerd op een beperkte steekproef van de bevolking. Ze werken dan eerder stereotypering in de hand dan dat ze een realistische beschrijving van de betreffende samenleving geven. Soms zijn ze ronduit ridicuul. Wat moeten we bijvoorbeeld denken van de volgende beschrijving over de hygiëne van de Nederlanders die komt uit een Amerikaanse tekst die is samengesteld voor een multinational over het leven en werken in Nederland (*Negotiation Magazine*, 1992):

> Iemand complimenteren op iets persoonlijks als zijn kleding of een persoonlijk bezit wordt als bemoeizuchtig beschouwd, maar met een dergelijk compliment geconfronteerd zal een Nederlander het bezit beschrijven in termen van kwaliteit, herkomst, prijs, ouderdom en duurzaamheid. Simpelweg 'dank je wel' zeggen wordt niet gezien als een voldoende reactie: uitleg zal moeten volgen en grondig becommentarieerd moeten worden. Tenzij men een heel goede relatie heeft met een Nederlander, moet men geen complimenten verwachten en, voor Amerikanen, zou dit een gebrek aan manieren kunnen betekenen.
>
> Een ander wrijfpunt is persoonlijke hygiëne en gezondheid. Hier is de paradox dat er weinig plekken zijn waar men zichzelf rustig kan verfrissen. Zelfs degenen die elke dag douchen of een bad nemen (een absolute minderheid), wassen hun haar niet regelmatig en veel Amerikanen maken melding van de 'vieze hoofden' van veel Europeanen, iets wat Amerikanen niet gewend zijn.

Een speciale manier van voorbereiding is om de beoogde uit te zenden werknemer voor een paar weken naar het betreffende land te sturen. De belangrijkste opbrengst is waarschijnlijk dat de werknemer nog eens goed kan nadenken of de overplaatsing wel zo wenselijk is, of het klikt tussen de persoon en de vreemde cultuur. Als dat inderdaad het geval is kan de werknemer ter plekke profiteren van allerlei praktische tips om diens verblijf goed voor te bereiden. Men moet echter niet verwachten in een paar weken de cultuur van een land te kunnen doorgronden.

Verreweg de belangrijkste manier om werknemers voor te bereiden op een verblijf in het buitenland is natuurlijk ze daarvoor speciaal te trainen. Deze trainingen zijn zo belangrijk dat we daar de rest van dit hoofdstuk aan wijden.

12.3 Soorten trainingen

Er zijn verschillende manieren om mensen te trainen in het omgaan met andere culturen. In het algemeen blijken interculturele trainingen effectief te zijn (Black & Mendenhall, 1990). Deze zogenoemde crossculturele trainingen ter voorbereiding op intercultureel contact verschillen sterk van elkaar in aanpak. Volgens Black e.a. (1999) volgt 62% van de Amerikanen die uitgezonden worden een *predeparture training*. In de meeste gevallen betreft dit een training van minder dan één dag. Sommige trainingen gebruiken videovoorbeelden om te laten zien hoe men zich in andere culturen moet gedragen, andere bestaan uit informatiesessies die tot doel hebben meer kennis over de andere culturen te verwerven. Soms is er direct contact met vertegenwoordigers van de cultuur waar de cursisten mee te maken hebben. In hoofdstuk 6 heb ik aangegeven hoe vaak non-verbale signalen misverstaan worden, omdat men niet verwacht dat deze niet-verbale aspecten aangeleerd zijn en kunnen verschillen van cultuur tot cultuur. Wanneer mensen weten in welk land ze gaan wonen of werken, loont het de moeite zich op de hoogte te stellen van de non-verbale wijze van communiceren in dat land. Zo'n training hoeft niet lang te duren en kan de emigrant of expatriate veel narigheid besparen. De effectiviteit van de training is extra groot wanneer men naar een land gaat waarvan men de taal niet beheerst. In zo'n geval is men nog meer dan anders op non-verbale communicatie aangewezen.

Ook is er een training om de juiste attributies te plegen, door middel van de zogenoemde cultuurassimilator of *intercultural sensitizer* (Bhawuk, 2001, Cushner & Brislin, 1996). Deze laatste methode om crosscultureel contact te trainen is verreweg het meest onderzocht. In deze training leren de cursisten hun inzicht in andere culturen te vergroten en leren ze omgaan met situaties die verschillen van de voor hen gebruikelijke cultuur. Hierna wordt eerst uiteengezet wat een cultuurassimilator inhoudt, daarna bespreek ik de theorie achter een nieuw trainingsinstrument dat in Groningen ontwikkeling is, de 'dynamische cultuurassimilator'.

12.4 De cultuurassimilator

Uitgegaan wordt van de zogenoemde cultuurassimilator, ook wel en juister *intercultural sensitizer* genoemd. Deze trainingsmethode is de laatste decennia geleidelijk ontwikkeld. De cultuurassimilator is een instrument bestaande uit verschillende cultureel beladen situaties (*critical incidents*) die men goed, minder goed of uitgesproken slecht kan inschatten. Critical incidents zijn korte scenario's waarbij mensen zich in een interculturele situatie bevinden. In deze scenario's is vaak sprake van een misverstand aan beide kanten. Het instrument leert mensen de juiste attributies te plegen met betrekking tot gedragingen van personen uit een andere cultuur. Wanneer een ondergeschikte bijvoorbeeld naar de grond kijkt tijdens een gesprek met zijn baas, kan dat in de ene cultuur op een zeker schuldbesef duiden, in een andere op verzet tegen het gezag van de baas en in weer een andere op gepaste onderdanigheid. Aan de trainees worden deze critical incidents voorgelegd met een aantal mogelijke manieren om op het probleem te reageren. De persoon moet het antwoord kiezen dat volgens hem of haar intercultureel gezien in deze situatie het gewenste antwoord is. Het programma leert de cursisten zo tot de juiste inschatting van het gedrag te komen en vervolgens met een adequate reactie te komen. Het gaat hier dus om het leren aannemen van een ander perspectief, zowel ten opzichte van de eigen cultuur als ten opzichte van andere culturen. De aanname achter de training is dat veel misverstanden veroorzaakt worden door verschillende percepties of attributies over een situatie. Het doel is tot zogenoemde *isomorphic attributions* te komen (Triandis, 1975), wat wil zeggen dat de buitenstaander het gedrag op dezelfde manier gaat verklaren als de insider. De cultuurassimilator beoogt dus misverstanden die mensen gedurende intercultureel contact ondervinden te verminderen: het gedrag zelf wordt niet getraind.

Er zijn verschillende soorten van cultuurassimilatoren ontworpen. Er zijn specifieke *culture sensitizers* gericht op een bepaalde cultuur of land, bijvoorbeeld voor Amerikaanse managers die naar Frankrijk of Nederlandse militairen die naar Afghanistan uitgezonden worden. Deze specifieke programma's zijn doorgaans effectief, maar er vindt geen transfer plaats naar andere culturen (Cushner & Landis, 1996). Bovendien kleeft er nog een ander bezwaar aan de specifieke culture sensitizer: het gevaar bestaat dat men wat men over een bepaalde cultuur leert te rigide gaat gebruiken en daardoor weer als een stereotype gaat hanteren. Men krijgt bijvoorbeeld instructies over man-vrouwrelaties in Jordanië, die van toepassing zijn op de generatie van boven de 30 jaar, maar niet meer gelden voor de jongere generatie. Wanneer men dan van die instructies uitgaat in de interactie met de jongere generatie loopt men het risico ouderwets, maar mogelijk zelfs beledigend over te komen. Vandaar dat er algemene culture sensitizers ontwikkeld zijn, gericht op de training van mensen die veel verschillende interculturele ontmoetingen hebben. Uitgangspunt bij de ontwikkeling van algemene versies is dat er in uiteenlopende interculturele ontmoetingen veel overeenkomstige ervaringen zijn (Brislin, 1981). Bij het trainen met behulp van een algemene cultuurassimilator worden de trainees op een groot aantal concepten of principes voorbereid die anders zijn in de cultuur waar ze naartoe gaan. Een overkoepelend theoretisch framework achter de concepten ontbreekt echter meestal. Daardoor hangen de concepten los aan elkaar.

Een ander nadeel van algemene cultuurassimilatoren is dat ze evenals de cultuurspecifieke cultuurassimilatoren sterk normatief zijn; ze geven vaak slechts één antwoordalternatief als het juiste aan. Toch kunnen meerdere goede antwoorden mogelijk zijn, omdat er in een bepaalde situatie nu eenmaal meer adequate reacties kunnen zijn. Hierdoor is het niet mogelijk en ook niet wenselijk om slechts één antwoord als het juiste te bestempelen.

Een derde nadeel is dat, hoewel de concepten die worden getraind algemeen geldig zijn, de specifieke vorm die de psychologische concepten kunnen aannemen per cultuur verschillen. Het concept 'vriendschap' bestaat bijvoorbeeld in vrijwel ieder cultuur, maar de vorm van vriendschap in de Arabische landen ziet er anders uit dan in Nederland. In Nederland is vriendschap tussen een man en een vrouw bijvoorbeeld heel gewoon, terwijl men daar in andere culturen vreemd tegenaan kijkt. Dit kan van invloed zijn op de manier waarop mannen en vrouwen met elkaar omgaan. De algemene cultuurassimilator moet zich dus ook in de scenario's op een specifieke cultuur richten, waardoor de reacties met betrekking tot concepten die getraind worden moeilijker generaliseerbaar zijn naar andere culturen.

Een laatste probleem is dat ook de meeste algemene cultuurassimilatoren ervan uit gaan dat de trainees uit één cultuur afkomstig zijn, en dit is meestal de Noord-Amerikaanse of in ieder geval westerse cultuur.

Een verbetering in de goede richting is de cultuurassimilator ontworpen door Bhawuk (2001), die theoretisch gefundeerd is op de indeling van culturen in individualistische en collectivistische culturen. Daardoor wordt het toepassingsgebied van zijn cultuursassimilator breder ten opzichte van de vroegere specifieke cultuurassimilatoren en zijn de critical incidents theoretisch onderbouwd. Het uitgangspunt van deze theorie, die sterk gebaseerd is op de inzichten van Triandis, is dat er verschillen bestaan tussen culturen in de mate van collectivisme en individualisme. Elke cultuur wordt ingedeeld naar hoe collectivistisch of individualistisch ze is. Hiermee wordt hun assimilator toepasbaar op een groot aantal landen. Toch brengt ook dit instrument het nadeel met zich mee dat de indeling van culturen in typen tot ongewenste stereotypering leidt. Over de problemen van het concept individualisme versus collectivisme spraken we al in hoofdstuk 9. In Groningen wordt een cultuurassimilator ontwikkeld waarbij we zoveel mogelijk de gebreken waarmee de algemene cultuurassimilatoren te kampen hebben proberen te voorkomen. Deze cultuurassimilator is minder normatief en gaat niet uit van een specifieke cultuur. Bovendien gaat deze cultuurassimilator uit van een theorie die niet het risico met zich meebrengt te stereotyperend te zijn.

12.5 Theorie achter de 'dynamische cultuurassimilator'

Het verschil met de eerdere versies van de cultuurassimilatoren is dat een theoretisch framework van universeel geachte persoonlijkheidseigenschappen als uitgangspunt is gekozen. Aanname is dat bepaalde persoonseigenschappen het individu helpen zich in interculturele situaties te redden, ongeacht welke cultuur het betreft. Uit de literatuur over multiculturele effectiviteit blijkt dat de mate waarin een persoon zich kan aanpassen en prettig voelen in een andere cultuur, afhankelijk is van een aantal eigenschappen. Zoals we zagen zijn deze eigenschappen met de Multiculturele PersoonlijkheidsVragenlijst te meten. De eigenschappen waren: culturele empathie, openmindedness, emotionele stabiliteit, sociaal initiatief en flexibiliteit. Het bezitten van deze eigenschappen correleert met succes in intercultureel contact. Personen die goed 'functioneren' in andere landen scoren hoog op deze vijf eigenschappen (Van Oudenhoven & Van der Zee, 2000). Verondersteld wordt dat deze dimensies universeel zijn. Hoewel onderzoek aantoont dat de dimensies redelijk stabiele individuele verschillen uitdrukken, zijn de eigenschappen tot op zekere hoogte trainbaar. Dit geldt vooral voor de dimensies culturele empathie, openmindedness en sociaal initiatief. De overblijvende twee dimensies, emotionele stabiliteit en flexibiliteit, zijn stabielere persoonseigenschappen en daardoor moeilijker trainbaar. Culturele empathie is: 'De vaardigheid om zich in te leven in de gevoelens, gedachten en gedrag van individuen met een andere culturele achtergrond, versus de onmogelijkheid om dit te doen.' Openmindedness is de naam voor een 'open en onbevooroordeelde attitude jegens verschillende groepen en verschillende culturele normen en waarden'. Sociaal initiatief is gedefinieerd als 'de tendens om sociale situaties actief aan te pakken en initiatief te nemen' (Van der Zee & Van Oudenhoven, 2000).

De nieuwe algemene cultuurassimilator heeft een dynamisch perspectief omdat hij de persoon zelf traint in persoonlijkheidsdimensies, in plaats van de persoon slechts voor te bereiden op bepaalde situaties die het risico lopen gedateerd te raken. Met behulp van de getrainde persoonlijkheidsdimensies kan het individu zich in verschillende situaties redden, ook al veranderen die situaties. Vandaar de toevoeging 'dynamisch'. De dynamische cultuurassimilator is de eerste cultuurassimilator die erop gericht is om drie persoonskenmerken te trainen. De voorgangers waren uitsluitend gericht op het trainen van culturele sensitiviteit, die in grote mate overeenkomt met culturele empathie. De dynamische cultuurassimilator traint daarnaast de cursist ook in openmindedness en sociaal initiatief. De bedoeling van de training is om de persoon in het algemeen cultureel effectiever te maken, in plaats van de persoon scripts voor verschillende situaties aan te leren. De training is dus persoonsgericht en niet situatiegericht waardoor het geleerde dus niet zo snel onbruikbaar wordt, omdat het de persoon juist in staat stelt in gewijzigde culturele situaties adequaat op te treden.

Deze nieuwe benadering brengt vergeleken met zijn voorgangers de volgende voordelen met zich mee: Het instrument is bedoeld voor mensen die om welke reden dan ook in contact komen met een andere cultuur. Omdat verondersteld wordt dat de eigenschappen die men traint van belang zijn voor allerlei interculturele situaties, wordt de training in principe onafhankelijk van de specifieke cultuur waar men mee te maken krijgt. Tot nu toe richtten de verschillende trainingsinstrumenten zich vaak op – landen met – een specifieke cultuur. Tevens waren zij gericht op cursisten van een specifieke – doorgaans Amerikaanse – cultuur. Voor de dynamische cultuurassimilator geldt deze beperking niet. Hierdoor wordt de groep voor wie het instrument is bedoeld veel breder, in principe is het bruikbaar voor iedereen die in multiculturele situaties moet opereren.

Een tweede voordeel is dat het nu mogelijk is mensen op onverwachte situaties voor te bereiden. Dit betekent dat de training ook kan dienen als voorbereiding op landen waar nog niet veel informatie over bestaat. Situatiespecifieke trainingen hebben altijd het nadeel dat de beschrijvingen van situaties niet representatief en niet uitputtend zijn en bovendien snel verouderen. Dit probleem omzeilt men met de dynamische cultuurassimilator doordat deze cultuurassimilator niet op situaties traint maar op persoonlijkheidseigenschappen. Bovendien is het instrument minder normatief dan de traditionele algemene cultuurassimilatoren. Verschillende reacties kunnen namelijk goed zijn in een bepaalde situatie, afhankelijk van de persoonlijkheidsdimensie die 'geactiveerd' wordt. Het is niet altijd voldoende of het meest effectief om cultureel sensitief of empathisch te zijn. In veel situaties is het effectief sociaal initiatief te tonen of een *open mind* te hebben. Aangezien veel interculturele situaties geheel nieuw zijn, is het extra belangrijk die situaties met een *open mind* tegemoet te treden. Culturele empathie wordt belangrijker naarmate men de mensen beter leert kennen. En natuurlijk is het extra effectief wanneer het individu alle drie de vaardigheden kan toepassen.

De critical incidents waarmee deze cultuurassimilator werkt, zijn concrete probleemsituaties die mensen kunnen tegenkomen in intercultureel contact. Deze concrete situaties worden gebruikt bij het trainen van de drie genoemde persoonseigenschappen. De situaties zijn in hun formulering algemeen genoeg om een cultuurvrij perspectief te behouden. Ze zijn qua thema's in te delen in een zevental verschillende domeinen. De volgende domeinen zijn vastgesteld op grond van gesprekken met expatriates en met deskundigen* op het gebied van de expatriation literatuur: contact met mensen, het vinden van vrienden, communicatie, respect voor andere culturele rituelen, problemen met het alledaagse leven, werkgerelateerde problemen en het omgaan met onverwachte gebeurtenissen. Op deze zeven domeinen hebben wij onze critical incidents geconstrueerd.

Bij het beantwoorden van de critical incidents moeten de trainees uit vier verschillende antwoordmogelijkheden kiezen. De trainees worden erop gewezen om het antwoord te kiezen dat het beste past bij datgene wat zij *zelf zouden* doen in die situatie, dus niet wat volgens hen het meest sociaal wenselijke gedrag is. De concrete inhoud van de antwoordmogelijkheden dient voornamelijk als voorbeeld om uit te leggen wat de getrainde persoonlijkheidseigenschappen inhouden. De reacties zijn voorbeelden voor mogelijke functionele gedragingen, waarbij de drie persoonseigenschappen telkens in meerdere of mindere mate een bijdrage leveren. Er zijn verschillende goede reacties op een situatie te bedenken die mogelijk niet vallen onder de vier antwoordmogelijkheden. Daarom is het aanbevolen antwoordalternatief van het voorbeeld niet absoluut het beste, maar wel een goede reactie. Hierdoor wordt het trainingsinstrument minder normatief. Een voorbeeld van zo'n critical incident staat in het kader.

Elk antwoord krijgt op ieder van de drie achterliggende persoonlijkheidseigenschappen (culturele empathie, openmindedness, sociaal initiatief) een score. Meestal is een combinatie van hoge scores op elke dimensie wenselijk, soms ook is een eigenschap niet relevant. Het is niet altijd nodig of gewenst om sociaal initiatief te tonen, of empathisch

---

*Het instrument is ontwikkeld in samenwerking met de studenten sociale psychologie: Ron Boerrigter, Chris Griffioen, Marcus Maringer, Michiel de Vries Robbé, Eva Selenko, Gabriela Toth, Marlies Winkel en Grietje de Weys.

of open minded te zijn. In bepaalde gevallen kan – vooral – sociaal initiatief zelfs averechts werken. Het is ook mogelijk om in bepaalde situaties een lage score op een dimensie met een hogere score op een andere dimensie te compenseren en zo toch een redelijk goede reactie te geven.. De eigenlijke training wordt gevormd door de feedback. Deze feedback is bedoeld om uit te leggen van welke aard een reactie had kunnen zijn om de beschreven situatie tot een goed eind te brengen. Er wordt aangegeven welke eigenschappen vooral van nut zijn in die bepaalde situatie. Het gaat er bij het beantwoorden van de critical incidents, zoals gezegd, om wat de persoon zou doen in de gegeven situatie. Sociale wenselijkheid kan worden tegengegaan door in de instructie duidelijk te maken dat het niet in het belang van de trainee is om sociaal wenselijk te antwoorden: het gaat er uiteindelijk om iets te leren en niet om goed te presteren.

Critical incident: 'Having an appointment'
Since a few months you have been living and working in another country. You had been looking forward to getting the chance to go there and you soon made contact with the local people. Especially with one co-worker you're having a good time. A few days ago you received an invitation to come to your co-workers' house for the following Wednesday evening. This is the first invitation you've gotten and you are very happy but you don't know what to expect. Is this an invitation for dinner? Do you have to bring something? Is it important to be on time?

A   You decide not to worry too much because you will find out soon enough.
B   You explain to your colleague that you haven't been invited before in their country and that you don't know how to prepare yourself.
C   You decide to be prepared: you eat a little before the appointment, you dress up a little, and you bring a small gift. You hope to be able to guess the right way of behavior.
D   Because invitations are the same everywhere, you do what you would normally do.

Score:	social initiative	openmindedness	cultural empathy
A	1	3	1
B	3	3	3
C	1	2	2
D	1	1	1

> *Feedback:*
> To be invited somewhere for the first time is an exciting experience, even more so in another country. Moreover it is an important step towards making friends. Alternative D is too simple and could be wrong. Try to be open-minded because an invitation in another country might not be the same as in your own country. Try to be friendly and maybe you know even some culture specific rules about invitations. A reaction like answer A is the easiest solution here. It certainly is a relaxed reaction but it doesn't really show cultural empathy or social initiative. Probably B is the best reaction in this situation because you want to find out the rules for being invited. The reaction of C may be working in this specific example but most situations are not so easily controllable. If you were really that insecure about how to act then a strategy as in B would be better.
>
> As a foreigner you enjoy a certain tolerance among the local people to make mistakes; they don't expect you to be just like them.

12.6 Slot

In dit hoofdstuk kwamen verschillende methoden aan bod om mensen voor te bereiden op interculturele contacten. Hieronder vallen het leren van de lokale taal, een bezoek aan het land van uitzending, zich informeren over de betrokken cultuur en interculturele trainingen. Vooral de cultuurassimilator is een in de literatuur veel besproken methode. Toch kleven er enkele nadelen aan de tot nu toe ontwikkelde cultuurassimilatoren. Daarom werd veel aandacht besteed aan een nieuwe cultuurassimilator, de dynamische cultuurassimilator.

De dynamische cultuurassimilator richt zich op verscheidene culturen, maar houdt er tevens rekening mee dat ook de cursisten uit verschillende culturen afkomstig kunnen zijn. Het accent verschuift van het aanleren van cognities naar het ontwikkelen van persoonlijke multiculturele vaardigheden. Dit is het voornaamste kenmerk van deze cultuurassimilator. Naast culturele empathie zijn twee andere multiculturele vaardigheden belangrijk, namelijk openmindedness en sociaal initiatief. Het is voor het interculturele contact nuttig om zich in te leven in de cultuur van de ander (culturele empathie), maar in veel gevallen helpt het ook om op andere mensen af te stappen en gewoon te vragen hoe het een ander gaat in een andere cultuur (sociaal initiatief) en vanzelfsprekend is een onbevooroordeelde houding een voorwaarde voor multicultureel effectief gedrag. In de training wordt – in tegenstelling tot de andere cultuurassimilatoren – aan de ontwikkeling van al deze drie vaardigheden aandacht besteed. Aangenomen wordt dat in interculturele situaties alle drie de vaardigheden wenselijk zijn, alleen zal in de ene situatie het nemen van sociaal initiatief functioneler zijn en in een andere situatie zal culturele empathie vooral van belang zijn. Om deze reden heet het instrument de dynamische cultuurassimilator. Het is dus meer dan alleen een sensitizer. De training is onafhankelijk van de moeder- en gastcultuur, niet normatief, niet stereotyperend en bereidt voor op onverwachte situaties.

Zoals zo vaak het geval is met instrumenten om veranderingen in mensen tot stand te brengen is het aan te bevelen om van verschillende principes tegelijk gebruik te maken. Idealiter leert de uit te zenden werknemer een vreemde taal, informeert zich over een bepaalde cultuur, brengt een bezoek aan het land en doet mee aan een training door middel van een cultuurassimilator. Brislin (1993) noemt drie soorten benaderingen van trainingen. Sommige zijn gericht op cognities (informatie), andere op attitudes (rollenspelen) en weer andere zijn gericht op gedragsverandering (simulaties). Vooral de combinatie van cognitieve verandering met gedragsverandering, bijvoorbeeld door intensieve rollenspelen en simulaties, is effectief. Doordat de dynamische cultuurassimilator zich ook richt op de ontwikkeling van open-mindedness en sociaal initiatief leent dit instrument zich meer dan de andere cultuurassimilatoren voor rollenspelen.

Psychologen en vele andere beroepsgroepen zullen in hun beroepsuitoefening in toenemende mate te maken krijgen met cliënten afkomstig uit andere culturen. Interculturele trainingen worden derhalve steeds belangrijker. Er zijn dan ook legio toepassingsmogelijkheden: In onderwijsinstellingen is een groot aantal leerlingen afkomstig uit andere landen. Bedrijven kunnen profiteren van culturele diversiteit mits de verschillende culturen goed met elkaar kunnen communiceren. Selectiebureaus vervallen – vaak door onbekendheid met andere culturen – tot bevooroordeelde selectieprocedures. Riaggs gaan nog te veel uit van de op westerse leest geschoeide diagnostiek en praktijk. De politie moet hard optreden tegen criminelen maar mag gedrag niet verdacht vinden alleen omdat het afwijkt van het Nederlandse gedragspatroon. Het leger treedt steeds vaker in het buitenland op in situaties waar misverstanden sneller escaleren. En vele vormen van maatschappelijk werk hebben immigranten als cliënten omdat zij meer dan autochtonen een steuntje in de rug nodig hebben. In al deze voorbeelden geldt dat men zijn werk niet goed doet als men de klant niet goed kent.

13

De cross-culturele psychologie in het nieuwe millennium

13.1 Inleiding

In alle wetenschappen zijn trends en modes te ontdekken omdat onderzoekers nu eenmaal gevoelig zijn voor de interessen en belangen van de samenleving. In vele wetenschappen, zoals de fysiologie, wiskunde of natuurkunde blijft het object van studie tenminste grotendeels ongewijzigd. Dit geldt niet voor de menswetenschappen; daar is ook het onderzoeksobject onderhevig aan verandering. In het geval van de cross-culturele psychologie komen daar nog eens culturele en maatschappelijke invloeden bij. We zien dan ook grote verschuivingen in de onderwerpen van de cross-culturele psychologie. Tot de jaren zeventig van de vorige eeuw was de cross-culturele psychologie vooral gericht op onderzoek in exotische culturen. Westerse intellectuelen trokken naar afgelegen oorden op zoek naar – door de westerse cultuur – nog onbedorven volken. De nieuwsgierigheid betrof vooral de vraag of mensen uit verre oorden basale processen als kleurherkenning, visuele illusies of morele stadia deelden met hun westerse tegenhangers.

Vervolgens traden de onderzoeken naar nationale culturen, vooral door de baanbrekende werken van Hofstede en Schwartz op de voorgrond. De belangstelling voor verschillen in nationale culturen kreeg een extra impuls door de exponentiële groei in internationale contacten en vooral de grensoverschrijdende samenwerkingsverbanden. In de jaren tachtig en negentig begon het onderzoek naar immigrantenkwesties en vooral de adaptatie van immigranten aan de betrokken gastlanden naar voren te komen. Ongeveer in dezelfde tijd groeide de aandacht voor de replicatie van onderzoeksresultaten en validatie van theorieën, die voor het overgrote deel in de Verenigde Staten geformuleerd waren. Eveneens uit dezelfde tijd stamt de belangstelling voor interculturele trainingen. Het zijn vooral de multinationals en internationale organisaties geweest die de noodzaak inzagen hun uit te zenden medewerkers via trainingen voor te bereiden op de cultuurschok.

In het algemeen zijn het de internationalisering van de psychologie, de toegenomen immigratie en de groei in internationale samenwerking die de agenda voor de cross-culturele psychologie zullen bepalen. Ik zal kort op deze factoren ingaan.

13.2 Internationalisering van de psychologie

Vrijwel tegelijkertijd met de algehele globalisering is ook de psychologie internationaler geworden. In de jaren zestig waren het vooral de Amerikanen en de Britten en in mindere mate de Duitsers en de Fransen die op het internationale forum optraden. In die tijd was het uitzonderlijk in een Amerikaanse psychologietekst een verwijzing naar een Nederlandse onderzoeker tegen te komen. Nu zijn in vrijwel alle Amerikaanse psychologieboeken verwijzingen naar Nederlandse auteurs te vinden. Ook op internationale congressen zijn Nederlanders tegenwoordig ruimschoots aanwezig. Hetzelfde begint voor de Zuid-Europeanen, Aziaten en Australiërs op te gaan. De uitvinding van e-mail, voortgekomen uit een samenwerkingsverband tussen de academische gemeenschap en het Amerikaanse defensieapparaat, heeft het de psychologische onderzoekers gemakkelijk gemaakt ideeën en vooral ook gegevens uit te wisselen. Dit alles heeft ertoe geleid dat steeds meer onderzoeken in verschillende culturen gerepliceerd worden, vaak echter met inconsistente of tegenstrijdige resultaten.

Door deze ontwikkelingen zijn ook de psychologen met de neus op de culturele werkelijkheid gedrukt. Langzamerhand wordt het daardoor ook binnen de algemene psychologie noodzakelijk om met de factor cultuur rekening te houden. In sommige onderzoeken blijkt cultuur zelfs de meeste variantie in gedrag te verklaren. Voorbeelden van psychologische reacties waarin grote culturele verschillen voorkomen zijn attributies, in-group- versus out-groupsolidariteit, romantische gevoelens of rechtvaardigheidsopvattingen. Het gevolg hiervan kan niet anders zijn dan dat in de algemene psychologie cross-culturele vraagstellingen en controles steeds vaker zullen voorkomen en dat tijdschriften explicieter om generalisatiegegevens uit verschillende culturen zullen vragen. Persoonlijk verwacht ik dat de algemene en de cross-culturele psychologie op den duur in elkaar op zullen gaan. In de tussentijd zal de cross-culturele psychologie voorlopig blijven groeien

13.3 Toename van immigranten en immigratielanden

Het is langzamerhand een gemeenplaats om te zeggen dat Nederland een immigratieland is geworden. Hetzelfde geldt overigens voor de meeste andere West-Europese landen. Niet alleen is het aantal immigranten toegenomen, ook de samenstelling van de immigratiestroom is heterogener geworden. Uit steeds meer landen komen aanzienlijke aantallen immigranten, voor een belangrijk deel asielzoekers. De groter wordende etnische heterogeniteit is ook van toepassing op de Verenigde Staten, Canada en Australië, waar het percentage immigranten van Europese afkomst afgenomen is en het percentage immigranten uit verschillende Aziatische landen sterk is toegenomen.

Vroeger richtte het onderzoek naar interetnische relaties zich grotendeels op het ontstaan en het reduceren van vooroordelen en discriminatie. Het ging dan over de houding van de meerderheid tegenover grote etnische groepen die vaak al enige generaties in het immigratieland verbleven. In de Verenigde Staten betrof dit de zwarten en de Latino's die al enige eeuwen in het land vertegenwoordigd zijn; in Nederland zijn dit de Turken, Marokkanen en Surinamers, waarvan een belangrijk gedeelte inmiddels al veertig jaar in Nederland gevestigd is. Door de steeds heterogenere samenstelling van de immigrantengroepen, maar ook van de gehele bevolking, verschuift de aandacht naar acculturatievraagstukken. Het gaat niet meer alleen om de adaptatie van de immigranten aan de meerderheid, maar – gezien de grote aantallen buitenlanders – ook om de acculturatie van de meerderheid ten opzichte van de verschillende groepen immigranten. In de wijk, op straat, op het werk komt de autochtone Nederlander de buitenlander tegen. Ieder heeft met culturele diversiteit te maken. Dit komt ook in de politieke discussie naar voren. Het ironische is dat terwijl steeds vaker verkondigd wordt dat de multiculturele samenleving niet meer bestaat, deze juist de laatste tijd pas echt ontstaan is. Pas nu mengen meerderheid en buitenlanders zich in de discussie hoe de groepen zich tegenover elkaar moeten opstellen. Dit doen zij alleen vanuit het besef dat de verschillende groepen buitenlanders niet meer weg te denken zijn uit de huidige samenleving.

Er bestaat echter een spanning tussen wat immigranten willen en wat de autochtone meerderheid wil. Terwijl de meeste immigranten een voorkeur hebben voor integratie, wordt de druk vanuit de meerderheid om te assimileren steeds sterker. In een recente peiling,* uit-

---

*Deze peiling, verricht door Centerdate van KUB, werd financieel mogelijk gemaakt door TeleacNOT.

gevoerd in juni 2002 onder een representatieve steekproef van de Nederlandse bevolking, bleek 40,5% van mening dat immigranten zich zoveel mogelijk moeten aanpassen aan de Nederlandse cultuur en 44,6% dat ze zich in ruime mate moeten aanpassen. In 1996 waren deze percentages respectievelijk 32 en 43,3%. Was in 1996 nog een kwart van de bevolking van mening dat immigranten zich niet zo sterk hoefden aan te passen, nu is dat percentage geslonken tot 15%.

Vanwege het grote maatschappelijke belang van de acculturatievraagstukken zal acculturatie ook zeker op de agenda van cross-culturele onderzoekers staan. De vraag van 'hoe veranderen we etnische vooroordelen' wordt dan omgezet in 'wat zijn belangrijke culturele verschillen en hoe gaan we daar mee om?' Ik noem enkele concrete onderzoeksvragen die in dit kader aan bod zullen komen:

- Wat is de meest effectieve overheidsstrategie om immigranten optimaal te laten functioneren binnen de ontvangende samenleving? Een te grote druk tot assimilatie kan een averechts effect hebben en bijvoorbeeld juist tot separatie of marginalisatie leiden.

- Tot nu toe heeft de nadruk te veel gelegen op de negatieve aspecten van immigranten, hun acculturatieve stress, hun taalachterstand of hun slechte positie op de arbeidsmarkt. Inmiddels zijn veel tweede- en derde-generatie immigranten zeer succesvol geworden. Sommigen weten hun vertrouwdheid met verschillende culturen en talen juist te benutten. Opvallend groot ook is de wens bij veel immigranten om het 'beter te doen dan hun ouders'. Daar komt nog bij dat de behoefte om als groep te emanciperen steeds duidelijker wordt. Deze gedrevenheid brengt hen ertoe school en werk zeer belangrijk te vinden en zich daar ook meer voor in te zetten dan de gemiddelde autochtoon.

- Het model van Berry met de adaptatiestrategieën assimilatie, integratie, separatie en marginalisatie heeft een enorme impuls gegeven aan het onderzoek naar de positie van immigranten, maar dient uitgebreid en geactualiseerd te worden. Het blijkt erg af te hangen van het domein welke adaptatiestrategie de immigrant kiest. In het werk gaan veel immigranten in de richting van assimilatie, terwijl zij wat de keuze van hun partner en intieme vrienden betreft vaak een sterke voorkeur voor de eigen culturele groep hebben. Vooral marginalisatie is een ongelukkig concept. Veel immigranten hebben niet meer die sterke binding met de eigen culturele achtergrond en kiezen evenmin voor vrijwel exclusieve contacten met de meerderheid, maar kunnen niet gemarginaliseerd genoemd worden. Juist de wat open houding tegenover verschillende culturen en tegenover contacten met vertegenwoordigers van verschillende culturele groepen kan een zeer waardevolle eigenschap zijn. Eerder heb ik dit al kosmopolitisme genoemd. Er zijn nogal wat mensen die volgens het classificatieschema van Berry een marginalisatiestrategie zouden hanteren, maar in feite een kosmopolitische houding hebben. Deze mensen zijn absoluut niet gemarginaliseerd te noemen. Een kosmopolitische houding blijkt zelfs gerelateerd te zijn aan maatschappelijk succes.

- Een voor de hand liggende, maar nog onvoldoende onderzochte, vraag is de rol van culturele en taalkundige afstand tussen het land van herkomst en het gastland in het adaptatieproces. Meestal zal de adaptatie gemakkelijker verlopen naarmate de culturele en taalkundige afstand geringer is. Toch kunnen er ook goede combinaties bestaan tussen culturen die sterk van elkaar afwijken. Vooral Aziaten blijken het bijvoorbeeld in de Verenigde Staten goed te doen. En immigranten afkomstig uit Oost-Europa en de Balkanlanden doen het opvallend goed in Nederland.

13.4 Internationale samenwerking

Het is al vaak gezegd: de internationale samenwerking neemt toe. De Europese Unie die met zes leden begon, nu vijftien leden telt, en waarschijnlijk binnen enkele jaren een aantal Oost-Europese landen zal opnemen, is daar het duidelijkste voorbeeld van. De euro is een sprekend en sterk symbool van die eenwording. Het bedrijfsleven heeft door een eindeloze reeks van strategische allianties, overnames en fusies inmiddels ook een internationaler karakter gekregen. Oer-Nederlandse bedrijven als Albert Heijn, Hoogovens en Douwe Egberts zijn multinationals geworden of vormen onderdeel van een buitenlands consortium. Op de werkvloer, en dan niet alleen in het bedrijfsleven, maar ook bij de overheid en de universiteiten, treft men meer dan ooit mensen van allerlei nationaliteiten aan. Door de moderne communicatiemiddelen, vooral e-mail, is het buitenland minder ver van huis. Daardoor is het minder ingrijpend om in een ander land te verblijven. Hierdoor, maar ook doordat men steeds vaker met buitenlanders te maken heeft, treedt er een zekere gewenning op bij zowel degene die naar het buitenland vertrekt als bij het ontvangende land. Mensen leren door veelvuldig contact gemakkelijker met buitenlanders om te gaan, zeker op een praktische niveau. Het in hoofdstuk 9 genoemde onderzoeksresultaat, dat bedrijven eigenlijk alleen wanneer ze voor het eerst in een bepaald land een samenwerking aangaan in hun succes gehinderd worden door verschillen in nationale cultuur, lijkt deze redenering te ondersteunen.

Een van de consequenties van groeiende internationale gewenning is dat het concept culture shock aan revisie toe is. Oberg (1960) had de confrontatie met een volstrekt onbekende omgeving oorspronkelijk afgeschilderd als een overweldigende verwarring die tot ernstige stress aanleiding gaf. In die tijd was daar ook veel meer aanleiding voor omdat de omgeving in veel gevallen inderdaad volstrekt onbekend was. Volgens Ward e.a. wordt de confrontatie met de andere cultuur van een ernstige stresssituatie een 'actief proces om met veranderingen om te gaan' (Ward e.a., 2001). Ik ben het daar zeer mee eens. Culturele verschillen zijn er en zullen blijven bestaan en zullen de communicatie blijven bemoeilijken, maar veel potentiële problemen zijn te voorkomen. Er valt veel te leren. Vandaar ook dat in dit boek een hoofdstuk aan interculturele training is gewijd. Bovendien zagen we in dat hoofdstuk dat de nadelige effecten van culturele diversiteit te verkleinen zijn door de communicatiepatronen te verbeteren. Kortom: individuen, organisaties en samenlevingen moeten leren omgaan met culturele verschillen; dat wil zeggen, zich multicultureel effectiever gaan gedragen. Het helpt niet om te ontkennen dat wereldwijd vele samenlevingen multicultureler zijn geworden.

Literatuur

Adams, F. en C. Osgood (1973). A cross-cultural study of the affective meaning of color. *Journal of Cross-Cultural Psychology* 4: 135-156.

Adler, N.J. (1991). *International dimensions of organizational behavior* (2nd ed.). Boston, MA: PWS-KENT.

Ainsworth, M.D. e.a. (1978). *Patterns of attachment: A psychological study of the strange situation.* Hillsdale, NJ: Erlbaum.

Allan, G. (1998). Friendship, sociology and social structure. *Journal of Social and Personal Relationships* 15: 685-702.

Allport, G.W. (1954). *The Nature of Prejudice.* Cambridge, MA: Addison Wesley.

Altman, I. e.a. (1992). A transactional approach to close relationships: Courtship, weddings, and placemaking. In: B. Walsh, K. Craik en R. Price (eds.) *Person-Environment Psychology.* Hillsdale, NJ: Erlbaum.

Argyle, M. e.a. (1986). Cross-cultural variations in relationship rules. *International Journal of Psychology* 21: 287-315.

Argyle, M. (1988). *Bodily communication* (2nd ed.). London: Methuen & Co. Ltd.

Aronson, E., e.a. (1978). *The jigsaw classroom.* Beverly Hills, CA: Sage.

Arrindell, W.A. e.a. (1997). Dimensions of national culture as predictors of cross-cultural differences in subjective well-being. *Personality and Individual Differences* 23: 37-53.

Arrindell, W.A. en F.A. Albersnagel (1999). Allochtonen en de geestelijke gezondheidszorg. In: W.T.A.M. Everaerd, *Handboek Klinische Psychologie* (pp. 2-30). Houten: Bohn Stafleu Van Loghum.

Arthur, W. en W. Bennett (1995). The international assignee: The relative importance of factors perceived to contribute to success. *Personnel Psychology* 48: 99-113.

Bandura, A. (1999). Social cognitive theory of personality. In: L.A. Pervin en O.P. John (eds.) *Handbook of Personality: Theory and Research* (pp. 154-196). New York: Guilford.

Barash, D.P. (1985). *The Hare and the Tortoise: Culture, biology, and human nature.* New York: Penguin.

Barnlund, D.C. (1975). Communication styles in two cultures: Japan and the United States. In: A. Kendon, R.M. Harris en M.R. Key (Eds.) *Organization of Behavior in Face-to-face Interaction.* Den Haag: Mouton.

Baron, R.A. en D. Byrne (2002). *Social Psychology* (10th ed.). Boston: Allyn and Bacon.

Bartholomew, K. en L.M. Horowitz (1991) Attachment styles among young adults: A test of a four-category model. *Journal of Personality and Social Psychology* 61: 226-244.

Bartlett, F.C. (1932). *Remembering*. Cambridge: Cambridge University Press.

Berry, J.W. (1966). Temne and Eskimo perceptual skills. *International journal of Psychology* 1: 207-229.

Berry, J.W. (1967) Independence and conformity in subsistence-level societies. *Journal of Personality and Social Psychology* 7: 415-418.

Berry, J.W. (1980). Acculturations as varieties of adaptation. In: A.M. Padilla (ed.) *Acculturation: Theories, models and findings* (pp. 11-27). Boulder, CO: Westview.

Berry, J.W. e.a. (1989). Acculturation attitudes in plural societies. *Applied Psychology: An International Review* 38: 185-206.

Berry, J.W. e.a. (1992). *Cross-cultural Psychology: Research and applications*. NewYork: Cambridge University Press.

Berry, J.W. (1997). Immigration, acculturation, and adaptation. *Applied Psychology: An International Review* 46: 5-68.

Bhawuk, D.P.S. (2001). Evolution of culture assimilators: toward theory-based assimilators. *International Journal of Intercultural Relations* 25: 141-163.

Black, J.S. en G.K. Stephens (1989). The influence of the spouse on American expatriate adjustment and intent to stay in Pacific Rim overseas assignments. *Journal of Management* 15: 529-544.

Black, J.S. en M.E. Mendenhall (1990). Cross-cultural training effectiveness: A review and theoretical framework for future research. *Academy of Management Review* 15: 113-136.

Black, J.S. en H.B. Gregersen (1991). The other half of the picture: Antecedents of spouse cross-cultural adjustment. *Journal of International Business Studies* 22: 461-477.

Black, J.S. en H.B. Gregersen (1999). The right way to manage expats. *Harvard Business Review* (March-April): 52-63.

Black, J.S. e.a. (1999). *Globalizing People through International Assignments*. Reading, MA: Addison Wesley.

Bleeke, J. en D. Ernst (1995). Is your strategic alliance really a sale? *Harvard Business Review*, 97-105.

Bochner, S. (ed.) (1982). *Cultures in Contact. Studies in cross-cultural interaction*. Oxford: Pergamon Press.

Bontempo, R., S. Lobel en H. Triandis (1990). Compliance and value internalization in Brazil and the U.S.: Effect of allocentrism and anonymity. *Journal of Cross-Cultural Psychology* 21: 200-213.

Borra, R. (2002). Transculturele diagnostiek in de praktijk. In: E. van Meekeren, A. Limburg-Okken en R. May, *Culturen binnen psychiatrische muren. Geestelijke gezondheidszorg in een multiculturele samenleving* (pp. 64-70). Amsterdam: Boom.

Bourhis, R.Y. e.a. (1997). Towards an interactive acculturation model: A social psychological approach. *International Journal of Psychology* 5: 1-18.

Bowlby, J. (1969). *Attachment and Loss, Vol 1: Attachment*. New York: Basic Books.

Brain, R. (1976). *Friends and Lovers*. New York: Basic.

Brislin, R.W. (1981). *Cross-cultural Encounters: Face-to-face interaction*. Elmsford, NY: Pergamon.

Brislin, R.W. (1993). *Understanding Culture's Influence on Behavior*. Ft Worth, TX: Harcourt Brace Jovanovich.

Brislin, R.W. en T. Yoshida (1994). The content of cross-cultural training: An introduction. In: R.W. Brislin en T. Yoshida (eds.) *Improving Intercultural Interactions* (pp. 1-16). Thousand Oaks, CA: Sage.

Brown, B.B., C.M. Werner en I. Altman (1994). Close relationships in environmental context. In: A.L. Weber en J.H. Harvey (eds.) *Perspectives on Close Relationships* (pp. 340-358). Boston: Allyn and Bacon.

Bruner, J.S. (1974). *Beyond the Information Given: Studies in the psychology of knowing*. London: Allen & Unwin.

Bruner, J.S., R.R. Oliver en P.M. Greenfield (1966). *Studies in Cognitive Growth*. New York: Wiley.

Buono, A.F., J.L. Bowditch en J.W. Lewis (1985). When cultures collide: The anatomy of a merger. *Human Relations* 38 (5): 477-500.

Buss, D.M. (1989). Sex differences in human mate preferences: Evolutionary hypotheses tested in 37 cultures. *Behavioral and Brain Sciences* 12: 1-49.

Buytendijk, F.J.J. (1953). *De vrouw*. Amsterdam: Het Spectrum.

Byrne, D. en G.L. Clore (1970). A reinforcement-affect model of evaluative responses. *Personality: An International Journal* 1: 103-128.

Byrne, D. (1971). *The Attraction Paradigm*. New York: Academic Press.

Cartwright, S. en C.L. Cooper (1993). The role of culture compatibility in successful organizational marriage. *Academy of Management Executive* 7: 57-70.

Cartwright, S. en C.L. Cooper (1996). *Managing Mergers, Acquisitions & Strategic alliances. Integrating people and cultures* (2nd ed.). Oxford: Butterworth Heinemann.

Cassidy, M.L. en G.R. Lee (1989). The study of polyandry: A critique and synthesis, *Journal of Comparative Family Studies* 20: 1-11.

Cheung, F.M. e.a. (1996). Development of the Chinese personality inventory. *Journal of Cross-cultural Psychology* 27: 181-199.

Church, A.T. (1982). Sojourner adjustment. *Psychological Bulletin* 91: 540-571.

Church, A.T., M.S. Katigbak en J.A. Reyes (1996). Towards a taxonomy of traits adjectives in Filipino: Comparing personality lexicons aross cultures. *European Journal of Personality* 10: 3-24.

Cieri, H. de, P.J. Dowling en K.F. Taylor (1991). The psychological impact of expatriate relocation of partners. *International Journal of Human Resource Management* 2: 357-394.

Cleveland, H., G.J. Mangone en J.C. Adams (1960). *The Overseas Americans.* New York: McGraw-Hill.

Cole, M. e.a. (1971). *The Cultural Context of Learning and Thinking: An exploration in experimental anthropology.* NewYork: Basic Books.

Cole, M. en S. Scribner (1977). Cross-cultural studies of memory and cognition. In: R.V. Kail en J.W. Hagen (eds.) *Perspectives on the development of memory and cognition.* Hillsdale, NI: LEA.

Collins, B.E. en H. Guetzkow (1964). *A Social Psychology for Group Decision Making.* New York: Wiley.

Colón, A.R. en P.A. Colón (2001). *A History of Children: A socio-cultural survey across millennia.* Westport, CT: Greenwood Press.

Coopers en Lybrand (1989). *Barriers to Takeovers in the European Community.* London: HSMO.

Costa, P.T. Jr. en R.R. McCrae (1992). *Revised NEO Personality Inventory (NEO-PI-R) and NEO Five-Factor Inventory (NEO-FFI) professional manual.* Odessa, FL: Psychological Assessment Resources.

Cox, T.H., S.A. Lobel en P.L. McLeod (1991). Effects of ethnic group cultural differences on cooperative and competitive behavior on a group task. *Academy of Management Journal* 34: 827-847.

Cushner, K. en R.W. Brislin (1996). *Intercultural Interactions: A practical guide.* Thousand Oaks, CA: Sage.

Cushner, K. en D. Landis (1996). The intercultural sentitizer. In: D. Landis en R.S. Bhagat (eds.) *Handbook of Intercultural Training* (2nd ed.). Thousand Oaks, CA: Sage.

Dafar, H. en P. Gustavsson (1992). Competition by effective management of cultural diversity. *International Studies of Management and Organization* 22: 81-92.

Dailey, B.F. en R.L. Steiner (1998). The influence of group decision support systems on contribution and commitment levels in multicultural and culturally homogeneous decsion-making groups. *Computers in Human Behavior* 14: 147-162.

Danziger, K. (1997). *Naming the Mind. How psychology found its language.* London: Sage.

Dasen, P.R. (1982). Cross-cultural aspects of Piaget's theory: The competence performance model. In: L.L. Adler (ed.) *Cross-cultural Research at Issue.* New York: Academic Press.

Dasen, P.R. (1984). The cross-cultural study of intelligence; Piaget and the Baoule. *International Journal of Psychology* 19: 407-434.

Dasen, P.R. (1994). Cuture and cognitive development from a piagetian perspective. In: W.J. Lonner en R. Malpass (eds.) *Psychology and Culture* (pp. 95-99). Boston: Allyn and Bacon.

Dehue, G.C.G. (1995). *Changing the rules: Psychology in the Netherlands, 1900-1985.* Cambridge: Cambridge University Press.

Dehue, T. (2002). Over de assumpties van RCT's, geïllustreerd aan het het Nederlandse experiment met verstrekking van heroïne. *Maandblad Geestelijke Volksgezondheid* 57: 230-249.

Diener, E. e.a. (1985). The satisfaction with life scale. *Journal of Personality Assessment* 49: 71-75.

Diener, E. e.a. (1995). National differences in reported well-being: Why do they occur? *Social Indicators Research* 34: 7-32.

Diener, E., M. Diener en C. Diener (1995). Factors predicting the subjective well-being of nations. *Journal of Personality and Social Psychology* 69: 851-864.

Dinges, N.G. en P. Hull (1992). Personality, culture, and international studies. In: D. Lieberman (ed.) *Revealing the World: An interdisciplinary reader for international studies.* Dubuque IA: Kendall-Hunt.

Dion, K.K. en K.L. Dion (1993). Individualistic and collectivistic perspectives on gender and the cultural context of love and intimacy. *Journal of Social Issues* 49: 53-69.

Douki, S. en K. Tabbane (1996). Culture and depression. *World Health Magazine* 49: 22-26.

DSM-IV (1994). American Psychiatric Association.

Eckensberger, L.H. (1994). Moral development and its measurement across cultures. In: W.J. Lonner en R. Malpass (eds.) *Psychology and Culture* (pp. 71-78). Boston: Allyn and Bacon.

Ekman, P. en W.V. Friesen (1971). Constants across cultures in the face and emotion. *Journal of Personality and Social Psychology* 17: 124-129.

Ellemers, J.E. en R.E.F. Vaillant (1985). *Indische Nederlanders en gerepatrieerden.* Muiderberg: Coutinho.

Ellemers, J.E. (1987). Migratie van en naar Nederland in historisch perspectief: een beknopt overzicht. *Tijdschrift voor Geschiedenis* 100: 322-330.

Erikson, E.H. (1950). *Childhood and Society.* New York: Norton.

Feddema, R. (1992). *Op weg tussen hoop en vrees: de levensoriëntatie van jonge Turken en Marokkanen in Nederland.* Utrecht: Van Arkel.

Fernandez, D.R. e.a. (1997). Hofstede's country classification 25 years later. *The Journal of Social Psychology* 137: 43-54.

Ferrante, J. (1992). *Sociology: A global perspective.* Belmont, CA: Wadsworth.

Festinger, L., S.S. Schachter en K. Back (1950). *Social pressures in informal groups: A study of human factors in housing.* New York: Harper & Row.

Festinger, L. (1954). A theory of social comparison processes. *Human Relations* 7: 117-140.

Fiedler, F.E., T. Mitchell en H.C. Triandis (1971). The culture assimilator: An approach to cross-cultural training. *Journal of Applied Psychology* 55 (2): 95-102.

Fisher, A. (1980). *Small Group Decision Making.* New York: McGraw-Hill Book Company.

Fiske, A.P. (1992). The four elementary forms of human relations: Framework for a unified theory of sociality, *Psychological Review* 99: 689-723.

Fodor, E.M. en T. Smith (1982). The power motive as an influence on group decision making. *Journal of Personality and Social Psychology* 42: 178-185.

Forsyth, D.R. (1990). *Group Dynamics* (2nd ed.). Belmont, CA: Brooks/Cole Publishing Company.

Foster, B.T. (1976) Friendship in rural Thailand. *Ethnology* 15: 251-267.

Furnham, A. en S. Bochner (1989). *Culture shock: Psychological reactions to unfamiliar environments.* London: Routledge.

Furnham, A. en P. Baguma (1994). Cross-cultural differences in the evaluation of male and female body shapes. *International Journal of Eating Disorders* 15: 81-89.

Gardiner, H.W., J.D. Mutter en C. Kosmitzki (1998). *Lives across cultures. Cross-cultural human development.* Boston: Allyn and Bacon.

Gastel, J.H.M. van, N. Bleichrodt en A.J. van Heelsum (1993). *Het gelijk van de praktijk: loopbaanontwikkeling en werkbeleving van allochtonen.* Amsterdam: Van de Bunt Fundatie.

Geert, P.L.C. van (1997). *Theorieën van leren en ontwikkeling.* Alphen aan den Rijn: Samsom H.D. Tjeenk Willink.

Giel, R. (1997). Transculturele psychiatrie. In: W. Vandereycken, C.A.L. Hoogduin en P.M.G. Emmelkamp, *Handboek Psychopathologie, Deel 2: Ontwikkelingen* (2e druk). Houten: Bohn, Stafleu, Van Loghum Slaterus.

Gilligan, C. (1982). *In a Different Voice: Psychological theory and women's development.* Cambridge, MA: Harvard University Press.

Girndt, T. (2000). *Cultural Diversity and Work-group Performance: Detecting the rules.* Academisch Proefschrift, Katholieke Universiteit Brabant.

Glaser, B. en A. Strauss (1967). *Discovering Grounded Theory.* Chicago: Aldine.

GMAC GRS/Windham International, NFTC, SHRM Global Forum (2000). *Global Relocation Trends 2000 Survey Report.* New York: GMAC GRS/Windham International.

Goffman, E. (1974). *Frame Analysis: An essay on the organization of experience.* Cambridge, MA: Harvard University Press.

Goldberg, L.R. (1981). Language and individual differences: The search for universals in personality lexicons. In: L. Wheeler (ed.) *Review of Personality and Social Psychology* (Vol. 2, pp. 141-165). Beverly Hills, CA, Sage.

Goodwin, R. (1999). *Personal Relationships across Cultures.* London: Routledge.

Griest, D.C. en S.S. Case (1996). *Moving beyond Heterogeneity to a True Concept in Groups.* Paper presented at the Academy of Management Conference, August 13, 1996, Cincinatti, Ohio, USA.

Grossmann, K. e.a. (1985). Maternal sensitivity and newborn attachment orientation responses as related to quality of attachment in northern Germany. In: I. Bretherton en E. Waters (eds.) *Growing points of attachment theory. Monographs of the Society of Research in Child Development* 50 (1-2 Serial No. 209).

Gudykunst, W.B. (1994). *Bridging Differences: Effective intergroup communication* (2nd ed.). Thousand Oaks, CA: Sage.

Hambrick, D.C. en P.A. Mason (1984). Upper echelons: The organization as a reflection of its topmanagers. *Academy of Management Review* 9: 193-206.

Hambrick, D.C. e.a. (1998). When groups consist of multiple nationalities: Towards a new understandings of the implications. *Organization Studies* 19 (2): 181-205.

Hammer, M.R., W.B. Gudykunst en R.L. Wiseman (1978). Dimensions of intercultural effectiveness: An exploratory study. *International Journal of Intercultural Relations* 2: 382-393.

Hare, A.P. (1976). *Handbook of Small Group Research* (2nd ed.). New York: Free Press.

Harner, M. (1977). The ecological basis of Aztec cannibalism. *American Ethnologist* 4: 117-135.

Harris, B., L.M. Schoen en D.L. Hensley (1992). A cross-cultural study of story memory. *Journal of Cross-Cultural Psychology* 23: 133-147.

Harvey, M. (1996). Addressing the dual-career expatriation dilemma. *Human Resources Planning* 19: 18-39.

Harvey, M. (1997). Dual-career expatriates: Expectations, adjustment and satisfaction with international relocation. *Journal of International Business Studies* 28: 627-658.

Hawes, F. en D. Kealy (1981). An empirical study of Canadian technical assistance: Adaptation and effectiveness on overseas assignment. *International Journal of Intercultural Relations* 4: 239-258.

Hazan, C. en P.R. Shaver (1987). Romantic love conceptualized as an attachment process. *Journal of Personality and Social Psychology* 52: 511-524.

Heider, E.R. en D. Oliver (1972). The structure of the color space in naming and memory for two languages. *Cognitive Psychology* 3: 337-354.

Henderson, N.D. (1982). Human behavior genetics. *Annual Review of Psychology* 33: 403-440.

Herrnstein, R.J. en C. Murray (1994). *The Bell Curve: Intelligence and class structure in American life*. NewYork: The Free Press.

Herskovits, M.J. (1958). *Cultural Anthropology*. New York, NY: Knopf.

Heuvel, H. van de en R.W. Meertens (1989). The culture assimilator. In: J.P. van Oudenhoven en T. Willemsen (eds.) *Ethnic Minorities. Social psychological perspectives*. Amsterdam: Swets & Zeitlinger.

Hewstone, M. (1989). Intergroup attribution: Some implications for the study of ethnic prejudice. In: J.P. van Oudenhoven en T.M. Willemsen (eds.) *Ethnic Minorities: Social psychological perspectives* (pp. 25-42). Amsterdam: Swets & Zeitlinger.

Hoffman, L.R. en N.R.F. Maier (1961). Sex differences, sex composition, and group problem solving. *Journal of Abnormal and Social Psychology* 63 (2): 453-456.

Hoffman, L.R., E. Harburg en N.R.F. Maier (1962). Differences and disagreement as factors in creative problem-solving. *Journal of Abnormal and Social Psychology* 64: 206-214.

Hoffmann, E. (1995). Interculturele communicatie. In: G.W.M. van Vught (ed.) *Werken in multiculturele organisaties*. Houten/Diegem: Bohn Stafleu Van Loghum.

Hofstede, G. (1980). *Culture's Consequences: International differences in work-related values*. Beverly Hills CA, Sage.

Hofstede, G. (1991). *Cultures and Organizations. Software of the mind*. London: McGraw-Hill.

Hofstede, G. (1993). Cultural constraints in management theories. *Academy of Management Executive* 7 (1): 81-94.

Hofstede, G. (2000). Whatever Happened to Masculinity and Femininity? *Cross-cultural Psychology Bulletin* (December): 14–19, 37.

Hofstee, W.K.B. (1999). *Principes van beoordeling. Methodiek en ethiek van selectie, examinering en evaluatie*. Lisse: Swets & Zeitlinger.

Honig, E. en G. Hershatter (1988). *Personal voices: Chinese women in the 1980s*. Stanford, CA: Stanford University Press.

Hoppe, M.H. (1990). *A Comparative Study of Country Elites: International differences in work-related values and learning and their implications for management training and development*. Unpublished doctoral dissertation, University of North Carolina at Chapel Hill.

Hosper, K. e.a. (1990). Culturele diversiteit en gelijkheid in de geestelijke gezondheidszorg: clienten en hulpverleners vergeleken. *De psycholoog* 34: 278-284.

IJzendoorn, M.H. van en P.M. Kroonenberg (1988). Cross-Cultural Patterns of Attachment. *Child Development* 59: 147-156.

IJzendoorn, M.H. van en A. Sagi (1999). Cross-Cultural Patterns of Attachment: Universal and Contextual Dimensions. In: J. Cassidy en P.R. Shaver (eds.) *Handbook of Attachment. Theory, Research, and Clinical Applications* (pp. 713-734). New York: The Guilford Press.

Inkeles, A. en D.J. Levinson (1954). National character: The study of modal personality and sociocultural systems. In: G. Lindzey (ed.) *Handbook of Social Psychology*, Volume II (pp. 977–1020). Cambridge MA: Addison-Wesley.

Inkeles, A. (1997). *National Character: A psycho-social perspective*. New Brunswick NJ: Transaction Publishers.

Jackson, S.E. (1992). Team composition in organizational settings: Issues in managing an increasingly diverse work force. In: S. Worchel, W. Wood en J.A. Simpson (eds) *Group Process and Productivity* (pp. 139-173). Newbury Park: Sage.

Jackson, S.E., K.E. May en K. Whitney (1995). Understanding the dynamics of diversity in decision-making teams. In: R.A. Guzzo en E. Salas (eds.) *Team Effectiveness and Decision Making in Organizations* (pp. 205-261). San Francisco: Jossey-Bass Publishers.

Janis, I.L. (1972). *Victims of Groupthink*. Boston: Houghton-Mifflin.

Jankowiak, W.R. en E.F. Fisher (1992). A cross-cultural perspective on romantic love. *Ethology* 31: 149-155.

Jensen, A.R. (1980). *Bias in Mental Testing*. New York: Free Press.

Jensen, A.R. (1981). *Straight Talk about Mental Tests*. London: Methuen.

Jeunink, A.M.A., H.A.R. de Graaf en J.P. van Oudenhoven (1995). Van vriendschap tot financieel succes: Een sociaal-psychologische analyse van internationale samenwerkingsverbanden. *M&O* 49: 91-106.

Johnson, D.W., R. Johnson en G. Maruyama (1984). Goal interdependence and interpersonal attraction. In: N. Miller en M.B. Brewer (eds.) *Groups in Contact: The psychology of desegragation*. New York: Academic Press.

Johnson, D.W. en R. Johnson (1992). *Creative Controversy: Intellectual challenge in the classroom*. Edina, MN: Interaction Book Company.

Jones-Corley, J.A., en J.P. van Oudenhoven (2002). Ervaringen van Amerikaanse vrouwen in Nederland: 'Sometimes it's just one of those Dutch days'. *Gedrag & Organisatie* 15: 147-160.

Jong, J. de (1996). Psychodiagnostiek met behulp van DSM of ICD: classificeren of nunanceren? In: J. de Jong en M. van de Berg (red.) *Tranculturele Psychiatrie en Psychotherapie* (pp. 147-161). Lisse: Swets & Zeitlinger.

Jourard, S.M. (1966). An exploratory study of body-accessibility. *British Journal of Social and Clinical Psychology* 5: 221-231.

Judge, T.A. en G.R. Ferris. (1993). Social context of performance evaluation decisions. *Academy of Management Journal* 33: 129-150.

Kagan, S. (1985). *Cooperative Learning. Resources for teachers*. Riverside: School of Education, University of California.

Kannemeyer, K.C., G. Ritzer en N.R. Yetman (1992). *Sociology: Experiencing changing societies* (5th ed.). Boston: Allyn and Bacon.

Kay, P. en W. Kempton (1984). What is the Sapir-Whorf hypothesis? *American Anthropologist* 86: 65-89.

Kealy, D. (1996). The challenge of international personnel selection. In: D. Landis en R.S. Bhagat (eds.) *Handbook of Intercultural Training* (pp. 81-105). Thousand Oaks, CA: Sage.

Keats, D.M. (1982). Cultural bases of concepts of intelligence: A Chinese versus Australian comparison. In: P. Sukontasarp e.a. (eds.) *Proceeding of the Second Asian Workshop on Child and Adolescent Development* (pp. 67-75). Bangkok: Burapasilpa Press.

Keats, D.M. (1985). Strategies in formal operational thinking: Malaysia and Australia. In: I.R. Lagunes en Y.H. Poortinga (eds.) *From a different perspective: Studies of behavior across cultures* (pp. 306-318). Lisse: Swets & Zeitlinger.

Kirchmeyer, C. en A. Cohen (1992). Multicultural groups: Their performance and reactions with constructive conflict. *Group & Organization Management* 17: 153-170.

Kirchmeyer, C. (1993). Multicultural task groups: An account of the low contribution level of minorities. *Small Group Research* 24: 127-148.

Kleinman, A. (1978). Culture and depression. *Culture and Medical Psychiatry* 2: 295-296.

Kleinman, A. (1988). *Rethinking Psychiatry: from cultural category to personal experience*. New York: Free Press.

Kleinman, A. (1995). Do psychiatric disorders differ in different cultures? The methodological questions. In: N.R. Goldberger en J.B. Veroff (eds.) *The culture and psychology* (pp. 631-651). New York: New York University Press.

Kogut, B. (1988). Joint ventures: Theoretical and empirical perspective. *Strategic Management Journal* 9: 319-322.

Kohlberg, L. (1984). *The Psychology of Moral Development: The nature and validity of moral stages* (Vol. 2). New York: Harper & Row.

Kosmitzki, C. (1996). The reaffirmation of cultural identity in cross-cultural encounters. *Personality and Social Psychology Bulletin* 22: 238-248.

Kraus, G. (1964). *Leerboek der psychiatrie* (3de druk). Leiden: Stenfert Kroese.

Kuhn, T.S. (1962). *The Structure of Scientific Revolutions*. Chicago: The University of Chicago Press.

Kunst, M. en S. Pels (1994). Hoe anders is anders? Eerste-generatie Turkse, Marokkaanse en Surinaamse migrantenvrouwen bij de RIAGG. *Psychologie en Maatschappij* 70: 29-41.

Lambert, W.E. e.a. (1993). Bilingual education for majority English speaking children. *European Journal of Psychology of Education* 8: 3-22.

Lane, H.W. en P.W. Beamish (1990). Cross-cultural cooperative behavior in joint ventures in LDCs. *Management International Review* 30: 87-102.

Lauman, E.O. e.a. (1994). *The Social Organization of Sexuality: Sexual practices in the United States*. Chicago: Universtiy of Chicago Press.

Laurent, A. (1983). The cultural diversity of Western management conceptions. *International Studies of Management and Organization* 8 (1-2): 75-96.

Levine, J.M. en R.L. Moreland (1990). Progress in small group research. *Annual Review of Psychology* 41: 585-634.

Levine, N. (1988). *The Dynamics of Polyandry: Kinship, domesticity, and population of the Tibetan border*. Chicago: University of Chicago Press.

Levine, R.A. en P.M. Miller (1990). Commentary. *Human Development* 33: 73-80.

Levine, R.V. en K. Bartlett (1984). Pace of life, punctuality, and coronary heart disease in six countries. *Journal of Cross-Cultural Psychology* 15 (2): 233-255.

Levitt, T. (1983). The globalization of markets. *Harvard Business Review* 83 (3): 92-102.

Lewis-Fernandez, R. en A. Kleinman (1994). Culture, personality, and psychopathology. *Journal of Abnormal psychology* 103: 67-71.

Liebkind, K. (1996). Acculturation and stress: Vietnamese refugees in Finland. *Journal of Cross-Cultural Psychology* 27: 161-180.

Limburg-Okken, A.G. en S. Sidali (1996). Intakeprocedures: een voorbeeld van een anamneseprotocol. In: J. de Jong en M. van de Berg (red.) *Tranculturele Psychiatrie en Psychotherapie* (pp. 147-161). Lisse: Swets & Zeitlinger.

Lincoln, Y. en E. Guba (1985). *Naturalistic Inquiry*. Beverly Hills, CA: Sage.

Lindo, F. (1994). Het stille succes: De sociale stijging van Zuideuropese arbeidsmigranten in Nederland. In: H.J. Vermeulen en R. Penninx (red.) *Het democratisch ongeduld: De emancipatie van zes doelgroepen van het minderhedenbeleid* (pp. 117-144). Amsterdam: Het Spinhuis.

Li-Repac, D. (1980). Cultural influences on clinical perception: A comparison between Caucasian and Chinese–American therapists. *Journal of Cross-Cultural Psychology* 11: 327-342.

Lonner, W. (1980). The search for psychological universals, In: H.C. Triandis en W.W. Lambert (eds.) *Handbook of Cross-Cultural Psychology: Volume I – Perspectives* (pp. 143-204). Boston: Allyn and Bacon.

Lucassen, J. en R. Penninx (1994). *Nieuwkomers, nakomelingen, Nederlanders: immigranten in Nederland 1550-1993*. Amsterdam: Het Spinhuis.

Marks, M.L. en P. Mirvis (1985). Mergers syndrome: Stress and uncertainty. *Mergers & Acquisitions* 20: 50-55.

Markus, H.P. en S. Kitayama (1991). Culture and the self: Implications for cognition, emotion, and motivation. *Psychological Review* 98: 224-253.

Marsella, A.J. (1998). Urbanization, mental health, and social deviancy: A review of issues and research. *American Psychologist* 53: 624-634.

Matsumoto, D. (1996). *Culture and Psychology*. Pacific Grove, CA: Brooks/ Coole Publishing Company.

Matsumoto, D., F. Karsi en K. Kooken (1999). American-Japanese cultural differences in judgements of expression intensity and subjective experience. *Cognition and Emotion* 13: 201-218.

May, K.A. (1990). Interview techniques in qualitative research: Concerns and challenges. In: J.M. Morse (ed.) *Qualitative nursing research: A contemporary dialogue*. Newbury Park, CA: Sage.

Maznevski, M.L. (1994). Understanding our differences: Performance in decision-making groups with diverse members. *Human Relations* 47: 531-552.

McCall, M. (1994). Identifying leadership potential in future international executives: Developing a concept. *Consulting Psychology* (Winter): 49-63.

McLeod, P.L. en S.A. Lobel (1992). The effects of ethnic diversity on idea generation in small groups. *Academy of Management Best Paper Proceedings*, 227-231.

McLeod, P.L., S.A. Lobel en T.H. Cox (1996). Ethnic diversity and creativity in small groups. *Small Group Research* 27: 248-264.

McSweeney, B. (2002). Hofstede's model of cultural differences and their consequences: a triumph of faith – a failure of analysis. *Human Relations* 55: 89-118.

Mead, M. en R. Metraux (1997). On Friendship. In: C. Divakaruni (ed.) *Multitude. Cross-Cultural Readings for Writers* (2nd ed.) (pp. 551-555). New York: McGraw-Hill.

Meglino, B.M., E.C. Ravlin en C.L. Adkins (1989). A work values approach to corporate culture: A field test of the value congruence process and its relationship to individual outcomes. *Journal of Applied Psychology* 74: 424-432.

Mehrabian, A. (1972). *Nonverbal Communication*. Chicago, New York: Aldine-Atherton.

Miller, J.G. en D.M. Bersoff (1992). Culture and moral judgment: How are conflicts between justice and interpersonal responsibilities resolved? *Journal of Personality and Social Psychology* 62: 541-554.

Milliken, F.J. en L.L. Martins (1996). Searching for common threads: Understanding diversity in organizational groups. *Academy of Management Review* 21 (2): 402-433.

Mistry, J. en B. Rogoff (1994). Remembering in cultural context. In: W.J. Lonner en R. Malpass (eds.) *Psychology and Culture* (pp. 139-144) Boston: Allyn and Bacon.

Mol, S. T., J.P. van Oudenhoven en K.I. van der Zee (2001). Validation of the multicultural personality questionnaire among an internationnally oriented student population in Taiwan. In: F. Salili en R. Hoosain (eds.) *Multicultural education: Issues, policies, and practices* (pp. 167-184). Greenwich: Information Age Publishing Inc.

Murdock, G.P. (1967). Ethnographic atlas: A summary. *Ethnology* 6: 109-136.

Murdock, G.P. e.a. (1967). *Outline of Cultural Materials. Behavior Science outline*, 1. New Haven: Human Relations Area Files.

Neisser, U. e.a. (1996). Intelligence: Knowns and unknowns. *American Psychologist* 51: 77-101.

Nemeth, C.J. (1986). Differential contributions of majority and minority influence. *Psychological Review* 93: 23-32.

Nemeth, C.J. en B.M. Shaw (1989). Differential contributions of majority and minority influence. *Psychological Review* 91: 23-32.

Newcomb, T.M. (1961). *The Acquaintance Process*. New York, Holt, Rinehart & Winston.

Newcomb, T.M. (1956). The prediction of interpersonal attraction. *American Psychologist* 11: 575-586.

Noble, A.F. de, L.T. Gustafson en M. Hergert (1988). Planning for post-merger integration. Eight lessons for merger success. *Long Range Planning* 21 (4): 82-85.

Norman, W.T. (1963). Toward an adequate taxonomy of personality attributes: Replicated factor structure in peer nomination personality ratings. *Journal of Abnormal and Social Psychology* 66: 574-583.

O'Reilly, C.A., D.F. Caldwel en W.P. Barnett (1989). Work group demography, social integration, and turnover. *Administrative Science Quarterly* 34: 21-37.

Oberg, K. (1960). Cultural shock: Adjustment to new cultural environments. *Practical Anthropology* 7: 177-182.

Olie, R. (1994). Shades of culture and institutions in international mergers. *Organization Studies* 15 (3): 381-405.

Oskamp, S. (1984). *Applied Social Psychology*. Englewood Cliffs: Prentice-Hall.

Otto, C., S. Molstad en A. Melander. (2001). Variation in antibiotic use in the European Union. *The Lancet* 357: 1851-1853.

Oudenhoven, J.P. van (1971). *Estudio de la Percepción Visual*. Pátzcuaro, Michoacán: CREFAL/UNESCO, Documento de uso interno.

Oudenhoven, J.P. van (1989). Improving interethnic relationships: How effective is cooperation? In: J.P. van Oudenhoven en T. Willemsen (eds.) *Ethnic Minorities. Social psychological perspectives* (pp. 201-220). Amsterdam: Swets & Zeitlinger.

Oudenhoven, J.P. van en A.M. Eisses (1998). Integration and assimilation of Moroccan immigrants in Israel and the Netherlands. *International Journal of Intercultural Relations* 3: 293-307.

Oudenhoven, J.P. van en T. Boer (1995). Complementarity and similarity of partners in international mergers. *Basic and Applied Social Psychology* 17: 343-356.

Oudenhoven, J.P. van, J.T. Groenewoud en M. Hewstone (1996a). Cooperation, ethnic salience and generalization of interethnic attitudes. *European Journal of Social psychology* 26: 649-661.

Oudenhoven, J.P. van, G. Willemsma en K.S. Prins (1996b). Integratie en assimilatie van Marokkanen, Surinamers en Turken in Nederland. *De Psycholoog* 31: 468-471.

Oudenhoven, J.P. van, K.S. Prins en B.P. Buunk (1998). Attitudes of minority and majority members towards adaptation of immigrants. *European Journal of Social Psychology* 28: 995-1013.

Oudenhoven, J.P. van, C.M. Judd en M. Hewstone (2000). Additive and interactive models of crossed-categorisation in correlated social categories. *Group Processes and Intergroup Relations* 3: 285-295.

Oudenhoven, J.P. van (2000). Omgaan met culturele verschillen. Multiculturele effectiviteit op maatschappelijk, bedrijfs- en individueel niveau. *Gedrag & Organisatie* 13 (3): 129-149.

Oudenhoven, J.P. van, K.I. van der Zee, K.I. en M. van Kooten (2001). Successful adaptation strategies according expatriates. *International Journal of Intercultural Relationships* 25 (4): 467-482.

Oudenhoven, J.P. van en K.I. van der Zee (2002). Predicting multicultural effectiveness of international students: The multicultural personality questionnaire. *International Journal of Intercultural Relationships* 26: 703-726.

Oudenhoven, J.P. van en K.I. van der Zee (2002). Successful international cooperation: The influence of cultural similarity, strategic differences, and international experience. *Applied Psychology: An International Review* 51: 633-653.

Oudenhoven, J.P. van, K.I. van der Zee en W. Bakker (2002). Culture, identity, adaptation strategy and well-being. In: D. Gorter en K.I. van der Zee (eds.) *Frisians abroad* (pp. 46-56). Leeuwarden: Fryske Akademy.

Paunonen, S.V. (1998). Hierarchical organization of personality and prediction of behavior. *Journal of Personality and Social Psychology* 74 (2): 538-556.

Peabody, D. (1985). *National Characteristics*. Cambridge, Cambridge University Press.

Pelto, P.J. (1968). The differences between 'tight' and 'loose' societies. *Transaction*, 37-40.

Penninx, R. (1988). *Minderheidsvorming en emancipatie: Balans van kennisverwerving ten aanzien van immigranten en woonwagenbewoners, 1967-1987*. Alphen aan den Rijn & Brussel: Samsom.

Pepitone, E.A. (1980). *Children in Cooperation and Competition*. Lexington: Heath and Company.

Peralva, A. (1994). Racisme et xénophobie dans l'Allemagne contemporaine. In: M. Wieviorka (ed.) *Racisme et xénophobie en Europe: Une comparaison internationale* (157-212). Paris: Edition la Découverte.

Pervin, L.A. en O.P. John (2001). *Personality. Theory and Research* (8th ed.). New York: John Wiley & Sons, Inc.

Peters, T.J. en R.H. Waterman Jr. (1982). *In Search of Excellence*. New York, Harper and Row.

Pettigrew, T.F. (1979). The ultimate attribution error: Extending Allport's cognitive analysis of prejudice. *Personality and Social Psychology Bulletin* 5: 464-476.

Philips, M.R., X. Li en Y. Zhangh (2002). Suicide rates in China, 1995-99, *The Lancet* 359: 835-840.

Piaget, J. (1932). *The Moral Judgment of the Child*. London: Kegan Paul, Trench, Trubner.

Pike, K.L (1967). *Language in Relation to a Unified Theory of the Structure of Human Behavior*. Den Haag: Mouton.

Piontowski, U. e.a. (2000). Predicting acculturation attitude of dominant and non-dominant groups. *International Journal of Intercultural Relations* 24: 1-26.

Pollack, R. (1963) Contour detectability thresholds as a function of chronological age. *Perceptual and Motor Skills* 17: 411- 417.

Poortinga, Y.H. e.a. (1987). Peeling the onion called culture. In: C. Kagitcibasi (ed.) *Growth and Progress in Cross-cultural Psychology* (pp. 22-34). Lisse: Swets and Zeitlinger.

Popper, K.R. (1967). *The Logic of Scientific Discovery*. New York: Harper & Row.

Price, W.F en R.H. Crapo (1999). *Cross-cultural Perspectives in Introductory Psychology*. Belmont, CA: Wadsworth Publishing Company.

Raad, B. de, A.A.J. Hendriks en W.K.B. Hofstee (1992). Towards a refined structure of personality traits. *European Journal of personality* 6: 301-319.

Raad, B. de e.a. (1998). Lingua franca of personality: Taxonomies and structures based on the psycholexical approach. *Journal of Cross-Cultural Psychology* 29,:212-232.

Ramdas, A. (2001) Hollandse tulpenvelden. *NRC Handelsblad*, 15 maart.

RAND Health Sciences Program (1992). *RAND 36-Item Health Survey* 1.0. Santa Monica, CA: Rand.

Resing, W.C, N. Bleichrodt en P.J. Drenth (1986). Het gebruik van de RAKIT bij allochtoon etnische groepen. *Nederlands Tijdschrift voor de Psychologie* 41: 179-188.

Rodriguez Mosquera, P.M., A.S.R. Manstead en A.M. Fisher (2002). Honor in the Mediterranean and Northern Europe. *Journal of Cross-Cultural Psychology* 33: 16-36.

Roelandt, T. en J. Veenman (1991). Een etnische onderklasse in Nederland? *Migrantenstudies* 7 (3): 21-38.

Rogoff, B. en J. Mistry (1985). Memory development in cultural context. In: M. Pressley en C. Brainerd (eds.) *The Cognitive Side of Memory Development*. N.Y.: Springer-Verlag.

Rogoff, B. (1981). Schooling and the development of cognitive skills. In: H.C. Triandis en A. Heron (eds.) *Handbook of Cross-cultural Psychology* (Vol. 4). Boston: Allyn and Bacon.

Rogoff, B. en K.J. Waddell (1982). Memory for information organized in a scene by children from two cultures. *Child Development* 53: 1224-1228.

Ronen, S. (1989). Training the international assignee. In: I.E. Goldstone (ed.) *Training and Development in Organizations* (pp. 417-453). San Francisco: Jossey-Bass.

Root, M.P. (1985). Guidelines for facilitating therapy with Asian American Clients. *Psychotherapy* 22: 349-356.

Rosch, E. (1973). On the internal structure of perceptual categories. In: T.E. Moore (ed.) *Cognitive Development and the Acquisition of Language* (pp. 111-144). San Diego, CA: Academic Press.

Ross, B.M. en C. Millson (1970). Repeated memory of oral prose in Ghana and New York. *International Journal of Psychology* 5: 173-181.

Ross, L. (1977). The intuitive psychologist and his shortcomings: Distortions in the attribution process. In: L. Berkowitz (ed.) *Advances in Experimental Social Psychology* 10: 174-221. New York: Academic Press.

Rotter, J.B. (1954). *Social Learning and Clinical Psychology*. Englewood Cliffs, NJ: Prentice-Hall.

Ruben, B.D. (1976) Assessing communication competence for intercultural adaptation. *Group and Organization Studies* 1: 510-517.

Ruhe, J.A. en J. Eatman (1977). Effects of racial composition on small work groups. *Small Group Behavior* 8: 479-486.

Ryan, S.M. (1998). Who says Japan is collectivist? A reconsideration of Japan's place on the individualism-collectivism continuum. *Human Communication Education* 11: 63-87.

Ryff, C.D. en B. Singer (2000). Interpersonal flourishing: A positive health agenda for the new millennium. *Personality and Social Psychology Review* 4: 30-44.

Sapir, E. (1949). *Culture, Language and Personality*. Berkeley, CA: University of California Press.

Schmitt, R. (1979). *Kinder und Ausländer. Einstellungsänderung durch Rollenspiel. Eine empirische Untersuchung*. Braunschweig: Westermann.

Schrier, M. en J.P. van Oudenhoven (2002). Hechtingstijlen en zelfbeeld als voorspellers van sociale steun en welbevinden. In: D.A. Stapel, M. Hagedoorn en E. van Dijk, *Jaarboek Sociale Psychologie 2001* (pp. 181-191). Delft: Eburon.

Schwartz, S.H. en W. Bilsky (1987). Toward a psychological structure of human values. *Journal of Personality and Social Psychology* 53: 550-562.

Schwartz, S.H. (1992). Universals in the content and structure of values: Theoretical advances and empirical test in 20 countries. In: M. Zanna (ed.)

Advances in Experimental Social Psychology (Vol. 25, pp. 1-65). Orlando, FL: Academic Press.

Schwartz, S.H. (1994a). Cultural dimensions of values: Towards an understanding of national differences. In: U. Kim, H.C. Triandis en G. Yoon (eds.) *Individualism and Collectivism: Theoretical and methodological issues* (pp. 85-119). Newbury Park, CA: Sage.

Schwartz, S.H. (1994b) Beyond individualism and collectivism: New cultural dimensions of values. In: U. Kim e.a. (eds) *Individualism and Collectivism: Theory, method, and applications* (pp. 85-199). Newbury Park, CA: Sage.

Schwarzer, R. (1992). Self-efficacy in the adoption and maintenance of health behaviours: Theoretical approaches and a new model. In: R. Schwarzer (ed.) *Self-efficacy: Thought control of action*. Washington, D.C.: Hemisphere.

Scribner, S. en M. Cole (1981). *The Psychology of Literacy*. Cambridge, MA: Harvard University Press.

Segall, M.H., D.T. Campbell en J. Hersokovits (1963). Cultural differences in the perception of geometric illusions. *Sciences* 193: 769-771.

Segall, M.H., D.T. Campbell en M.J. Herskovits (1966). *The Influence of Culture on Visual Perception*. Indianapolis, IN: Bobbs-Merrill.

Segall, M.H. e.a. (1990). *Human Behavior in Global Perspective: An introduction to cross-cultural psychology*. New York: Pergamon Press.

Segall, M.H. (1994). A cross-cultural research contribution of unraveling the nativist/empiricist controversy. In: W.J. Lonner en R. Malpass (eds.) *Psychology and Culture* (pp. 135-138). Boston: Allyn and Bacon.

Segall, M.H. e.a. (1999). *Human Behavior in Global Perspective. An introduction to cross-cultural psychology* (2nd ed.). Boston: Allyn and Bacon.

Selm, K. van, D.L. Sam en J.P. van Oudenhoven (1997). Life satisfaction and competence of Bosnian refugees in Norway. *Scandinavian Journal of Psychology* 38: 143-149.

Sessa, V.I. en S.E. Jackson (1995). Diversity in decision making teams: All differences are not created equal. In: M.M. Chemers, S. Oskamp en M.A. Costanzo (eds.) *Diversity in Organizations: New perspectives for a changing workplace* (pp. 133-156). Thousand Oaks, CA: Sage.

Sharan, S. (1980). Cooperative learning in small groups: Recent methods and effects on achievement, attitudes, and ethnic relations. *Review of Educational Research* 50: 241-271.

Shaw, M.E. en L.M. Shaw (1962). Some effects of sociometric grouping upon learning in a second grade classroom. *Journal of Social Psychology* 57: 453-458.

Shaw, M.E. (1981). *Group Dynamics* (3rd ed.). New York: McGraw-Hill.

Shayer, M., A. Demetriou en M. Perez (1988). The structure and scaling of concrete operational thought: Three studies in four countries and only one story. *Genetic Psychology Monographs* 114: 307-376.

Shea, J.D. (1985). Studies of cognitive development in Papua New Guinea. *International Journal of Psychology* 20: 33-61.

Shiraev, E. en D. Levy (2001). *Introduction to Cross-cultural Psychology. Critical thinking and contemporary applications*. Boston: Allyn and Bacon.

Shweder, R.A. (1991) *Thinking through Cultures. Expeditions in cultural psychology*. Cambridge, Mass: Harvard University Press.

Simpson, J., B. Campbell en E. Berscheid (1986). The association between romantic love and marriage: Kephart (1967) Twice Revisited. *Personality and Social Psychology Bulletin* 12: 363- 372.

Slavin, R.E. (1985). Cooperative learning: Applying in contact theory in desegregated schools. *Journal of Social Issues* 41 (3): 45-62.

Slavin, R.E. en R. Cooper (1999). Improving intergroup relations: Lessons learned from cooperative learning programs, *Journal of Social Issues* 55: 647-663.

Smith, K. en D. Berg (1997). Cross-cultural groups at work. *European Management Journal* 5 (1): 8-15.

Smith, P.B., S. Dugan en F. Trompenaars (1996). National culture and managerial values: A dimensional analysis across 43 nations. *Journal of Cross-Cultural Psychology* 27: 231-264.

Smith, P.B. en M.H. Bond (1998). *Social Psychology across Cultures*. London: Prentice Hall.

Sonderen, E. van (1993). *Het meten van sociale steun met de Sociale Steun Lijst-Interacties (SSL-I) en Sociale Steun Lijst-Discrepanties (SSL-D): een handleiding*. Groningen: NCG.

Sondergaard, M. (1994). Research note: Hofstede's consequences: A study of reviews, citations and replications. *Organization Studies* 15 (3): 447-456.

Spreitzer, G.N., M.W. Mcall en J.D. Mahoney (1997). Early identification of international executive potential. *Journal of Applied Psychology* 82: 6-29.

Stack, S. (1995). *Gender, Family, and Lonelines: A cross-national study*. Unpublished manuscript, Wayne State University.

Steers, R.M. en D.N. Braunstein (1976). A behaviorally based manifest needs measure in work settings. *Journal of Vocational Behavior* 9: 251-266.

Steiner, I.D. (1964). Group dynamics. *Annual Review of Psychology*, 421-446.

Steiner, I.D. (1972). *Group Process and Productivity*. New York: Academic Press.

Sterkenburg, P.G.J. van (1997). *Vloeken*. Den Haag/Antwerpen: Sdu-Standaard.

Sue, S. (1991). *Ethnicity and Mental Health: Research and policy issues*. Invited address presented at the Annual Meeting of the American Psychological Association, San Francisco.

Sussman, N.M. en H.M. Rosenfield (1982). Influence of culture, language, and sex on converstional distance. *Journal of Personality and Social Psychology* 42: 66-74.

Tajfel, H. (1978). Social categorization, social identity and social comparison. In: H. Tajfel (ed.) *Differentiation between Social Groups: Studies in intergroup behaviour.* London: Academic Press.

Tajfel, H. en J.C. Turner (1986). The social identity theory of intergroup behaviour. In: S. Worchel en W. Astin (eds.) *Psychology of Intergroup Relations.* Chicago: Nelson-Hall.

Tanaka-Matsumi, J. en A.J. Marsella (1976). Cross-cultural variations in the phenomenological experience of depression; I. Word association studies. *Journal of Cross-Cultural Psychology* 7: 379-369.

Tannen, D. (1979). What's in a frame? Surface evidence for underlying expectation. In: R. Freedle (ed.) *New dimensions in discourse* (pp. 137-181). Norwood, NJ: Ablex.

Taylor, D.M. en F.M. Moghaddam (1994). *Theories of Intergroup Relations: International social psychological perspectives* (2nd ed.). Westport, CT: Praeger.

Tellegen, P. (2000). Verantwoord testgebruik bij allochtonen. Een reactie. *De Psycholoog* (mei): 231-235.

Tilburg, T. van e.a. (1998). Social integration and loneliness: A comparative study among older adults in the Netherlands and Tuscany, Italy. *Journal of Social and Personal Relationships* 15: 740-755.

Tönnies, F. (1887). *Gemeinschaft und Gesellschaft,* Leipzig: Füs Verlag.

Torbiörn, I. (1982). *Living Abroad: Personal adjustment and personnel policy in the overseas setting.* New York: John Wiley.

Triandis, H.C., E.R. Hall en R.B. Even (1965). Member heterogeneity and dyadic creativity. *Human Relations* 18 (1): 33-55.

Triandis, H.C. (1975). Culture training, cognitive complexity and interpersonal attitudes. In: R.W. Brislin, S. Bochner en W.J. Lonner (eds.) *Cross-cultural Perspectives on Learning* (pp. 39-77). New York: Wiley.

Triandis, H.C. (1989). Self and social behavior in differing cultural contexts. *Psychological Review* 96: 269-289.

Triandis, H.C. (1990). Cross-cultural studies of individualism and collectivism, In: J.J. Berman (ed.) *Nebraska Symposium on Motivation* 1989 37: 41-131.

Triandis, H.C. (1994). *Culture and Social Behavior.* New York: McGraw-Hill.

Triandis, H.C. (1995). *Individualism and Collectivism.* Boulder, CO: Westview.

Trompenaars, F. (1993). *Riding the Waves of Culture,* London: Brealey.

Tsui, A.S., T.D. Egan en C.A. O'Reilly (1992). Being different: Relational demography and organizational attachment. *Administrative Science Quarterly* 37: 549-579.

Tuckman, B.W. en M.A. Jensen (1977). Stages of small group development revisited. *Group and Organization Studies* 2: 419-427.

Tung, R.L. (1987). Expatriate assignments: Enhancing success and minimizing failure. *The Academy of Management Executive* 1 (2): 117-126.

United States of America Embassy, The Hague (1999). *U.S.-Netherlands Investment Relations* [on-line].
Available on-line: http://www.usemb.nl/usduinvr.htm.

Valsiner, J. (2000). *Culture and Human Development.* London: Sage.

Veenhoven, R. (1999). Quality of life in individualistic society: A comparison of 43 nations in the early 1990's. *Social Indicators Research* 48: 157-186.

Verthelyi, R.F. de (1995). International students' spouses: Invisible sojourners in the culture shock literature. *International Journal of Intercultual Relations* 19 (3): 387-411.

Vijver, F. van de en K. Leung (1997). *Methods and Data Analysis for Cross-cultural Research.* London: Sage.

Vliert, E. van de e.a. (1999). Temperature, cultural masculinity and domestic political violence. A cross-national study. *Journal of Cross-Cultural Psychology* 30: 291-314.

Vries, S. de en B. Radstake (1997). *Cultural Diversity in Work Groups: Effects on satisfaction, creativity and quality of work.* Ongepubliceerd document, Rijksuniversiteit Leiden.

Vygotsky, L. (1978). *Mind in Society: The development of higher psychological processes.* Cambridge, MA: Harvard University Press.

Wagner, G.W., J. Pfeffer en C.A. O'Reilly (1984). Organizational demography and turnover in top-management groups. *Administrative Science Quarterly* 29: 74-92.

Ward, C, S. Bochner en A. Furnham (2001). *The Psychology of Culture Shock* (2nd ed.). Hove: Routledge.

Watson, O.M. (1970). *Proxemic Behavior: A cross-cultural study.* Den Haag: Mouton.

Watson, W.E. en K. Kumar (1992). Differences in decision making regarding risk taking: A comparison of culturally diverse and culturally homogeneous task groups. *International Journal of Intercultural Relations* 16: 53-65.

Watson, W.E., K. Kumar en L.K. Michaelsen (1993). Cultural diversity's impact on interaction process and performance: Comparing homogeneous and diverse task groups. *Academy of Management Journal* 36 (3): 590-602.

Watson, W.E. e.a. (1998). Process gain and process loss: Comparing interpersonal processes and performance of culturally diverse and non-diverse teams across time. *International Journal of Intercultural Relations* 22 (4): 409-430.

Webber, R.A. (1978). Majority and and minority perceptions and behavior in cross-cultural teams. *Human Relations* 27: 873-889.

Weber, Y. en Schweiger, D.M. (1992). Top management culture conflict in mergers and acquisitions: A lesson from anthropology. *Basic and Applied Social Psychology,* 17, 343-356.

Wechsler, D. (2001). *WAIS-III. Nederlandse bewerking van de Wechsler Adult Intelligence Test. Afname en scoringshandleiding* (3e editie). Lisse: Swets & Zeitlinger.
Werken met Nederlanders (1992). *Negotiation Magazine* 3: 130-133.
Werner, H. (1961) *Comparative Psychology of Mental Development*. New York: Science Editions.
Wheelan, S.A. (1994). *Group Processes: A developmental perspective*. Boston: Allyn and Bacon.
Wheeler, L., H.T. Reis en M.H. Bond (1989). Collectivism-individualism in everyday social life: The middle kingdom and the melting pot. *Journal of Personality and Social Psychology* 57: 79-86.
White, C. en L. Boucke (1992). *The UnDutchables. An observation of the Netherlands: its culture and its inhabitants*. Montrose, CA: Colin White & Laurie Boucke.
Whiting, J.W.M. (1964). Effects of climate on certain cultural practices. In: W. Goodenough (ed.) *Explorations in Cultural Anthropology* (pp. 496-544). New York: McGraw-Hill.
Whiting, B.B. en J.W.M. Whiting (1975). *The Children of Six Cultures: A psycho-cultural analysis*. Cambridge, MA: Harvard University Press.
Whorf, B.L. (1956). *Language, Thought, and Reality*. Boston/New York: M.I.T. Press/John Wiley.
Why too many mergers miss the mark. (1997). *The Economist* (January): 61-62.
Wiersema, M.F. en K.A. Bantel (1992). Top management team demography and corporate strategic change. *Academy of Management Journal* 35: 91-121.
Wiersema, M.F. en A. Bird (1993). Organizational demography in Japanese firms: group heterogeneity, individual dissimilarity, and top mangement team turnover. *Academy of Management Journal* 36 (5): 996-1025.
Williams, J.E. en D.L. Best (1990). *Measuring Sex Stereotypes: A multi-nation study*. Newbury Park, CA: Sage Publications.
Wills, T.A. (1981). Downward comparison principles in social psychology. *Psychological Bulletin* 90: 245-271.
Winkel, F.W. en A. Vrij (1990). Interaction and impression formation in a cross-cultural dyad: Frequency and meaning of culturally determined gaze behavior in a police interview setting. *Social Behaviour* 5: 335-350.
Wolf, M. (1972). *Women and the Family in Rural Taiwan*. Palo Alto, CA: Stanford University Press.
Worchel, S., V.A. Andreoli en R. Folger (1977). Intergroup cooperation and intergroup attraction: The effect of previous interaction and outcome of combined effort. *Journal of Experimental Social psychology* 13: 131-140.
Yoon, K., F. Schmidt en R. Ilies (2002). Cross-cultural construct validity of the five-factor model of personality among Korean employees. *Journal of Cross-Cultural Psychology* 33: 217-235.

Zee, K.I. van der, A. Bakker en P.E.A.M. van der Maesen de Sombreff (1992). De waarde van persoonlijkheidsvragenlijsten voor personeelsselectie. *Gedrag & Organisatie* 5: 279-293.

Zee, K.I. van der en J.P. van Oudenhoven (1998). Ontwikkeling en evaluatie van een vragenlijst voor multiculturele effectiviteit. *Gedrag & Organisatie* 11: 232-247.

Zee, K. I. van der en J.P. van Oudenhoven (2000). The multicultural personality questionnaire: a multidimensional instrument of multicultural effectiveness. *European Journal of Personality* 14: 291-309.

Zee, K.I. van der en J.P. van Oudenhoven (2001). The multicultural personality questionnaire: reliability and validity of self- and other ratings of multicultural effectiveness. *Journal of Research in Personality* 35: 278-288.

Zakenregister

A

abortus 123
absolutisme 30
abstract denken 64
acceptatie door dominante groep 197
accommodatie 64
acculturatie 18, 167, 186, 191, 231, 232
acculturatieve stress 232
adaptatiestrategieën 188, 191-197, 232
adjourning 145
adolescentie 71
affectieve autonomie 161
agrarische samenleving 24
agreeableness 80-81
algemene intelligentie 217
algemene psychologie 30, 32
allocentrische houding 163
ambivalente hechtingsstijl 73
Amerikaans/westerse psychologie 18
amok 124
analfabetisme 50
angst 124-125
angstige hechtingsstijl 74
animisme 63
antibiotica 121-122
anticonceptie 123
antwoordneigingen 56
asielzoekers 185, 231
assimilatie 64, 188-193, 195-196, 232
assimilatie-contrastprincipe 174

assimileerders 90
attachment 73
attitudeonderzoek 36
attitudes 170
attributiefout 84
attributiepatronen 84
attributies 164, 177-178, 184, 221, 230
attributietheorie 18, 182
autoritaire systemen 160
Ayurvedische pathologie 22-23

B

back translation 40-41
bedrijfscultuur 167
behoefte aan invloed 143
beroependifferentiatie 15
bevallingen 121
biculturele oriëntatie 195
Big Five 80-81, 85, 87
binding 89-92
 • lokaal bedrijf 89-91
 • moederbedrijf 89-92
biofeedback 132
biologische factoren 30-31, 65, 79
bloedbroederschap 102
busingprojecten 179

C

carpentered world-hypothese 47-48
categorisatie 173
causaliteit 31

centraal verwerkingsmechanisme 32-33
centrale emoties 116-117
centreren 63
Chinese traditie 81
cholerici 80
cognitief ordeningsmotief 173
cognities 45-46, 180
cognitieve diversiteit 137, 148-149
cognitieve ontwikkeling 65, 68
cohesie 137-140, 146
collectivisme 153, 163-165
collectivistische cultuur 17-19, 38, 41, 68-69, 81-83, 98, 102, 106, 141-142, 222
commadres 75
commitment 91
commune 111
communicatieproblemen 140-141, 146, 148-149
compadrazgo-systeem 75
compadres 75, 105
compatibiliteit van bedrijfsculturen 167
competitief marktmechanisme 163
competitieve houding 142
complexe culturen 59, 60-61, 70, 77
conceptions of self 163
concrete operaties 64
conditioneringsprincipes 132
conflictfase 145-146
conformisme 139-140, 146, 148, 180
confounding 38-39, 41, 55, 165
conscientiousness 80
conservatie 63
conservatisme 161
contact met meerderheidsgroep 196-197
contactculturen 113
contacthypothese 143, 178, 182, 184
controle over anderen 143
conventioneel niveau 68

convergentiehypothese 159-160
coöperatieve instelling 142-143, 149
- leervormen 182, 184
- oriëntatie 62
coördinatieproblemen 138-139
creativiteit 164
critical incidents 221-222, 225-226
cross-culturele trainingen 220
culture sensitizers 221
cultureel-relativisme 21
culturele afstand 196-197, 233
- conventies 115-116
- diversiteit 18, 135-136, 144, 148-149, 231, 234
- empathie 85-86, 216, 218, 223, 225
- factoren 79
- kenmerken 141-143
- match 130
- misfit 166
- ongelijkheid 167
- stereotypen 171
- waarden 151
cultuur
- als onafhankelijke variabele 31
- collectivistische ~ 17-19, 38, 41, 68
- definitie 13-14
- diversiteit 18, 135-136, 144, 148-149, 231, 234
- hechtheid 14
- individualistische 17, 19, 38, 54, 68, 81-82, 98, 102, 106, 141-142, 153, 222
- en intelligentie 53-57
- interpersoonlijke relaties 95
- mondelinge 52
- en nationaliteit 16-17
- en ras 15-16
- en taal 43
- en waarneming 46
cultuur-affiliatie hypothese 45
cultuurassimilator 220-225
cultuurdimensies 152, 159

cultuurfaire tests 57
cultuurpsychologie 30-33
cultuurschok 215, 229, 234
cultuurvrije tests 57
cyclische modellen 146

D
decentrering 40-41
depressie 127-128
desegregatie 179, 182
designproblemen 38-39
dieptestructuur 65
directieve therapieën 132
discipline 77
discriminatie 56, 170-172, 178-184, 231
disease 127
disposities 176
distress 121
diversiteit in attitudes 137-138
djinn 124
domeinen 225, 232
double layered acculturation 167
DSM-IV 125-127
dual citizens 90-92
dyadisch model 76

E
echtscheiding 107, 109
eco-culturele benadering 21
ecologie 22-23
ecologie-cultuur-gedrag-model 46
ecologische omstandigheden 59, 109, 122
economie 17, 38
economische omstandigheden 59, 109
eenvoudige culturen 59-61, 70, 77
eenzaamheid 97-99
eer 40, 43-44, 131
eetstoornissen 128
egalitaire betrokkenheid 161
egocentrisme 63

eindfase 145
emics 33-37, 127, 161
emoties 116-117
emotionele stabiliteit 80, 82, 85-89, 216, 223
emotionele steun 98
enculturatie 15, 21-22
epistemologie 32
equivalente onderzoeksinstrumenten 41
equivalentie 40
erfelijke verschillen 53, 57
etics 33-37, 120, 127
etniciteit 55
etnische afkomst 199
• diversiteit 140, 148
• identiteit 188
etnocentrisme 19, 29
evolutietheorie 34
expatriate vrouwen 201-203
expatriates 19, 85, 89-93, 167, 200, 201, 215, 225
experimentatie 31
extended family 75, 112
extraversie 80-82, 85

F
face validity 71, 164
factoranalyse 80, 91, 152
familiebondgenootschap 108
familie-eer 131
fasetheorie morele ontwikkeling 67-68
feedback 226
feitelijke cultuur 156
femininiteit 99, 153-154, 161, 163
flegmatici 80
flexibiliteit 85-88, 92, 216, 223
formeel denken 64-65
forming 145
framingmethode 202
framingsmechanismen 32

free agents 90-92
frequentie van blootstelling 100
fundamentele attributiefout 84, 176
fysieke aantrekkelijkheid 100

G

gearrangeerd huwelijk 104, 107-108
geboortebeperking 122-123
gedragstherapie 132
geheugen 52-53, 66
geïndustrialiseerde samenleving 62
geletterde samenlevingen 49
gelijkheid van attitudes 100
gelijkheidsattractiehypothese 190, 199
Gemeinschaft 164
gemeten intelligentie 55, 57
generaliseerbaarheidsproblemen 39
gepaste afstand 113-115
gepreoccupeerde hechtingsstijl 74
Gesellschaft 164
gettovorming 200
gevoelens van competentie 195
geweld en temperatuur 21-22
gewenst individualisme 158
gewenste cultuur 156-157
- femininiteit 159
- machtsafstand 157
- onzekerheidsmijding 158

gezelligheid 30
gezichtsverlies 130-131
going-native groep 90-92
groepscohesie 137-140, 143
groepseffecten 144
groepshuwelijk 111
groepsontwikkeling 146
group think 139
guided participation 66

H

hallucinaties 122
harmonie 161
hechtingsstijlen 18, 73-76

hedonistisch motief 173
heterogene groepen 144, 146, 148
hiërarchie 161
hiërarchische relaties 152, 157
high and low authority ranking 162
homogene groepen 142, 144, 146, 148
homohuwelijk 112
horizontaal-verticaal illusie 46-47
huwelijk 34, 99-100, 102-109
- bekrachtiging privacy 106
- dominante positie man 104
- economische motieven 104, 107
- intimiteit 107
- maagdelijkheid 104
- versterking relationeel netwerk 104
- vormen 109-112
hysterie 124

I

identiteit 98, 164, 188, 200-201
idiocentrische houding 163
illness 127
immigranten 18, 21, 53, 56, 121, 125, 185-191
imposed etics 34, 81
individualisme 31, 38, 69, 153-155, 163-165
individualistische cultuur 17, 19, 38, 54, 68, 81-82, 98, 102, 106, 141-142, 153, 222
individuele stereotypen 171
infanticide 110
infibulatie 120
in-group 149, 176-178, 199, 230
initiatieriten 24
institutionele gezondheidszorg 129-131
integratie 188-193, 195-196, 231-232
integratiefase 145
intellect-autonomie 80
intellectuele autonomie 161-162

intelligentie 53-57
- definitie 54
- meting 54, 57

intelligentie- en cultuurdebat 56
intelligentietests 18-19, 54, 56-57, 63-64
interactietendenties 73
intercultural sensitizer 220
interculturele contacten 80, 113-114, 167, 220-221, 223, 225
- trainingen 220, 229, 234
- vaardigheden 217

intergroepsattributies 176
- conflicten 176-178
- problemen 175, 184
- relaties 149

interiorisatie 65, 67
internationale fusies 166
internationale samenwerking 166-167, 230, 233-234
internationalisering 17-18, 160, 215
internationalisering van de psychologie 230
interpersoonlijke relaties 95
intimiteit 113
irreversibiliteit 63
islam 19
isomorphic attributions 221

J

jagersgemeenschappen 23
jigsaw-techniek 183

K

kerngezin 112
kleinste-ruimteanalyse 161
kleurenblinde benadering 199
kleurenblindheid 46
kleurenwaarneming 51-52
kleurperceptie 45
klimaat 17, 22-23, 38

kosmopolitisme 149-150, 189, 233
Kpelle-correspondenten 52

L

landbouwgemeenschappen 23, 97
leiderschapsmotief 142
leviraat 110
lexicale ordening 80
lichamelijke gezondheid 87-88, 119
locus of control 84-85
love immigrants 201
low and high communal sharing 162
loyaliteit 153

M

machtsafstand 152, 154-155, 157
machtsafstandscultuur 37-38
man-vrouwverschillen 79
marginalisatie 188-193, 200, 232
marginaliseerders 90
market and equality pricing 162-163
masculiniteit 22, 99, 154-155
mastery 161
melancholici 80
melting pot-ideologie 200
mentorschap 66
methodologische kwesties 25
middle-class cultuur 75, 77
midlifecrisis 73
minimale groepen 175
modernisme 164
mondelinge cultuur 52
monogamie 109, 111-112
morele ontwikkeling 62, 67-70
Müller-Lyer-illusie 47
multiculturalisme 185-186, 200
multicultureel beleid 195
multiculturele effectiviteit 85-87, 149, 215, 223
- onderneming 135

- PersoonlijkheidsVragenlijst (MPV) 86-89, 91, 223
- vaardigheden 86, 218

multilevelanalyse 39

N

nabijheid 100
nationaliteit en cultuur 16-17
native speaker 40, 64
nature-nurturedebat 67
natuurlijk-biologische factoren 66-67
negatieve ervaringen 88
netwerkmodel 76
neuroticism 80
nomadencultuur 24
non-contactculturen 114
non-verbale communicatiepatronen 112-117, 220
non-verbale tests 55
normen en waarden 21, 86, 137, 153, 223
norming 145

O

objectpermanentie 63
Oedipuscomplex 34-35
onanie 110
onderzoeksmethodologie 32
ongeletterde samenlevingen 49, 52
ontogenese 66-67
ontologie 32
onzekerheidsmijding 152-155, 157
openness to experiences 80
openheid 85
openmindedness 85-86, 91, 216, 218, 223, 225-226
oppervlaktestructuur 65
organisatieculturen 160, 167
oriëntatiefase 145
out-group 149, 176-178, 198, 230
overkoepelende categorie 181
overlappende categorie 181

P

parallellogramillusie van Sander 48
partnerkeuze 34
partnerselectie 108
perceptie 66
performing 145
person-environment-fit 93
persoonlijke factoren 176
persoonlijkheid 22, 71, 79, 82
persoonlijkheidsdimensies 223-224
- eigenschappen 79, 223-224
- stoornissen 79
- theorieën 81
- vragenlijst 45

persoonseigenschappen 83
persoonskenmerken 80, 91, 93
perspectief 49
phonemics 33
phonetics 33
platonisch ideaal 32
polarisatie 145
polyandrie 34, 110-111
polygamie 24, 34
polygynandrie 111
polygynie 109-110
pos si-effect 36
positieve discriminatie 172, 180
positiviteitsbias 180
positiviteitsvertekening 175
postconventioneel niveau 68
preconventioneel niveau 67
predeparture training 220
pre-operatoir stadium 63-64
priming-effecten 46
principe-georiënteerd niveau 68
probleemoplossen 64, 66, 143
pro-westerse bias 53-54
psychische gezondheid 87-88, 119-121, 216
psychologiseren 130
psychopathologie 124
psychotherapie 71

R

raciale spanningen 179
racisme 29
ras 15-16, 199
rechtvaardigheid 164, 230
regels voor vriendschappen 100-101
reinheid 22
relatiegerichte instelling 149
relaties 95-97
relativisme 30, 44
replicaties 39
representatieve steekproeven 39, 41
response sets 41, 56
rituelen 37
rivaliteit 60
rolconflicten 90
rolpatronen 153
romantisch huwelijk 103, 106-107

S

samenwerkend leren 62, 183
samenwerking 24, 60-61, 142-143, 184
sanguinici 80
Sapir-Whorf-hypothese 44-45
scaffolding 66
scheldwoorden 43-44
schizofrenie 122
scholingsniveau 64
schrift 24-25
selectieprocedures 93
self-efficacy 88-89
self-esteem 127-128
self-fulfilling prophecy 130, 177
self-serving bias 176
sensitiviteit 86
sensorisch-motorische periode 63
separatie 188-189, 191-193, 195, 200, 232
separeerders 90
seriële monogamie 112
similarity attraction hypothesis 139
situationele factoren 176

smalle socialisatiepraktijk 73
sneeuwbalmethode 202
sociaal initiatief 85-89, 91, 216, 218, 223, 224-225
sociaal-emotionele ontwikkeling 62, 71-73
social loafing 163-164
sociale attributietheorie 175, 181
- categorisatie 172, 175, 180-182
- categorisatietheorie 174, 180
- identiteit 174
- identiteitstheorie 174, 180, 182, 184, 189
- integratie 98
- netwerken 122
- steun 88, 97-99, 102, 197
- validatie 97
- vergelijkingstheorie 174
- wenselijkheid 226

socialisatie 15, 21-22, 73, 171
socio-culturele factoren 67
solidariteit 164
somatisering 128-129
staatkundige structuur 17
stabiele eigenschappen 176
standaardtaal 183
statusverschil 36
stereotypen 82, 143, 151, 156, 165, 170-172, 180, 219, 221-222
stigmatisering 121
storming 145
stress 71, 73, 86

T

taal en cultuur 43
taalachterstand 232
taalcursussen 149
taalkundige afstand 233
taalproblemen 131
taboewaarde 44
temperatuur en geweld 21-22
testprestaties 56, 57

testsituatie 55
tevredenheid 141, 196
tightness versus looseness 14
traditionalisme 164
trainingen 149, 220
traumatisch verleden 121
tweedimensionale afbeeldingen 49
tweetalige immigranten 45

U
uitvoeringsfase 145-146
ultieme attributiefout 176

V
value-in-diversity 137
variantie 56, 230
verbale communicatie 112
vermijdende hechtingsstijl 73, 74
verspreiding van informatie 179
vertalingsproblemen 40-41
verwensingen 43-44
vijf-factorenmodel 80-81
visuele illusies 47
vis-uit-het-water-effect 153
vluchtelingen 121, 125, 185
volharding 91
voorlichtingsprogramma's 180
vooroordelen 143, 170, 172, 174, 178-179, 231
vreemdelingenhaat 172
vriendelijkheid 80
vriendschappen 100-102, 222

W
waardenconfiguratie 160
waardering van kleuren 51-52
waargenomen cultuur 156-157
- femininiteit 159
- individualisme 158
- machtsafstand 157
- onzekerheidsmijding 158

Wechsler Adult Intelligence Test 54

wederkerigheid 100
wegkijkgedrag 116
wetenschapstheoretische kwesties 25
wij-tegen-zij-gevoel 175

Z
zekere hechtingsstijl 74
zelfbeeld 74-75, 83-84, 174
zelfwaardering 98, 127-128, 179, 196
zone van de naaste ontwikkeling 65-67
zorgvuldigheid 80

Personenregister

A
Adams, F. 51
Adkins, C.L. 138
Adler, N.J. 201
Ainsworth, M.D. 73, 75
Albersnagel, F.A. 130-131
Allan, G. 102
Allport, G.W. 143, 178, 182
Altman, I. 104-105
Argyle, M. 95, 100-101
Aronson, E. 183
Arrindell, W.A. 127, 130-131
Arthur, W. 86

B
Baguma, P. 128
Bandura, A. 88
Barash, D.P. 79
Barnlund, D.C. 115
Baron, R.A. 190
Bartholomew, K. 73-74
Bartlett, F.C. 52
Bennett, W. 86
Berry, J.W. 46, 51, 90, 167, 188, 195, 210, 232-233
Bersoff, D.M. 68
Bhawuk, D.P.S. 220, 222
Bilsky, W. 160
Binet, A. 54, 63
Black, J.S. 89-90, 201, 203, 220
Bochner, S. 190
Boer, T. de 166
Bond, M.H. 141

Bontempo, R. 141
Borra, R. 127
Boucke, L. 218
Bourhis, R.Y. 200
Bowlby, J. 73, 75
Brain, R. 100
Braunstein, D.N. 142
Brislin, R.W. 220, 222, 228
Brown, B.B. 106
Bruner, J.S. 19, 54, 66
Buono, A.F. 167
Buss, D.M. 34, 97
Buytendijk, F.J.J. 79
Byrne, D. 139, 167, 190

C
Canning, G. 151
Cartwright, S. 166
Case, S.S. 138
Cassidy, M.L. 111
Cheung, F.M. 81
Chomsky, N. 45
Church, A.T. 81, 203, 210
Cicovacki, B. 217
Cieri, H. de 201, 203
Cleveland, H. 86
Clore, G.L. 167
Cohen, A. 138, 140
Cole, M. 52
Collins, B.E. 137-138
Colón, A.R. 77
Colón, P.A. 77
Cooper, C.L. 166

Cooper, R. 183
Costa, P.T. 81
Cox, T.H. 138, 142
Crapo, R.H. 51, 64
Cushner, K. 220, 221

D
Dafar, H. 138
Daily, B.F. 138
Danziger, K. 30
Dasen, P.R. 54, 65
De Raad, B. 80
Dehue, G.C.G. 30
Dehue, T. 31-32
Diener, E. 88, 127
Dinges, N.G. 45
Dion, K.K. 107
Dion, K.L. 107
Douki, S. 127

E
Eatman, J. 141
Eckensberger, L.H. 67, 70
Eisses, A.M. 197
Ekman, P. 116
Ellemers, J.E. 185, 188, 196
Erasmus, D. 77
Erikson, E.H. 63, 71-73, 78
Even, R.B. 138

F
Feddema, R. 195
Fernandez, D.R. 156
Ferrante, J. 71
Festinger, L. 98, 139, 174, 211
Fisher, E.F. 103
Fiske, A.P. 162
Fodor, E.M. 142
Forsyth, D.R. 146
Fortuyn, P. 15, 140
Foster, B.T. 102
Freud, S. 35

Friesen, W.V. 116
Furnham, A. 128

G
Galenus, 80
Gardiner, H.W. 69
Gastel, J.H.M. van 141
Geert, L.C. van 65, 67
Geutzkow, H. 137
Giel, R. 130
Gilligan, C. 70
Girndt, T. 138, 144
Goffman, E. 202
Goldberg, L.R. 80
Goodwin, R. 101, 103, 107
Gregersen, H.B. 201, 203
Griest, D.C. 138
Grossmann, K. 76
Guba, E. 202
Gudykunst, W.B. 102, 164
Guetzkow, H. 138
Gustavsson, P. 138

H
Hall, E.R. 138
Hammer, M.R. 86
Harburg, E. 138
Hare, A.P. 139
Harner, M. 25
Harvey, M. 201, 211
Hawes, F. 86
Hazan, C. 74
Heider, E.R. 44
Henderson, N.D. 53, 101
Hernnstein, R.J. 53
Hershatter, G. 108
Herskovits, M.J. 13
Hewstone, M. 176-177, 194
Hippocrates, 80
Hoffman, L.R. 137-139
Hofstede, G. 39, 69, 99, 141-142, 151-163, 165, 168, 229

Hofstee, W.K.B. 54
Honig, E. 108
Hoppe, M.H. 154
Horowitz, L.M. 73-74
Hosper, K. 129
Hull, P. 45

I
IJzendoorn, M.H. van 76
Inkeles, A. 163

J
Jackson, S.E. 139
Janis, I.L. 137, 139
Jankowiak, W.R. 103
Jensen, A.R. 53
Jensen, M.A. 144, 146
John, O.P. 81
Johnson, D.W. 137, 183
Johnson, R. 137, 183
Jones-Corley, J.A. 200, 203
Jong, J. de 126
Jourard, S.M. 114

K
Kagan, S. 62
Kannemeyer, K.C. 116
Kay, P. 45
Kealy, D. 86, 93
Keats, D.M. 54
Kempton, W. 45
Kirchmeyer, C. 138, 140, 142-143
Kitayama, S. 83-84
Kleinman, A. 81, 127-128
Kogut, B. 166
Kohlberg, L. 63, 67-70, 78
Kosmitzki, C. 211
Kraus, G. 124
Kroonenberg, P.M. 76
Kuhn, T.S. 29-30
Kumar, K. 138
Kunst, M. 129

L
Lambert, W.E. 217
Landis, D. 221
Lauman, E.O. 112
Laurent, A. 160
Lee, G.R. 111
Leung, K. 39
Levine, J.M. 139
Levine, N. 111
Levine, R.A. 75
Levinson, D.J. 163
Levitt, T. 160
Levy, D. 51, 73
Lewis-Fernandez, R. 81
Liebkind, K. 195
Limburg-Okken, A.G. 131
Lincoln, Y. 202
Lindo, F. 188
Li-Repac, D. 130
Lobel, S.A. 138
Lonner, W. 31
Lucassen, J. 185

M
Maier, N.R.F. 137-138
Malinowski, B. 35
Mandela, N. 15
Marks, M.L. 166-167
Markus, H.P. 83-84
Marsella, A.J. 127-128
Martins, L.L. 137
Matsumoto, D. 54, 122, 165
May, K.A. 202
Maznevski, M.L. 140
McCrae, R.R. 81
McLeod, P.L. 137-139
Meglino, B.M. 138
Mendenhall, M.E. 220
Metraux, R. 100
Michaelsen, L.K. 138
Miller, J.G. 68, 75
Milliken, F.J. 137

Millson, C. 52
Mirvis, P. 166-167
Mistry, J. 52
Moghaddam, F.M. 190
Mol, S.T. 88
Moreland, R.L. 139
Murdock, G.P. 109
Murray, C. 53

N
Neisser, U. 53
Nemeth, C.J. 137, 139
Newcomb, T.M. 167
Noble, A.F. de 167
Norman, W.T. 80

O
O'Reilly, C.A. 138
Oberg, K. 215, 234
Olie, R. 166-167
Oliver, D. 44
Osgood, C. 51
Oskamp, S. 179
Otto, C. 121
Oudenhoven, J.P. van 35-36, 49-50, 74-75, 85-87, 91-92, 156-159, 166-167, 181-183, 186-187, 191-193, 191-197, 200, 203, 216, 223

P
Paunonen, S.V. 87
Peabody, D. 82
Pels, S. 129
Pelto, P.J. 14
Penninx, R. 185, 188
Pepitone, E.A. 62
Peralva, A. 195
Pervin, L.A. 81
Pettigrew, T.F. 176, 194
Philips, M.R. 122
Piaget, J. 45, 63-68, 78
Pike, K.L. 33

Piontkowski, U. 195
Pollack, R. 46
Popper, K. 29
Price, W.F. 51, 64

R
Radstake, B. 143
Ramdas, A. 22-23
Ravlin, E.C. 138
Resing, W.C. 56
Rodriguez Mosquera, P.M. 40
Roelandt, T. 189
Rogoff, B. 52
Ronen, S. 86
Root, M.P. 120
Rosch, E. 44
Rosenfeld, H.M. 96
Ross, B.M. 52
Ross, L. 84, 176
Rotter, J.B. 84
Ruben, B. 140
Ruhe, J.A. 141
Ryan, S.M. 165
Ryff, C.D. 98

S
Sagi, A. 76
Sapir, E. 44
Schmitt, R. 180
Schrier, M. 74-75
Schwartz, S.H. 151, 154, 160-163, 168, 229
Schwarzer, R. 89
Schweder, R.A. 32-33
Schweiger, D.M. 167
Scribner, S. 52
Segall, M.H. 30, 34, 47, 186, 195
Selm, K. van 195
Sessa, V.I. 139
Shakespeare, W. 102-103
Sharan, S. 183
Shaver, P.R. 74

Shaw, B.M. 139
Shayer, M. 64
Shea, J.D. 64
Shiraev, E. 51, 73
Sidali, S. 131
Simpson, J. 103
Singer, B. 98
Slavin, R.E. 183
Smith, P.B. 141
Smith, T. 142
Sonderen, E. van 88
Sondergaard, M. 154
Spearman, Ch. 54
Stack, S. 99
Steer, R.M. 142
Steiner, I.D. 138, 140
Stephens, G.K. 203
Sterkenburg, P.G.J. van 44
Sue, S. 130
Sussman, N.M. 96

T

Tabbane, K. 127
Tajfel, H. 174-175, 189
Tanaka-Matsumi, J. 127-128
Tannen, D. 202
Taylor, D.M. 190
Tellegen, P. 56
Terman, L.M. 54
Tilburg, T. van 98
Tönnies, F. 164
Torbiörn, I. 86, 202
Triandis, H.C. 22, 35, 54, 81, 83, 98, 121, 137-138, 141, 163-164, 221-222
Trompenaars, F. 69, 102, 162
Tsui, A.S. 139
Tuckman, B.W. 144, 146
Tung, R.L. 167
Turner, J.C. 174

V

Vaillant, R.E.F. 188, 196
Valsiner, J. 109
Veenhoven, R. 127
Veenman, J. 189
Verthelyi, R.F. de 201
Vijver, F. van de 39
Vliert, E. van de 22
Vries, S. de 143
Vrij, A. 116
Vygotsky, L. 52, 65-67, 78

W

Waddell, K.J. 53
Wagner, G.W. 137, 139
Watson, O.M. 113
Watson, W.E. 137-138, 144
Webber, R.A. 138
Weber, Y. 167
Wechsler, D. 54
Werner, H. 19
Wheelan, S.A. 146
Wheeler, L. 142
White, C. 218
Whiting, B.B. 59, 61-62, 77
Whiting, J.W.M. 24, 59, 61-62, 77
Whorf, B.L. 44
Wills, T.A. 211
Winkel, F.W. 116
Wolf, M. 99
Worchel, S. 182

Y

Yoon, K. 81

Z

Zee, K.I. van der 85-87, 167, 216, 223